# コーポレート・ガバナンスからみる
# 会社法
## 第2版

桃尾・松尾・難波法律事務所 編
鳥養雅夫　大堀徳人　山田洋平 編著

商事法務

## 第 2 版はしがき

　2014 年 11 月に本書の初版が刊行されてから約 6 ヶ月が経過しましたが、その間に、コーポレート・ガバナンスと会社法をめぐるいくつかの重要な出来事がありました。まず、2015 年 2 月には、2014 年 6 月に成立した改正会社法に対応して会社法施行規則や会社計算規則等の法務省令の改正が行われました。そして、これらの改正会社法と改正法務省令は、いずれも 2015 年 5 月 1 日から施行されています。これを受けた企業の動向としては、すでに 100 を超える上場会社が監査等委員会設置会社への移行を表明している状況であり、その多くは、6 月の株主総会で承認されて、移行が正式に決定する見込みです。また、2014 年 9 月から検討が開始されたコーポレートガバナンス・コードについては、全 9 回にわたる有識者会議での審議を経て、2015 年 3 月 5 日に原案が公表されました。それを受けて同年 5 月、東京証券取引所の有価証券上場規程は、同コードを別添として定める形で改正され、同年 6 月 1 日から施行となっています。このような状況を踏まえて、コーポレート・ガバナンスのあり方についての議論は、ますます活発になっているといえます。

　第 2 版では、これらの最新の状況を踏まえて全体的に内容をアップデートするとともに、特に上場会社にとって重要であり、かつ注目度の高いコーポレートガバナンス・コードについては、新しく章を設けて、やや詳細な解説を行いました。また、法務省令の改正については、必要に応じて本文中に反映していますが、その中でも実務的に重要なトピックとして「株主総会参考書類と事業報告の記載事項に関する改正」というコラムを追加しました。その他、今回の改訂を機に、さらにわかりやすい内容をめざして、説明の仕方や文章表現・図表等も含め、改めて全面的な見直しを行っています。特に初版の内容では説明が不十分であったと思われる部分については、よりわかりやすい内容に書き換えているところもあります。その意味で、本書は、初版をお持ちでない方はもちろんのこと、すでに初版をお持ちの読者の方にとっても、一読の価値があるものと考えています。本書が、少しでも多くの方々にとってコーポレート・ガバナンスを理解する助けになることを願っています。

なお、第 2 版の刊行にあたっては、初版に引き続き、商事法務の岩佐智樹氏と水石曜一郎氏に大変お世話になりました。この場を借りて、改めて感謝いたします。

　　　　　　　　　　　　　　　2015 年 5 月
　　　　　　　　　　　　　　　桃尾・松尾・難波法律事務所
　　　　　　　　　　　　　　　弁護士　　　鳥養　雅夫
　　　　　　　　　　　　　　　同　　　　　大堀　德人
　　　　　　　　　　　　　　　同　　　　　山田　洋平

## 初版はしがき

　今年 6 月 20 日に成立した会社法の改正は、2006 年の法施行後における初めての大改正となりました。改正の内容は多岐にわたりますが、その中でも特に重要なトピックは、監査等委員会設置会社の創設、社外取締役・社外監査役の規律に関する改正、多重代表訴訟制度の導入といったコーポレート・ガバナンスに関する改正です。そして、その 4 日後（6 月 24 日）に閣議決定された成長戦略（「『日本再興戦略』改訂 2014―未来への挑戦―」）では、コーポレート・ガバナンスの強化が掲げられ、そのための具体的な施策としてコーポレートガバナンス・コードの策定が盛り込まれました。それを受けて、現在、金融庁と東京証券取引所が合同で発足した有識者会議において、コーポレートガバナンス・コード策定の検討が進められている状況です。

　本書は、このようにコーポレート・ガバナンスのあり方についての議論が活発になっている中で、改正後の会社法が予定するコーポレート・ガバナンスの仕組みについて解説することを試みたものです。そのため、今回の改正事項についてはすべてを網羅的に取り上げて詳細な解説を行うことはせず、主にコーポレート・ガバナンスに関係する部分（監査等委員会設置会社の創設、社外取締役・社外監査役の規律に関する改正、多重代表訴訟制度等の導入等）に重点を置いた解説を行っています。その一方で、本書では、今回の改正を前提に、会社法が予定するコーポレート・ガバナンスの仕組みについて、従来からの制度も含めて全般的に解説することにより、改正直後のタイミングだけでなく、その後も引き続き活用していただけるような内容をめざしました。

　本書を執筆するにあたっては、会社法にあまり詳しくない読者の方にも理解しやすいように、できるだけわかりやすい言葉で説明することを心がけるとともに、図や表を多く用いることで視覚的にも理解しやすくなるように工夫しました。また、細かい記述や学問的な論点等についてはできるだけ省略し、それよりもコーポレート・ガバナンスという大きな仕組みの中で会社法上の各制度がどのように位置づけられるのか（特に経営者に対する牽制作用がどのように機能しているのか）という点が明確になるように

意識しました。その上で、コーポレート・ガバナンスに関連して最近注目すべきトピックや、多少細かいもののコーポレート・ガバナンスの理解の助けになると考えたトピックについては、本文とは別にコラムという形で取り上げています。

なお、本書では、文章を読みやすくする目的から、執筆にあたって参考にした文献や論文等については、特にその必要がある場合を除き、文章中に逐一引用することはせずに、原則として本書の冒頭にまとめて掲載する形としました。ただし、特定のコラムでのみ参考にした文献等については、当該コラムの末尾に掲載する形としています。

本書のコンセプトや構成は、基本的に私たち3名が話し合って決めました。どうすれば会社法の複雑な（改正によってさらに複雑になった）条文から、コーポレート・ガバナンスの仕組みをわかりやすく説明できるかを色々と考えた結果です。ともすれば淡々とした説明になりがちなところでしたが、それぞれアイデアを出し合い、最終的に、「業務執行者による自己抑制」、「他機関による牽制」、「株主による牽制」という3段階の構成で説明するのがわかりやすいのではないかという結論に落ち着きました。このような説明や整理の仕方には様々な異論や批判等がありうると思いますが、本書が、読者の方々にとって少しでもコーポレート・ガバナンスを理解する助けになれば、これ以上の喜びはありません。

最後に、本書の刊行にあたり商事法務の岩佐智樹氏と水石曜一郎氏には大変お世話になりました。心より感謝を申し上げます。

2014年10月
桃尾・松尾・難波法律事務所
弁護士　　　鳥養　雅夫
同　　　　　大堀　德人
同　　　　　山田　洋平

# 目　　次

## 第1章　会社法が予定するコーポレート・ガバナンス体制

1　コーポレート・ガバナンス総論　3
2　業務執行者による自己抑制　4
3　他機関による牽制　5
4　株主による牽制　6

コラム①取締役会の役割──モニタリング・モデル　7

## 第2章　コーポレート・ガバナンスに影響を与える平成26年改正の3大ポイント

1　監査等委員会設置会社　13
　Ⅰ　改正の経緯　13
　Ⅱ　監査等委員会設置会社の内容　16
　　1　概要　16
　　2　監査等委員会設置会社の機関設計　19
　　3　監査等委員の選任・解任・辞任・任期　20
　　4　監査等委員の報酬　23
　　5　監査等委員会の構成　23
　　6　監査等委員会・監査等委員の職務に関する規律　27
　　7　監査等委員会の運営等　31
　　8　監査等委員会設置会社における取締役会の権限　33
　Ⅲ　実務に与える影響　36
　　1　監査等委員会設置会社という選択　36
　　2　会社のタイプ選択における検討事項　36

3　監査等委員会設置会社への移行手続　39
　　4　従来の「委員会設置会社」への影響　40
## 2　社外取締役・社外監査役　41
　Ⅰ　改正の経緯　41
　Ⅱ　社外取締役を置くことが相当でない理由の説明・開示義務　44
　Ⅲ　社外取締役の要件の厳格化　49
　　1　変更点の概要　49
　　2　改正会社法における社外取締役の要件の全体像　49
　　3　自らの役職兼任状況に関する現在要件　51
　　4　近親者に関する現在要件　53
　　5　過去要件について　55
　Ⅳ　社外監査役の要件の厳格化　56
　　1　変更点の概要　56
　　2　改正会社法における社外監査役の要件の全体像　57
　　3　自らの役職兼任状況に関する現在要件　58
　　4　近親者に関する現在要件　60
　　5　過去要件について　60
　Ⅴ　社外取締役・社外監査役の責任制限　61
　Ⅵ　独立役員に関する改正　62
　Ⅶ　実務に与える影響　63
　　1　社外取締役を置くことが相当でない理由の説明・開示義務の導入による影響　63
　　2　社外役員の社外性要件の厳格化に関する改正の影響　66

　コラム②独立役員について　68

## 3　特定責任追及の訴え（多重代表訴訟）等　70
　Ⅰ　改正の概要　70
　Ⅱ　導入の経緯　71
　Ⅲ　多重代表訴訟制度の内容　75
　　1　概要　75

2　多重代表訴訟制度の特徴　75
　　　3　多重代表訴訟の手続　85
　Ⅳ　実務に与える影響　88
　Ⅴ　親子会社関係に関するその他の改正点　90
　　　1　旧株主による責任追及等の訴え　90
　　　2　親会社による子会社株式の譲渡　95
　　　3　企業集団に関する内部統制システム　96
　　　4　親会社との利益相反取引に関する開示　101

---

コラム③その他の平成26年改正の概要　103

---

## 第3章　平成26年改正を踏まえたコーポレート・ガバナンス体制の選択

### 1　3タイプの概要 …………………………………………………… 109
　Ⅰ　監査役（会）設置会社　109
　Ⅱ　指名委員会等設置会社　111
　Ⅲ　監査等委員会設置会社　114
　Ⅳ　3タイプの比較　117

### 2　機関設計 ………………………………………………………… 118
　Ⅰ　監査役（会）設置会社の場合　118
　Ⅱ　指名委員会等設置会社の場合　119
　Ⅲ　監査等委員会設置会社の場合　120

---

コラム④公開会社と非公開会社　123
コラム⑤取締役会の設置と非設置の違い　124

---

## 第4章　業務執行者による自己抑制

### 1　総論 …………………………………………………………………… 131

viii 目　次

## ② 業務執行者の地位 …………………………………………… 132
- Ⅰ　業務執行者の欠格事由　132
- Ⅱ　業務執行者の兼任禁止　133
  - 1　概要　133
  - 2　取締役の兼任禁止　133
  - 3　執行役の兼任禁止　134
- Ⅲ　業務執行者の任期　135
  - 1　概要　135
  - 2　取締役の任期　135
  - 3　執行役の任期　136
- Ⅳ　業務執行者の報酬　136

> コラム⑥業績連動型報酬制度の導入　137

## ③ 業務執行者の民事責任 ………………………………………… 139
- Ⅰ　総論　139
- Ⅱ　業務執行者の会社に対する義務　140
  - 1　会社に対する義務の概要　140
  - 2　善管注意義務と忠実義務　140
  - 3　競業取引の制限　141
  - 4　利益相反取引の制限　142
  - 5　報告義務・説明義務　145
- Ⅲ　業務執行者の会社に対する責任　146
  - 1　会社に対する責任の概要　146
  - 2　任務懈怠責任　147
  - 3　任務懈怠責任以外の主な責任　148
- Ⅳ　業務執行者の第三者に対する責任　151
  - 1　第三者に対する責任の概要　151
  - 2　任務懈怠責任　151
  - 3　計算書類の虚偽記載等に基づく責任　152

コラム⑦経営判断原則　154
コラム⑧MBOと取締役の善管注意義務　156

## 4 業務執行者の刑事責任 …………………………………………… 159

- I 総論　159
- II 会社財産の保護を目的とする刑事責任　159
  - 1 概要　159
  - 2 特別背任罪　159
  - 3 会社財産を危うくする罪　160
  - 4 預合いの罪　161
- III 経営の公正の確保を目的とする刑事責任　161
  - 1 概要　161
  - 2 虚偽文書行使等の罪　161
  - 3 贈収賄罪　162
  - 4 株主等の権利の行使に関する利益供与の罪　164
  - 5 株式の超過発行の罪　165
- IV 過料に処すべき行為　165

# 第5章 取締役会・監査役（会）設置会社における他機関による牽制

## 1 総論 …………………………………………………………………… 169

## 2 取締役・取締役会による牽制 ……………………………………… 170

- I 取締役会による牽制の具体的な方法　170
  - 1 牽制の概要　170
  - 2 重要な業務執行の決定　170
  - 3 取締役の職務の執行の監督　174
  - 4 代表取締役の選定・解職　174
  - 5 内部統制システムの構築に関する事項の決定　175
  - 6 取締役会によるその他の牽制方法について　177

Ⅱ　取締役会による牽制の実効性を担保する仕組み　178
　1　社外取締役　178
　2　取締役会の運営　179
　3　牽制の実効性を担保するその他の仕組み　182
Ⅲ　取締役による牽制　183

---
コラム⑨外国人取締役と女性取締役　186
コラム⑩会社法と金融商品取引法の内部統制システムの比較　189

---

## ③ 監査役（会）による牽制 ……………………………………… 192

Ⅰ　監査役（会）による牽制の具体的方法　192
　1　監査役（会）による牽制の特色・概要　192
　2　業務執行者に対する直接の牽制になるもの　194
　（1）職務執行の監査および監査報告の作成　194
　（2）職務執行等に対する調査権限　196
　（3）違法行為の差止権限　197
　（4）会社との訴え等における会社の代表権限・会社による補助参加への同意権限　198
　（5）取締役会等への出席・意見申述権限　199
　（6）取締役の免責等に関する同意　200
　（7）組織に関する行為の無効の訴え等の提起権　201
　3　他の機関による牽制の実効性を担保する役割を果たすもの　201
　（1）取締役会への報告義務、取締役会の招集請求権・招集権　201
　（2）株主総会に対する報告義務・説明義務　201
　（3）会計監査人に対する監督等を通じた牽制　202
Ⅱ　監査役（会）による牽制の実効性を担保する仕組み　204
　1　監査役の欠格事由・兼任禁止　205
　2　監査役の身分保障　206
　3　監査役の責任　208
　4　監査役会の活動　209
　5　社外監査役　211

　　　　6　牽制の実効性を担保するその他の仕組み　212
④　**会計監査人による牽制** ……………………………………………………… 214
　Ⅰ　会計監査人による牽制の具体的方法　214
　Ⅱ　会計監査人による牽制の実効性を担保する仕組み　216

---
コラム⑪反社会的勢力の排除　221
コラム⑫企業の社会的責任（CSR）　223

---

# 第6章　指名委員会等設置会社における他機関による牽制

① **総論** ……………………………………………………………………………… 229
② **取締役・取締役会による牽制** ……………………………………………… 230
　Ⅰ　取締役会による牽制の具体的な方法　230
　　1　牽制の概要　230
　　2　重要な業務執行の決定　230
　　3　執行役および取締役の職務の執行の監督　234
　　4　執行役の選任・解任および代表執行役の選定・解職　235
　　5　取締役会によるその他の牽制方法について　235
　　6　個々の取締役による牽制　236
　Ⅱ　取締役会による牽制の実効性を担保する仕組み　237
　　1　社外取締役　237
　　2　取締役会の運営　237
　　3　取締役会への報告義務・説明義務　237
③ **各委員会による牽制** ………………………………………………………… 238
　Ⅰ　各委員会の概要　238
　Ⅱ　指名委員会による牽制　239
　Ⅲ　監査委員会による牽制　239
　　1　牽制の概要　239
　　2　業務執行者に対する直接の牽制になるもの　240

（1）職務執行の監査および監査報告の作成　240
　　　（2）業務執行に対する調査権限　241
　　　（3）違法行為の差止権限　241
　　　（4）会社との訴え等における会社の代表権限・会社による補助参加への同意権限　241
　　　（5）執行役等の免責等に関する同意　242
　　3　他の機関による牽制の実効性を担保する役割を果たすもの　242
　　　（1）取締役会への報告義務　242
　　　（2）会計監査人に関する議案の内容の決定　242
　Ⅳ　報酬委員会による牽制　243
　　1　牽制の概要　243
　　2　牽制の具体的な方法　243
　Ⅴ　各委員会による牽制の実効性を担保する仕組み　244
　　1　委員の資格・兼任禁止　244
　　2　委員の選定・解職・任期　245
　　3　委員会の構成　245
　　4　委員会の運営　246

4　**会計監査人による牽制** ……………………………………… 247
　Ⅰ　会計監査人による牽制の具体的な方法　247
　Ⅱ　会計監査人による牽制の実効性を担保する仕組み　247

---

コラム⑬不祥事等の場合における第三者委員会の有効活用　248
コラム⑭内部通報制度　250

---

## 第7章　監査等委員会設置会社における他機関による牽制

1　総論 ……………………………………………………………………… 257
2　取締役・取締役会による牽制 ………………………………………… 258
　Ⅰ　取締役会による牽制の具体的な方法　258

　　　　1　牽制の概要　258
　　　　2　重要な業務執行の決定　259
　　　　3　取締役の職務の執行の監督　263
　　　　4　代表取締役・業務執行取締役の選定・解職　263
　　　　5　取締役会によるその他の牽制方法について　263
　　　　6　個々の取締役による牽制　264
　　Ⅱ　取締役会による牽制の実効性を担保する仕組み　264
　　　　1　社外取締役　264
　　　　2　取締役会の運営　265
　　　　3　取締役会への報告義務　265
3　**監査等委員会による牽制** ……………………………………… 265
　　Ⅰ　監査等委員会による牽制の具体的な方法　265
　　　　1　牽制の概要　265
　　　　2　業務執行者に対する直接の牽制となるもの　266
　　　　（1）職務執行の監査および監査報告の作成　266
　　　　（2）職務執行に対する調査権限　267
　　　　（3）違法行為の差止権限　267
　　　　（4）会社との訴え等における会社の代表権限・会社による補助参加への同意権限　267
　　　　（5）取締役の免責等に関する同意　268
　　　　（6）監査等委員でない取締役の選任・解任・辞任・報酬についての意見陳述権　268
　　　　3　他の機関による牽制の実効性を担保する役割を果たすもの　269
　　　　（1）取締役会への報告義務　269
　　　　（2）会計監査人に関する議案の内容の決定　269
　　　　（3）株主総会に対する報告義務　269
　　Ⅱ　監査等委員会による牽制の実効性を担保する仕組み　270
　　　　1　監査等委員の資格・兼任禁止　270
　　　　2　監査等委員の選任・解任・任期　271
　　　　3　監査等委員の報酬　272

4　監査等委員会の構成　273
　　　5　監査等委員会の運営　273
　4　**会計監査人による牽制** ……………………………………………… 274
　　Ⅰ　会計監査人による牽制の具体的な方法　274
　　Ⅱ　会計監査人による牽制の実効性を担保する仕組み　275

> コラム⑮会議体の運営方法についての比較　275
> コラム⑯情報開示とコーポレート・ガバナンス　277

## 第8章　株主による牽制

　1　**総論** ……………………………………………………………………… 283
　2　**株主総会を通じた牽制** ……………………………………………… 283
　　Ⅰ　株主総会を通じた牽制の具体的な方法　283
　　　1　牽制の概要——株主総会による決議　283
　　　2　定款の変更　286
　　　3　業務執行者その他の機関の選任・解任権限　286
　　　4　業務執行者およびその他の機関の報酬の決定権限　289
　　　5　業務執行者およびその他の機関の責任の減免　291
　　Ⅱ　株主総会を通じた牽制の実効性を担保する仕組み　296
　　　1　概要　296
　　　2　株主総会の運営　297
　3　**株主による牽制** ……………………………………………………… 300
　　Ⅰ　牽制の概要　300
　　Ⅱ　少数株主権としての牽制の具体的な方法　303
　　　1　株主総会の招集請求権・招集権　303
　　　2　株主提案権　304
　　　3　解任の訴えの提起権　305
　　　4　会計帳簿閲覧・謄写請求権　306
　　　5　検査役選任請求権　306

6　任務懈怠責任の一部免除に対する異議権　307
　　　7　解散の訴えの提起権　307
　　　8　特定責任追及の訴え（多重代表訴訟）の提起権　307
　Ⅲ　単独株主権としての牽制の具体的な方法　307
　　　1　株主総会決議の取消しの訴え、不存在・無効確認の訴えの提起権　307
　　　2　取締役・執行役の違法行為差止請求権　310
　　　3　責任追及の訴えの提起権　312
　　　4　各種議事録の閲覧・謄写請求権　314
　　　5　訴訟参加　315
　　　6　株主名簿閲覧・謄写請求権　315
　　　7　組織に関する行為の無効の訴えの提起権　316

---

コラム⑰日本版スチュワードシップ・コード　317
コラム⑱株主総会参考書類と事業報告の記載事項に関する改正　320

---

# 第9章　コーポレートガバナンス・コード

**1** 経緯と背景　327
**2** 総論　328
　Ⅰ　コーポレートガバナンス・コードの目的　328
　　　1　前提──受託者責任等を踏まえた経営　328
　　　2　目的──「攻めのガバナンス」の実現　328
　Ⅱ　スチュワードシップ・コードとの関係　329
　Ⅲ　コーポレートガバナンス・コードの構成　331
　　　1　全体的な構成　331
　　　2　基本原則相互の関係　331
　Ⅳ　「プリンシプルベース・アプローチ」の採用　333
　Ⅴ　「コンプライ・オア・エクスプレイン」の規律　334
　Ⅵ　上場規則と適用関係　335
　　　1　上場規則における位置づけ　335

## 目次

- 2 市場の区分における違い 335
- 3 外国会社 336
- 4 機関設計との関係 336
- 5 上場規則に基づく制裁 336
- 6 適用時期と初回の猶予措置 337

### 3 コーポレートガバナンス・コードの内容——各論 … 338

- Ⅰ 基本原則1：株主の権利・平等性の確保 338
  - 1 内容 338
  - 2 位置づけ・効果 338
  - 3 原則・補充原則について 338
- Ⅱ 基本原則2：株主以外のステークホルダーとの適切な協働 343
  - 1 内容 343
  - 2 位置づけ・効果 343
  - 3 原則・補充原則について 343
- Ⅲ 基本原則3：適切な情報開示と透明性の確保 345
  - 1 内容 345
  - 2 位置づけ・効果 345
  - 3 原則・補充原則について 346
- Ⅳ 基本原則4：取締役会等の責務 348
  - 1 内容 348
  - 2 位置づけ・効果 348
  - 3 原則・補充原則について 349
- Ⅴ 基本原則5：株主との対話 356
  - 1 内容 356
  - 2 位置づけ・効果 356
  - 3 原則・補充原則について 357
  - 資料 コーポレートガバナンス・コード 360

事項索引 371

執筆者略歴 375

## ●主な参考文献

- 相澤哲＝葉玉匡美＝郡谷大輔編著『論点解説 新・会社法——千問の道標』（商事法務、2006年）
- 江頭憲治郎『株式会社法〔第6版〕』（有斐閣、2015年）
- 酒巻俊雄＝龍田節編代『逐条解説会社法（4）・機関（1）』（中央経済社、2008年）
- 酒巻俊雄＝龍田節編代『逐条解説会社法（5）・機関（2）』（中央経済社、2011年）
- 岩原紳作編『会社法コンメンタール（7）・機関（1）』（商事法務、2013年）
- 落合誠一編『会社法コンメンタール（8）・機関（2）』（商事法務、2009年）
- 江頭憲治郎＝中村直人編著『論点体系会社法（3）』（第一法規、2012年）
- 伊藤靖史ほか『Legal Quest 会社法〔第3版〕』（有斐閣、2015年）
- 菊地伸＝石井祐介『会社法改正法案の解説と企業の実務対応』（清文社、2014年）
- 二重橋法律事務所編・大塚和成＝西岡祐介＝高谷裕介編著『Q&A 平成26年改正会社法〔第2版〕』（金融財政事情研究会、2015年）
- 坂本三郎編著『一問一答 平成26年改正会社法』（商事法務、2014年）
- 岩原紳作「『会社法制の見直しに関する要綱案』の解説〔Ⅰ〕～〔Ⅵ〕」旬刊商事法務1975号～1980号（2012年）
- 坂本三郎ほか「平成26年改正会社法の解説〔Ⅰ〕～〔Ⅸ・完〕」旬刊商事法務2040号、2042号～2049号（2014年）
- 坂本三郎「解説会 会社法の改正について——監査の視点から」月刊監査役631号（2014年）
- 岩原紳作ほか「＜座談会＞改正会社法の意義と今後の課題〔上〕〔下〕」旬刊商事法務2040号・2042号（2014年）
- 坂本三郎ほか「会社法施行規則等の一部を改正する省令の解説〔Ⅰ〕～〔Ⅵ・完〕」旬刊商事法務2060号～2065号（2015年）
- 油布志行ほか「『コーポレートガバナンス・コード原案』の解説〔Ⅰ〕～〔Ⅳ・完〕」旬刊商事法務2062号～2065号（2015年）
- 加藤貴仁「多重代表訴訟等の手続に関する諸問題」旬刊商事法務2063号（2015年）
- 佐藤寿彦「コーポレートガバナンス・コードの策定に伴う上場制度の整備の概要」旬刊商事法務2065号（2015年）
- 髙山崇彦ほか「企業統治（ガバナンス）に関連する改正項目」金融法務事情2002号（2014年）
- 西岡祐介ほか「少数株主の保護に関連する改正項目」金融法務事情2002号（2014年）
- 田路至弘ほか「M&Aに関連する改正項目」金融法務事情2002号（2014年）
- 坂本三郎ほか「会社法改正に伴う会社法施行規則および会社計算規則の改正の概要」金融法務事情2014号（2015年）

●**主な資料等**（注：本文中では、括弧内の略語を使用している場合があります）
- 法務省民事局参事官室「会社法制の見直しに関する中間試案」(2011 年 12 月)（「**中間試案**」）
- 法務省民事局参事官室「会社法の見直しに関する中間試案の補足説明」(2011 年 12 月)（「**中間試案補足説明**」）
- 法制審議会「会社法の見直しに関する要綱及び附帯決議」(2012 年 9 月 7 日)（「**要綱**」）
- 法務省法制審議会会社法制部会議事録〔全 24 回〕（「**議事録**」）
- 東京証券取引所「東証上場会社コーポレート・ガバナンス白書 2015」(2015 年 3 月)（「**コーポレート・ガバナンス白書**」）
- 東京証券取引所「東証上場会社における社外取締役の選任状況＜確報＞」(2014 年 7 月 25 日)（「**東証確報**」）
- 金融庁コーポレートガバナンス・コードの策定に関する有識者会議議事録〔全 9 回〕

（参考）法令名・雑誌名の略語

＜法令名の略語＞

| | |
|---|---|
| 法 | 会社法 |
| 改正法附則 | 平成 26 年法律第 90 号「会社法の一部を改正する法律」附則 |
| 施行規則 | 会社法施行規則 |
| 計算規則 | 会社計算規則 |
| 改正省令附則 | 平成 27 年法務省令第 6 号「会社法施行規則等の一部を改正する省令」附則 |
| 金商法 | 金融商品取引法 |
| 振替法 | 社債、株式等の振替に関する法律 |
| 東証上場規程 | 東京証券取引所・有価証券上場規程 |
| 東証施行規則 | 東京証券取引所・有価証券上場規程施行規則 |

＜雑誌名の略語＞

| | |
|---|---|
| 民　集 | 最高裁判所民事判例集 |
| 刑　集 | 最高裁判所刑事判例集 |
| 判　時 | 判例時報 |
| 判　タ | 判例タイムズ |

| | |
|---|---|
| 金　法 | 金融法務事情 |
| 金　判 | 金融・商事判例 |
| 労　判 | 労働判例 |
| ジュリ | ジュリスト |
| 商　事 | 旬刊商事法務 |

第1章

# 会社法が予定する
# コーポレート・
# ガバナンス体制

# 1 コーポレート・ガバナンス総論

## 1 コーポレート・ガバナンスとは

　会社は一定の事業を行うために設立された営利法人ですので、事業によって利益を生み出すために効率的な経営を行うことが求められます。また、それと同時に、会社の経営は、法令や規則に則った適法なものであることも求められています。コーポレート・ガバナンス（企業統治）は、そのような会社経営において求められる「効率性」と「適法性」を同時に確保するための会社としての仕組みをいいます。

## 2 経営の「効率性」

　株式会社の実質的な所有者は株主ですので、本来であれば株主が会社のあらゆる事項について自ら決定して会社経営を行うのが原則です。しかし、会社を経営するには一定の専門知識や経験が必要であり、「効率性」の観点からすれば、経営については株主が自分で行うよりも、経営の専門家（取締役や執行役）に委任するほうが望ましいということになります。公開会社、特に上場会社では、株主の数が非常に多く、各株主がそれぞれ経営に口出ししていては会社における現実の業務運営に支障が生じるため、制度上、株主から委任された取締役等が会社経営を行うことになっています（所有と経営の分離）。経営を一部の専門家に委ねることにより、会社の業務執行について合理的で機動的な意思決定が可能となるため、効率的な会社経営が実現するというわけです。実際には、家族経営的な中小企業や、限られた数社のみが出資して経営する合弁会社等のように、株主自身が経営を行うことを予定している会社もありますが、それ以外の会社では、所有と経営を分離することで会社経営の効率性を高めています。そのほか、取締役の間で担当する業務執行の範囲を分担したり、取締役の責任の範囲内で特定の者に対して業務執行権限を移譲したりすることで、経営の効率化が図られています。

## 3 経営の「適法性」

　他方で、会社経営にあたっては、以上のような経営の効率性を追求するだけでは不十分であり、同時に経営の「適法性」を確保することが大前提となります。ここでいう「適法性」はいわゆるコンプライアンス（法令遵守）のことですが、昨今は、適用される法令や規則、社内規程はもちろん

のこと、広く社会倫理や一般常識についてまで遵守することが求められています。この点、近年の企業不祥事の例をみればわかるように、会社経営において万が一違法な行為があれば、民事上・刑事上の責任が発生するだけでなく、社会的に信用を失うことにもなり、経営に対するダメージは計り知れません。特に所有と経営が分離された体制の下では、経営を担う取締役等の業務執行者に多くの権限が集中することになりますので、業務執行者が権限を濫用して私利私欲のために暴走することがないように、その行動を抑制するための仕組みが必要となるわけです。

### 4 コーポレート・ガバナンスの実現手段

コーポレート・ガバナンスを実現するための具体的な手法は、もちろん会社の規模や性質によって異なりますが、所有と経営が分離されている会社を前提にすると、基本的に次のように整理することができます。

まず、会社経営の「効率性」と「適法性」を実現するために最も基本的なことは、業務執行者自身が権限の濫用や不適切な業務執行を行わないように自己抑制を図ることです（→ 2 「業務執行者による自己抑制」）。もっとも、自己抑制だけでは当然限界がありますので、それに加えて、他者（業務執行者以外の者）がこれを牽制する仕組みが必要になります（→ 3 「他機関による牽制」）。さらに、他者による牽制に任せていては不十分な場合もあり、そのような場合には、所有者である株主が自ら牽制を行うことが必要になります（→ 4 「株主による牽制」）。このように、一般的に会社のコーポレート・ガバナンスは、「業務執行者による自己抑制」「他機関による牽制」「株主による牽制」の3つが重層的に組み合わさって実現されていると考えられます。

### 2 業務執行者による自己抑制

業務執行者が自らの業務執行に際して自己抑制を働かせ、常に効率性と適法性を遵守した業務執行を行う限り、コーポレート・ガバナンスにおいて問題が生じることはありません。したがって、コーポレート・ガバナンスの出発点としては、業務執行者による自己抑制を担保する制度が不可欠ということができます。

会社法は、そのための制度として、そもそも自己抑制を働かせることが期待できない者（すなわち、非効率な業務執行や違法な業務執行を行う可能性

が高い者）をあらかじめ類型化して、そのような類型に該当する者は、最初から会社の業務執行者になることができないようにしています（これを欠格事由といいます）。また、業務執行者の兼任禁止や任期といった業務執行者の地位に関する規定も、自己抑制を働かせるための一定の機能を果たしていると考えられます。

　次に、自己抑制を働かせることが一応期待できる者については、期待どおりに自己抑制を働かせてもらうための動機づけが存在します。最もわかりやすい例として、自己抑制を怠った業務執行者には一定の場合に民事上の責任や刑事上の責任が発生することになりますが、このような責任発生のルールそのものが、業務執行者に自己抑制を働かせる動機づけとして機能していると考えられます。

## 3　他機関による牽制

　業務執行者による自己抑制が常に有効であるとは限りませんので、会社法は、他の機関（業務執行者以外の者）がこれを牽制するという仕組みを用意しています。他機関による牽制は、コーポレート・ガバナンスにおいて最も重要な位置を占めるとともに、会社の経営スタイルに大きな影響を与えることから、会社法は、その設計の仕方（どの機関が誰に対して何をどのように牽制するか）について複数の選択肢を用意しており、会社は、その中から原則として自由に選択することができるようになっています。具体的には、他機関による牽制のあり方のモデルとして、監査役（会）設置会社、指名委員会等設置会社、監査等委員会設置会社という3つのタイプが用意されています。今回、平成26年改正によって監査等委員会設置会社が導入された結果、選択肢がこの3つに広がりました。

　3タイプにおける他機関による牽制の概要は**第3章1**で述べますが、取締役会のほか、おおむね、監査役（会）設置会社では監査役（または監査役会）が、監査等委員会設置会社では、取締役から構成される監査等委員会が業務執行の牽制機能を果たします。指名委員会等設置会社では、役員人事については指名委員会が、役員報酬については報酬委員会が、それ以外の業務執行については監査委員会が、それぞれ牽制機能を果たすという仕組みとなっています。また、いずれのタイプにおいても、取締役会は業務執行への牽制機能を果たしますが、指名委員会等設置会社および監査等

委員会設置会社においては、取締役会の役割はより監督機能に重点が置かれています。なお、株主総会も機関の1つですが、株主総会については本章4「株主による牽制」において説明します。

## 4 株主による牽制

　他機関による牽制が機能しない場合には、会社の実質的な所有者である株主自身が業務執行者に対して直接または間接に牽制を加えることができます。これは、他機関による牽制スタイルとしてどのようなタイプを採用しようとも同じです。株主は、本来、会社の実質的な所有者として、会社のあらゆる事項について決定する権限があるため、業務執行者に対する牽制も自らが行うことができるというわけです。株主による牽制方法としては、株主総会を通じた権利行使によるものと、株主個人（または複数の株主）の権利行使によるものとがあります。株主としては、まずは株主総会を通じた権利行使によって牽制を行うのが原則ですが、株主総会が経営陣によって不当に支配されていて牽制機能が正常に働かないような例外的な場合等には、株主個人に認められた権利を行使することで救済を図ることになります。

---

**ワンポイント！＜コーポレート・ガバナンスとエージェンシー理論＞**

　所有と経営が分離されるということは、視点を変えれば、会社の所有者である株主が依頼者、会社の経営を任された経営者がエージェント（代理人）であると考えることができます。

　エージェントが常に依頼者の利益を考えて行動すればまったく問題ありませんが、実際には、依頼者とエージェントの利害が対立した場合、エージェントが自らの利益を優先することも少なくありません。こうした事態が生じることを防ぐためには、依頼者がエージェントを監視する必要がありますが、そのような監視をするためにはコストが必要になります。このコストをエージェンシーコストといいます。

　このエージェンシーコストから、コーポレート・ガバナンスにおける監視・監督システムの意義について説明することができます。

　まず、会社には株主、すなわち、依頼者が多数いることになります。そして、多数の株主が各自でエージェントである経営者の行動を監視しようとした場合、株主による監視が重複することになり、全体としてエージェンシーコストが上昇することになります。そして、その結果、経営者が自

らの利益を優先することにより個々の株主が被る損害額よりも、そのような経営者を監視したり、法的責任を追及したりするコストのほうが高くなってしまうこととなり、個々の株主に経営者の行動を監視することのインセンティブが失われてしまう事態となることも考えられます。他方、他の株主が監視するから自分は監視する必要はないと考えて何もしないでいると、結局、経営者の行動を監視している人がいないといった問題も生じえます。

これらの問題につき、経営者の行動を別の者が株主に代わって監視するための制度が設けられれば、上記のような事態は生じませんし、監視が効率化でき、結果的にエージェンシーコストも少なくなります。

このような点が、コーポレート・ガバナンスにおいて監視・監督システムが必要とされる論理的な根拠であると説明することができます（川口幸美『社外取締役とコーポレート・ガバナンス』（弘文堂、2004年）2頁以下参照）。

## コラム①取締役会の役割——モニタリング・モデル

### 1 モニタリング・モデルとは

コーポレート・ガバナンスとともによく耳にする言葉として「モニタリング・モデル」いうものがあります。

モニタリング・モデルは、1970年代のアメリカにおいて、大企業の不祥事を受けて、会社の経営管理機構である取締役会の改革について議論される中で提唱された考え方です。その議論の中で、情報収集能力および分析能力の欠如や経営者が取締役の選任について及ぼす影響力の大きさ等のため、法が本来取締役会に期待する経営の意思決定や業務執行機能がほとんど果たされていないという現状を踏まえて、取締役会の役割について再検討がされました。その検討の結果、取締役会に期待される法的役割としては、役員（Officer）の選任・解任を基礎とする業務執行の監督機能に重点を置き、経営に関する機能としては基本的な経営計画の承認にとどめるべきとの結論が示されました。ここでは、取締役会の機能の重点が業務執行者への監督機能に置かれることになりますが、このように業務執行者に対する監督機能に重点を置いた機関を設置する体制のことを、モニタリング・モデルといいます。

モニタリング・モデルにおける取締役会の役割と対になる考え方として、取締役会は、経営者の経営につき必要なアドバイスをするのが主たる役割であるとするアドバイザリー・モデルの考え方があります。欧米においても、モニタリング・モデルが提唱されるまでは、アドバイザリー・モデル

が主流でした。しかし、アドバイザリー・モデルにおいては、経営者が取締役会の助言を受け入れる場合には問題は生じませんが、助言を受け入れない場合には経営者の暴走を許すことにつながり、結果的に企業価値の毀損が避けられなくなります。このようにアドバイザリー・モデルによっては経営者の暴走が止められなかった結果、上記で述べたとおり不祥事が相次ぐこととなり、モニタリング・モデルの提唱へとつながっていきました。

### 2　モニタリング・モデルの特徴等

モニタリング・モデルにおいては、経営目的を達成するための計画の立案および日常業務の執行が業務執行者（日本における代表取締役や執行役等）に委ねられ、業務執行者に対する監視・監督が取締役会に委ねられます。これにより、経営の執行機関と監督機関の分離が図られています。そして、その監督機関が業務執行者の選任・解任権限を有するという点もモニタリング・モデルの特徴となっています。

モニタリング・モデルにおいては、業務執行者による業務執行をいかに的確にモニタリングすることのできるシステムを構築するかということが重要なポイントになります。そのため、モニタリング・モデルにおいては、経営者からの独立性を高めるために社外取締役を採用すること、社外取締役には会社との経済的な利害関係を有しないという実質的な要件を課すこと、監視機能の重要な部分を担当するための内部委員会（指名委員会、報酬委員会、監査委員会等）を設置した上で、これらの委員会の少なくとも過半数が社外取締役で構成されることといった社外取締役の活用が重要な意義を有することになります。

そして、実際に、アメリカにおいては、証券取引委員会から、上場会社に対して、社外取締役のみで構成される監査委員会を取締役会に設置することを要求する声明が出され、また、経営者団体からもモニタリング・モデルに沿った取締役会の役割を支持する声明が出されました。

このようにして、現在では、モニタリング・モデルとしての取締役会および社外取締役が実務として定着するようになりました。

### 3　日本におけるモニタリング・モデル

わが国において、取締役会にモニタリング・モデルとしての機能を持たせることが可能な機関構成として、指名委員会等設置会社と監査等委員会設置会社が定められています。これに対して、監査役（会）設置会社においては、業務執行者の監査をする機関として監査役（会）が設置されていますが、監査役（会）は業務執行者である代表取締役の解職権限を有しておらず、また、取締役会の機能についても、業務執行の決定を含めた経営へのアドバイスという機能に重点が置かれているといえるため、監査役（会）設置会社をモニタリング・モデルと評価することはできないとされています。

指名委員会等設置会社では、取締役会により選任される執行役に業務執行権限を大幅に委任することができ、取締役会は過半数が社外取締役で構成される3委員会を中心として執行役の業務執行の監督を行うことされています。このように、指名委員会等設置会社は、まさにモニタリング・モデルを念頭に置いて導入された機関設計といえます。そして、平成26年改正により導入された監査等委員会設置会社は、法定された枠組みの中である程度自由な設計が認められており、社外取締役を活用して、モニタリング・モデルとしての機能を有する形での制度設計が可能となっています（監査等委員会設置会社については、**第2章1**で詳しく述べます）。

　また、今般の会社法の改正や証券取引所の上場規則の改正等により、社外取締役や独立取締役に対する関心も高まっており、こうした状況を踏まえると、今後、ますますモニタリング・モデルへの強い関心が集まることになりそうです。

＜主要参考文献＞
・川口幸美『社外取締役とコーポレートガバナンス』（弘文堂、2004年）34頁以下
・末永敏和『コーポレート・ガバナンスと会社法——日本型経営システムの法的変革』（中央経済社、2000年）6頁以下
・落合誠一「独立取締役とはなにか」一般社団法人日本取締役協会監修『独立取締役の現状と課題——社外取締役から独立取締役へ（別冊商事法務359号）』（商事法務、2011年）5頁以下

第 2 章

# コーポレート・ガバナンスに影響を与える平成26年改正の3大ポイント

# 1 監査等委員会設置会社

## I 改正の経緯
### 1 コーポレート・ガバナンスのあり方の見直しと社外取締役の機能

　コーポレート・ガバナンス（企業統治）は、企業の活動に対する「監査」や「監督」を中核とする概念です。一般には、監査とは、会社の業務内容やその成果物が法令や会計基準等の遵守すべきルールを逸脱していないかを審査し、是正すべき点があれば、それを指摘して意見を表明することをいい、監督とは、経営者の経営を評価して、その効率性や妥当性を図ることをいいます。

　近年、諸外国におけるコーポレート・ガバナンスの考え方は、監督と業務執行を分離し、取締役会の役割を監督中心にするというもの（モニタリング・モデルと呼ばれます。コラム①「取締役会の役割──モニタリング・モデル」参照）が主流となっています。このような潮流や相次ぐ大手企業の不祥事を受け、わが国でも、コーポレート・ガバナンスのあり方について、経営者からの影響を受けない外部者の活用の必要性等、経営者である取締役等に対する監査・監督のあり方を見直すべきではないかという指摘がなされていました。

　すなわち、従来、取締役や監査役といった会社の役員は、その会社の従業員から選任されることが多く、役員間の仲間意識が働き、監査・監督機能を十分に果たせないおそれがあると批判されていました。また、監査役制度は、監査を行う監査役に不適切な業務執行を行った業務執行者である取締役を解職する権限が付与されていないといった点で、日本独特の制度であり、特に欧米の機関投資家から、そのような監査役に実効的な監査・監督ができるのか、と疑問を呈する意見も多く出されていました。そこで、近年この監査・監督両方の機能を発揮するものとして、社外取締役への注目が集まっています。

　社外取締役になるためには、一定の「社外性」要件が課せられているため、従来のような、会社の従業員から選任される取締役よりも独立性が高いとされています。このような独立性に鑑み、社外取締役は、次のような機能を発揮することができると考えられています。

> ① 経営効率向上のために助言を行う機能（助言機能）
> ② 経営全般の監督機能
>   (a) 取締役会における重要事項の決定に関して議決権を行使すること等を通じて経営全般を監督する機能
>   (b) 経営全般の評価に基づき、取締役会における経営者の選定・解職の決定に関して議決権を行使すること等を通じて経営者を監督する機能（経営評価機能）
> ③ 利益相反の監督機能
>   (a) 会社と経営者との間の利益相反を監督する機能
>   (b) 会社と経営者以外の利害関係人との間の利益相反を監督する機能

 すなわち、社外取締役は、より独立した立場から、取締役会のメンバーとして取締役会において決定される重要事項や経営者の選定・解職について議決権を行使することにより、経営全般を監督するとともに経営者を監督することができるとされています。また、会社と経営者との間の利益相反だけではなく、親会社が子会社の利益を犠牲にして親会社自身の利益を図るといったような会社と経営者以外の利害関係者との間の利益相反についても、従来の取締役よりも独立した立場から監督することができるといわれています。
 このように、社外取締役がその「社外」的な立場を生かし、取締役会において適切に議決権を行使し、経営の決定に関与することを通じて、経営が実効的に監査・監督されることが近年期待されているのです。

## 2 旧法下の2つの機関設計における社外取締役の活用状況

 旧法の下では、会社法上の大会社かつ公開会社は、監査役会設置会社と委員会設置会社（平成26年改正により名称が「指名委員会等設置会社」に変更されました）という2つの機関設計のいずれかを選択することができました。しかし、以下に述べるように、前者については社外取締役の導入が進まず、後者についてはそもそも委員会設置会社という機関設計を選択する会社が少なかったため、社外取締役の機能が十分に活用されていませんでした。
 まず、監査役会設置会社では、監査役を3人以上置く必要があり、そのうち半数以上は社外監査役でなければなりません（法335条3項）。そのため、新たに社外取締役を置こうとすると、少なくとも2人以上の社外監査役に加えて社外取締役となる人材を確保する必要が生じます。これは、重複感が生じるばかりでなく、会社にとっては大きな負担になると考

えられます。このように、監査役会設置会社は、社外取締役を活用するという観点からは、必ずしも利用しやすい機関設計ではないと指摘されていました。

次に、もう1つの機関設計である委員会設置会社（指名委員会等設置会社）は、いわゆるモニタリング・モデルの考え方を採用するものとして、平成14年商法改正で新設された制度です。すなわち、委員会設置会社においては、基本的事項を除く業務執行の決定と執行については執行役に委ね、これに対して、取締役会と、委員の過半数が社外取締役から構成される3つの委員会（指名委員会、監査委員会、報酬委員会）が監査・監督を担当するという仕組みであり、必ず社外取締役の選任が必要となるため、社外取締役の活用を期待しうる制度であったといえます。ところが、この制度では、取締役の人事と報酬という、経営者にとって最も重大な関心事について、それぞれ指名委員会と報酬委員会が権限を握ることになるため、これらの決定を社外の人間に任せることに対する抵抗感が大きく、結果としてあまり採用されませんでした。コーポレート・ガバナンス白書によると、委員会設置会社を採用している上場会社は、全体の1.7％にすぎず、そのほかはすべて監査役設置会社であり（2014年7月14日時点）、この傾向はコーポレート・ガバナンスに関する報告書の制度化が始まった2006年当時から変わらないとされています。

このように、従来の2つの機関設計では、社外取締役が十分に活用されていませんでした。そこで、今回の改正により、社外取締役の機能を活用しやすくし、業務執行者に対する監督機能を強化させるための第3の機関設計として、監査等委員会設置会社が新設されることとなりました。なお、監査等委員会設置会社の採用を義務づけるべきという意見もありましたが、これをすべての会社に義務づけると社会的・経済的コストが莫大になることから、あくまで選択肢の1つとして新設されることになりました。したがって、従前からの監査役（会）設置会社や委員会設置会社の存在意義を否定するものでは決してなく、各会社が、その実情に応じ、定款の定めによって監査等委員会設置会社、監査役（会）設置会社または指名委員会等設置会社のいずれかを選択できるようになっています（法326条2項）。

監査等委員会設置会社の制度新設に至った経緯を簡単にまとめると、以

下のようになります。

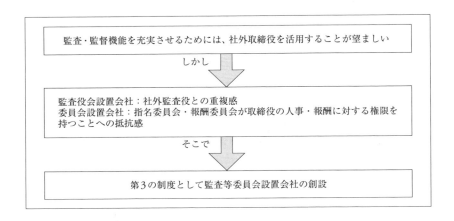

## II 監査等委員会設置会社の内容
### 1 概 要
(1) 監査等委員会設置会社の目的

　上記Iで述べたとおり、監査等委員会設置会社は、自ら業務執行を行わない社外取締役を複数置くことで業務執行と監督とを分離し、社外取締役が実効的な監査を行うことを可能にするとともに、経営者の選定・解職等の決定に関し取締役会における議決権行使を通じて監督機能を果たすことにより、取締役に対する監査・監督機能の充実を図ることを目的としています。

(2) 「監査等委員会設置会社」という名称

　監査「等」委員会という名称が付された理由は、監査等委員会は、指名委員会等設置会社の監査委員会が有する監査機能に加えて、監査等委員でない取締役の人事（選任・報酬等）に関する株主総会における意見陳述権を有するとされている点、および監査等委員でない取締役の利益相反取引につき、監査等委員会の事前の承認を受けたときは取締役の任務懈怠を推定する規定は適用しないとされている点において、一定の監督機能をも担っているといえるからです。他方で、監査等委員会は、取締役会のように代表取締役等の解職権限を含む取締役の職務執行に対する全般的な監督

機能まで有するわけではないことから、要綱では「監査・監督委員会」とされていたものを、法案の段階で「監査等委員会」に名称変更したという経緯があります。

(3) 監査役(会)設置会社・指名委員会等設置会社との違い

　監査等委員会設置会社では、監査等委員会およびその構成員である監査等委員が監査を担うことから、指名委員会等設置会社と同様、監査役は置かないものとされています。他方、監査役(会)設置会社と同様に、指名委員会、報酬委員会を置かないものともされています。このように、監査等委員会設置会社は、監査役(会)設置会社と指名委員会等設置会社との中間的な機関設計として位置づけることができます（ただし、監査等委員会設置会社であっても、取締役の指名や報酬に関する委員会等を、会社法上の機関としてではなく、任意に設置することは可能です）。

　ただし、監査等委員会設置会社は、指名委員会等設置会社と同様に、いわゆる内部統制システムを利用した組織的監査を行うことが想定されていることから、基本的に監査等委員会の構成・権限・運営等に関しては、指名委員会等設置会社の監査委員会にかかる規定と同様の規定が設けられ、取締役会の権限については指名委員会等設置会社の取締役会にかかる規定と同様の規定が設けられています。

　また、監査等委員会設置会社においては、過半数が社外取締役で構成される指名委員会や報酬委員会が置かれず、取締役会の経営者からの独立性という点では指名委員会等設置会社と比較して十分ではないと考えられるため、監査等委員の人事・報酬面、すなわち選任・解任・任期・報酬等に関しては監査役にかかる規定と同様の規定が設けられています。

　そのほか、監査等委員会が承認した利益相反取引における任務懈怠推定規定の適用除外規定等のように、監査等委員会設置会社における独自の規定も存在します。

　以上を整理すると、【表2-1-1】のようになります。

【表2-1-1】

| 監査等委員の選任・解任・任期・報酬等 | ← | 監査役と類似の規定 |
| --- | --- | --- |
| 監査等委員（会）の権限・運営等 | ← | 指名委員会等設置会社における監査委員（会）と類似の規定 |
| 監査等委員会設置会社における取締役会の権限 | ← | 指名委員会等設置会社における取締役会と類似の規定 |
| その他（利益相反取引における任務懈怠推定の除外規定等） | ← | 独自の規定 |

また、それぞれのタイプの会社において監査を担う監査役、監査等委員である取締役、監査委員である取締役を比較すると、【表2-1-2】のとおりとなります。

【表2-1-2】3タイプの比較

| | 監査役(会)設置会社（監査役） | 監査等委員会設置会社（監査等委員である取締役） | 指名委員会等設置会社（監査委員である取締役） |
| --- | --- | --- | --- |
| 選解任 | 株主総会の普通決議（解任については特別決議） | ・株主総会の普通決議（解任については特別決議）<br>・他の取締役とは区別して選任される | ・株主総会の普通決議（解任についても普通決議）<br>・監査委員としての地位の解職については取締役会決議 |
| 任期 | 4年（定款による短縮不可） | 2年（定款による短縮不可）<br>他の取締役は1年（定款による短縮可） | 1年（定款による短縮可） |
| 報酬 | 定款または株主総会決議で取締役の報酬と別枠で定める | 定款または株主総会決議で他の取締役の報酬と別枠で定める | 報酬委員会が他の取締役の報酬と同様に定める |
| 常勤者 | 必要（監査役会設置会社の場合） | 不要 | 不要 |

## 2　監査等委員会設置会社の機関設計

　会社が監査等委員会設置会社という機関設計を選択するか否かについては、大会社や公開会社でなければならないといった制約はなく、会社の自由な意思決定に委ねられています。したがって、会社は、監査等委員会を設置する旨の定款を定めることによって監査等委員会設置会社になることができます（法326条2項）。

　監査等委員会設置会社における機関設計については、以下のような決まりがあります。

---

① 　取締役会の設置義務
② 　会計監査人の設置義務
③ 　監査役（会）の非設置
④ 　代表取締役・業務執行取締役による業務執行

---

①　取締役会の設置義務

　監査等委員会設置会社においては、取締役会を設置しなければなりません（法327条1項3号）。監査等委員会設置会社は、社外取締役を活用することによる取締役会の監督機能の充実を目的とする制度であるからです。

②　会計監査人の設置義務

　監査等委員会設置会社においては、大会社であるか否かにかかわらず会計監査人を設置しなければなりません（法327条5項）。その理由としては、次の2つが挙げられます。1つ目は、監査等委員会設置会社は、指名委員会等設置会社と同様、いわゆる内部統制システムを利用した組織的監査を行うことを前提としており、内部統制システムの構築にあたっては、計算書類の適正性および信頼性の確保の観点から、会計監査人が重要な役割を果たすと考えられるからです。2つ目は、監査等委員会設置会社では、監査を担う監査等委員会の構成員である取締役は、計算書類を承認する取締役会（法436条3項）の構成員でもあることから、計算書類の適正性・信頼性の確保の観点から、取締役会から独立した第三者である会計監査人による監査も受けることとするのが適切と考えられるからです。

③　監査役（会）の非設置

　監査等委員会設置会社においては、社外取締役が委員の過半数を占める

監査等委員会が監査機能を担います。監査機能の重複を避けるため、監査等委員会設置会社は監査役を設置することができません（法327条4項）。

④　代表取締役・業務執行取締役による業務執行

監査等委員会設置会社では、会社の業務執行は、取締役会決議によって選定される執行役ではなく、株主総会決議で選任される取締役の中から選定される代表取締役や業務執行取締役が行うものとされています（法363条1項）。

監査等委員会設置会社では、指名委員会等設置会社のように過半数が社外取締役で構成される指名委員会および報酬委員会の設置が強制されておらず、指名委員会等設置会社と比べると、取締役会の業務執行者からの独立性が十分ではなく、その分、業務執行者に対する取締役会の監督も弱くなるおそれがあります。そこで、監査等委員会設置会社では、業務執行者につき、取締役会の決議のみにより選定される執行役とするのではなく、株主総会決議により選任される取締役の中から選定することで、業務執行につき株主によるコントロールを及びやすくしました。

なお、監査等委員会設置会社における代表取締役は、監査等委員である取締役以外から選定しなければならないとされています（法399条の13第3項）。そのため、監査等委員会設置会社における取締役の最低員数は、監査等委員会の最低員数である3人と合わせ、4人となります。

### 3　監査等委員の選任・解任・辞任・任期

監査等委員の選任・解任・辞任・任期に関しては、経営者からの独立性を確保するため、監査役と類似の制度が設けられています。具体的には、以下の特徴が挙げられます。

---

① 他の取締役と区別した株主総会決議による選任
② 監査等委員の選任議案についての同意権、選任議題・議案の提案権
③ 株主総会の特別決議による解任
④ 監査等委員の選任・解任・辞任についての株主総会における意見陳述権
⑤ 自らの辞任についての株主総会における意見陳述権
⑥ 任期は原則2年・短縮不可

---

① 他の取締役と区別した株主総会決議による選任

監査等委員である取締役は、それ以外の取締役とは区別して株主総会の決議によって選任されます（法329条1項・2項）。監査等委員会の職務は、経営者の職務の執行を監査することであり、監査の実効性を確保するためには、監査等委員会および監査等委員である各取締役の地位が経営者から独立している必要があります。このような経営者からの独立性を確保するための仕組みとして、改正会社法は、監査等委員の地位と取締役の地位とを切り離さず、一体として（監査等委員である取締役として）株主総会で選任するという仕組みをとりました。すなわち、監査等委員である取締役は、代表取締役のように取締役会決議によって選定するのではなく、株主総会決議によって選任することとしたわけです。

② 監査等委員の選任議案についての同意権、選任議題・議案の提案権

取締役は、監査等委員である取締役の選任に関する議案を株主総会に提出するためには、監査等委員会の同意を得なければなりません（法344条の2第1項）。また、監査等委員会は、取締役に対し、監査等委員である取締役の選任を株主総会の目的（議題）とすること、または監査等委員である取締役の選任に関する議案を株主総会に提出することを請求することができるものとされています（同条2項）。

③ 株主総会の特別決議による解任

監査等委員である取締役を解任するには、株主総会の特別決議による必要があります（法309条2項7号）。

④ 監査等委員の選任・解任・辞任についての株主総会における意見陳述権

各監査等委員は、監査等委員の選任・解任・辞任について、株主総会において意見を陳述することができます（法342条の2第1項）。

⑤ 自らの辞任についての株主総会における意見陳述権

辞任した監査等委員は、株主総会において自らの辞任について意見を陳述することができます（法342条の2第2項）。なお、監査等委員である取締役は、取締役としての地位と監査等委員としての地位が不可分であることから、監査等委員のみを辞任し、取締役の地位にとどまることはできないと考えられます。

【図2-1-3】監査等委員である取締役の選任

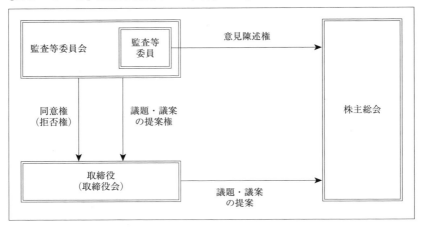

⑥ 任期は原則2年・短縮不可

　監査等委員である取締役の任期は、選任後2年以内に終了する事業年度のうち最終のものに関する定時株主総会の終結の時までとされており、定款または株主総会の決議により任期を短縮することはできません（法332条1項・4項）。これに対して、監査等委員でない取締役の任期は、選任後1年以内に終了する事業年度のうち最終のものに関する定時株主総会の終結の時までとされており、定款または株主総会の決議によって任期を短縮することが可能です（同条3項・1項）。なお、いずれの取締役についても、任期を伸長することはできません（同条2項参照）。

　監査等委員である取締役の独立性を確保するという観点からは、その任期は、監査等委員でない取締役の任期よりも長くし、身分保障を強化する必要があります。しかし一方で、監査等委員である取締役も取締役会において議決権を行使することにより経営の決定に関与する立場にあることから、監査役と同じ任期（4年）では長すぎるとの指摘がなされていました。そこで、監査等委員でない取締役の任期を1年とする（法332条3項）一方、監査等委員である取締役の任期は2年（原則どおり）として、監査等委員でない取締役の任期よりも長く、監査役の任期（4年）よりも短い期間とした上で、短縮を認めないこととされました。

　なお、会社法459条は、剰余金の配当等を取締役会が決定するための

要件の1つとして取締役の任期が1年であることを挙げていますが、今回の改正で、監査等委員会設置会社においては、監査等委員である取締役の任期が2年であっても、それ以外の取締役の任期が1年であれば、同条の要件を満たすこととされました（同条1項）。

### 4　監査等委員の報酬

　監査等委員の報酬についても、経営者からの独立性の観点から、以下のように監査役と類似の規定となっています。

---

① 監査等委員でない取締役と区別の上、定款または株主総会決議による決定
② 監査等委員の協議による決定（監査等委員の個別の報酬等について①の定款または株主総会決議がない場合）
③ 監査等委員の報酬等についての意見陳述権

---

① 監査等委員でない取締役と区別の上、定款または株主総会決議による決定

　監査等委員である取締役の報酬等は、それ以外の取締役とは区別して定款または株主総会決議によって定めることとされています（法361条1項・2項）。

② 監査等委員の協議による決定（監査等委員の個別の報酬等について①の定款または株主総会決議がない場合）

　監査等委員である取締役の個別の報酬等について定款の定めまたは株主総会決議がないときは、定款または株主総会決議によって定められた上限の範囲内で、これを監査等委員である取締役の協議によって定めることとされています（法361条3項）。

③ 監査等委員の報酬等についての意見陳述権

　監査等委員である取締役は、株主総会において、監査等委員である取締役の報酬等について意見を述べることができるとされています（法361条5項）。

### 5　監査等委員会の構成

　監査等委員会の構成は、指名委員会等設置会社における監査委員会と類似したものとなっています。具体的には、以下のとおりです。

> ① 監査等委員は取締役であること
> ② 監査等委員は3人以上で、その過半数は社外取締役であること
> ③ 監査等委員は、会社・子会社の業務執行取締役等と兼任できないこと
> ④ 常勤の監査等委員は不要であること

① 監査等委員は取締役であること
　監査等委員会はすべての監査等委員で組織され（法399条の2第1項）、監査等委員は取締役でなければならないとされています（同条2項）。
② 監査等委員は3人以上で、その過半数は社外取締役であること
　監査等委員である取締役は3人以上で、その過半数は、社外取締役でなければならないとされています（法331条6項）。監査等委員会における社外取締役の割合は、指名委員会等設置会社の監査委員会を参考にしたものです。監査等委員の過半数が社外取締役とされることにより、社外取締役による監督機能が発揮されることが期待されています。
③ 監査等委員は会社・子会社の業務執行取締役等と兼任できないこと
　監査等委員である取締役は、業務執行取締役等を監査する立場にあることから、実質的に自己監査となってしまうことを防ぐため、以下の地位を兼ねることができないものとされています（法331条3項）。
　(i) 自己が監査等委員に就任している会社の業務執行取締役、または支配人その他の使用人
　(ii) 自己が監査等委員に就任している会社の子会社の業務執行取締役、執行役、会計参与（会計参与が法人であるときは、その職務を行うべき社員）、支配人その他の使用人
　これは、指名委員会等設置会社における監査委員についての兼任禁止規定と同内容となっています。なお、指名委員会等設置会社においては、すべての取締役について会社の使用人との兼任が禁止されていますが（同条4項）、監査等委員会設置会社においては、監査等委員でない取締役が会社の使用人を兼ねることは禁止されていません。これは、指名委員会等設置会社と異なり、監査等委員会設置会社においては、監査等委員でない取締役が自ら業務を執行することが予定されているからです。

④　常勤の監査等委員は不要であること
　(ア)　立法過程における議論
　監査等委員の中から常勤の監査等委員を選定することを義務づけるかどうかについては、中間試案の段階では、「なお検討を要する」とされていましたが、改正会社法では、最終的にこれを義務づけるものとはせず、常勤の監査等委員を選定するかどうかは、会社の任意の判断に委ねるものとされました。この点については、法制審議会会社法制部会の審議において活発に議論され、「大会社（監査役会設置会社）では常勤監査役を置くことが義務づけられており（法390条3項）、実際に大会社のような規模の会社では常勤の監査等委員が日常的に実査を通じた監査を行わないと、監査等委員としての十分な役割が果たせない」として、監査役による監査から監査の質が実質的に後退することがないようにするために、大会社については常勤の監査等委員を置くことを義務づけるべきだとする意見も有力でした。しかし、最終的には、監査等委員会は、監査役のように自ら実査を行うことにより監査を行うのではなく、指名委員会等設置会社の監査委員会と同様、内部統制システムを通じた監査を行うことが想定されており、常勤の監査等委員を義務づけなくても情報収集の点で問題ないという理由から、常勤の監査等委員の選定の義務づけは不要ということになりました。
　(イ)　常勤を不要とする理由
　この点は、後に述べる監査等委員の権限とも関連するところですが、多少詳しく説明します。監査役会設置会社における監査役の権限と監査等委員会設置会社における監査等委員の権限には、【図2－1－4】のような相違点があると考えられます。

【図2-1-4】（図中の○は、監査役または監査等委員を示すものです）

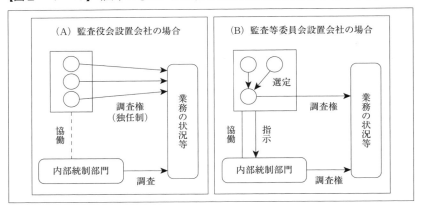

　【図2-1-4】(A)の監査役会設置会社における監査役については、それぞれ独任制とされています。内部統制部門と協働することもありますが、一般的には部下を持たず、各自が調査権を行使することになります。そこで、監査役に与えられた調査権の実効性を図るため、常勤の監査役の設置が要求されています。

　これに対して、【図2-1-4】(B)の監査等委員会設置会社における監査等委員の場合は、指名委員会等設置会社における監査委員と同様、内部統制部門との協働や指示等を通じて調査権を行使することが想定されています。実際には、監査等委員各自が自由に内部統制部門に対して指示を行いうることとすると混乱が生じかねないので、監査等委員会において選定された監査等委員のみが調査権を有し、その監査等委員から内部統制部門に指示を行うこととされています。この場合、選定された監査等委員は、内部統制部門に対して指示をすればよく、自ら調査をする必要はありません。指示をするだけであれば常勤である必要はないので、常勤者の設置を法律上義務づける必要がないということです。

　ただし、監査等委員が自ら調査するということが法律上許されていないというわけではなく、自ら調査権を行使することも可能です。

　　(ウ)　任意に常勤者を置くことは可能

　以上のとおり、監査等委員会に関して、改正会社法は指名委員会等設置会社における監査委員会と同じモデルを採用しているため、常勤の監査等

委員の設置は法律上要求されていません。もっとも、この点に関する説明はあくまでも法律上想定されているモデルについてのものであり、任意に常勤者を置くことは可能です。実際、多くの指名委員会等設置会社において常勤の監査委員が選定されており、監査等委員会設置会社における監査等委員についても同様の傾向になることが予想されます。

なお、事業年度の末日において監査等委員会設置会社である会社は、その事業報告において、常勤の監査等委員の選定の有無およびその理由を開示しなければならないとされています（施行規則121条10号）。

### 6　監査等委員会・監査等委員の職務に関する規律

(1)　指名委員会等設置会社における監査委員会・監査委員と同様の規律

監査等委員会は、監査等委員である取締役により構成されていますので、指名委員会等設置会社の監査委員会と同様に、内部統制システムを利用した組織的な監査を行うことが想定されています。そこで、監査等委員会および監査等委員は、原則として、以下のとおり、指名委員会等設置会社における監査委員会および監査委員と同様の権限を有することとされました。

---

＜監査等委員会の職務・権限＞
① 　取締役・会計参与の職務の執行の監査および監査報告の作成
② 　株主総会に提出する会計監査人の選解任・不再任に関する議案の内容の決定
③ 　取締役等に対する報告の徴収および調査権限
④ 　取締役との間の訴えにおける会社の代表等
⑤ 　取締役会の招集権
＜各監査等委員の職務・権限＞
⑥ 　取締役会への報告義務
⑦ 　取締役の法令違反行為等に対する差止請求権

---

＜監査等委員会の職務・権限＞
① 　取締役・会計参与の職務執行の監査および監査報告の作成

監査等委員会は、取締役・会計参与の職務の執行を監査する権限、および事業年度ごとに監査報告を作成する権限を有します（法399条の2第3項1号）。この監査においては、会社の内部統制システムが利用され、職

務執行の適法性の監査のみならず、妥当性の監査も行われ、この点で監査役による監査と異なります。

② 株主総会に提出する会計監査人の選解任・不再任に関する議案の内容の決定

監査等委員会は、株主総会に提出する会計監査人の選任および解任ならびに会計監査人を再任しないことに関する議案の内容を決定する権限を有します（法399条の2第3項2号）。

なお、これらの権限は、指名委員会等設置会社における監査委員会と同様であるだけでなく、監査役（会）設置会社における監査役（会）とも同様です。

③ 取締役等に対する報告の徴収および調査権限

監査等委員会が選定する監査等委員は、いつでも、取締役および使用人等に対してその職務の執行に関する事項の報告を求め、または会社の業務および財産の状況の調査をすることができます（法399条の3第1項）。また、「監査等委員会の職務を執行するため必要があるとき」には、当該会社の子会社に対しても同様の報告を求め、また当該子会社の業務および財産の状況の調査をすることができます（同条2項）。なお、監査等委員会は会議体として組織的な監査を行うため、これらの権限は、個々の監査等委員に属するものとはされておらず、監査等委員は、これらについて監査等委員会による決議があるときは、それに従う義務を負います（同条4項）。

④ 取締役との間の訴えにおける会社の代表等

会社が監査等委員でない取締役に対して訴えを提起する場合、または監査等委員でない取締役が会社に対して訴えを提起する場合には、監査等委員会が選定する監査等委員が会社を代表することとされています（法399条の7第1項2号）。

⑤ 取締役会の招集権

監査等委員会設置会社においては、招集権者の定めがある場合であっても、監査等委員会が選定する監査等委員は、取締役会を招集することができるとされています（法399条の14）。

＜各監査等委員の職務・権限＞
⑥　取締役会への報告義務
　監査等委員は、取締役による法令違反等があると認めるときは、遅滞なく取締役会に報告しなければなりません（法399条の4）。
⑦　取締役の法令違反行為等に対する差止請求権
　監査等委員は、取締役が会社の目的の範囲外の行為その他法令・定款違反の行為をし、またはこれらの行為をするおそれがある場合において、当該行為によって会社に著しい損害が生じるおそれがあるときは、当該取締役に対し、当該行為をやめることを請求することができます（法399条の6）。

(2) **指名委員会等設置会社における監査委員会・監査委員にはない独自の規律**

　上記に加えて、監査等委員会設置会社における監査等委員会および監査等委員については、指名委員会等設置会社における監査委員会および監査委員にはない以下のような規律があります。

---

① 株主総会に対する報告義務
② 監査等委員でない取締役の選任・解任・辞任・報酬等についての意見陳述権
③ 利益相反取引に関する任務懈怠の推定規定の適用除外

---

① 株主総会に対する報告義務
　監査等委員は、取締役が株主総会に提出しようとする議案、書類その他法務省令で定めるものについて法令もしくは定款に違反し、または著しく不当な事項があると認めるときは、その旨を株主総会に報告しなければなりません（法399条の5）。
　これは、監査役が負う義務（法384条）とほぼ同様の義務ですが、指名委員会等設置会社における監査委員は、このような義務を負うこととはされていません。つまり、この点に関しては、監査等委員会設置会社における監査等委員にかかる規定は、指名委員会等設置会社における監査委員の規定ではなく、監査役の規定に合わせることとしたわけです。

監査等委員会設置会社と異なり、指名委員会等設置会社における監査委員にこのような義務が定められてない理由は、会社提案の株主総会議案は取締役会において決定されるため、株主総会提出書類も取締役会において確認されると考えられるので、株主総会提出書類に法令違反等がある場合には、取締役である監査委員が取締役会への報告（法406条）等を通じ、取締役会においてその提出を差し止めるべきであり、株主総会に報告する必要はないと考えられているからです。監査等委員会設置会社における監査等委員も取締役であるため、株主総会の議案等を検討し、法令違反等があると認めるときに取締役会への報告をしなければならないこと（法399条の4）は監査委員と同じであり、指名委員会等設置会社におけるのと同様に取り扱うことも考えられます。しかし、監査等委員会設置会社には指名委員会や報酬委員会の設置が義務づけられておらず、取締役会の経営者に対する独立性が十分ではないことから、取締役会において株主総会提出書類の違法性をチェックするだけでなく、むしろ監査役の規定にならい、株主総会に対して直接報告する制度を設けることとしたものといわれています。

② 監査等委員でない取締役の選任・解任・辞任・報酬等についての意見陳述権

監査等委員会が選定する監査等委員は、株主総会において、監査等委員である取締役以外の取締役の選任・解任・辞任および報酬等について監査等委員会の意見を述べることができます（法342条の2第4項・361条6項・399条の2第3項3号）。

これは、監査等委員会の過半数を占める社外取締役の経営評価機能に鑑みて、特別に認められた権限です。監査役については、独立性の確保のため、その選任・解任・辞任・報酬等に関する議案の同意権や意見陳述権が認められていますが（法343条、345条4項・1項、387条3項）、監査等委員については、監査等委員でない取締役に対する監督を実効的なものとするためにこのような権限が認められました。すなわち、業務執行者に対する監督機能としては、業務執行者の選定・解職や報酬額の決定等人事に関する権限が重要と考えられます。監査等委員会は、指名委員会等設置会社における指名委員会や報酬委員会のように決定権までは有しないものの、株主総会における意見陳述権を背景としてこれらの決定に主導的に関与す

ることにより、指名委員会や報酬委員会に準じる機能を果たすことが期待されています。

また、このような株主総会における意見陳述を通じて、監査等委員会の意見が広く株主に知られ、株主による議決権行使にも影響を与えることになりますので、株主総会における取締役の選任・解任や報酬等の決定を通じた監督も実効的に行われるようになることが期待されます。

③　利益相反取引に関する任務懈怠の推定規定の適用除外

監査等委員でない取締役が利益相反取引を行うにつき、監査等委員会の事前の承認を受けたときは、取締役の任務懈怠の推定規定は適用しないものとされました（法423条4項）。これは、監査等委員会は、社外取締役が委員の過半数を占めており、かつ、上記のとおり業務執行者に対する監督機能を一定程度有していることから、監査役会・監査委員会と異なり、利益相反取引に対する監督機能を持たせることが可能と考えられたためです。

この点については、法制審議会会社法制部会において、監査等委員会に利益相反取引一般について審査する機能が本当にあるのかといった批判もありました。しかし、推定規定を外すだけであれば立証責任が転換するにすぎないこと、裁判所において任務懈怠の有無を判断する場合には、様々な事情が考慮されるため、任務懈怠を推定するかどうかということと最終的な責任が肯定されるかどうかということは必ずしもそれほど強い関係に立たないこと等に加えて、監査等委員会制度の利用促進という政策的観点もあり、このような制度が認められることとなりました。

なお、会社法423条4項は、「監査等委員会の承認を受けたとき」としか記載していませんが、同条項が前提とする「第356条第1項第2号又は第3号に掲げる場合」とは、取締役等が利益相反取引を「しようとするとき」であることから、本条項に基づく適用除外を受けるためには、監査等委員会は、利益相反取引を事前に承認する必要があるということになります。

### 7　監査等委員会の運営等

(1)　指名委員会等設置会社と同様の規定

監査等委員会の運営等については、指名委員会等設置会社における各委員会の運営等に関する規定とほぼ同様の規定が設けられています。主な規

定は、以下のとおりです。

---

① 各監査等委員による招集権
② 過半数の定足数・決議要件
③ 特別利害関係者に対する議決参加制限
④ 取締役・会計参与による監査等委員会への出席・説明義務

---

① 各監査等委員による招集権
　監査等委員会は、各監査等委員が招集することができます（法399条の8）。
　このほか、招集通知を原則として1週間前までに各監査等委員に対して発送しなければならないこと（法399条の9第1項）、監査等委員の全員の同意があれば招集手続を省略することができること（同条2項）は、指名委員会等設置会社における各委員会の招集手続と同様です（法410条・411条1項・2項参照）。
　もっとも、招集通知の発送期限の短縮方法については、指名委員会等設置会社では取締役会決議によって定めることとされている（法411条1項）のに対し、監査等委員会設置会社では定款によって定めることとされています（法399条の9第1項）。指名委員会等設置会社における各委員会は取締役会の内部機関として位置づけられるのに対して、監査等委員会は、取締役会から一定程度独立したものと位置づけられ、その独立性を確保する必要があることから、このような違いがあるとされています。この点はむしろ監査役会と類似した位置づけとなることから、監査役会と同様の規定（法392条1項）となっています。

② 過半数の定足数・決議要件
　監査等委員会の決議は、議決に加わることができる監査等委員の過半数が出席し、その過半数をもって行われます（法399条の10第1項）。
　なお、指名委員会等設置会社における各委員会と異なり（法412条1項参照）、監査等委員会の定足数および決議要件については、取締役会決議によって加重することはできません。これも、上記①で述べたように、監査等委員会が取締役会から一定程度独立したものとして位置づけられるこ

とを考慮したものです（法393条1項参照）。

③　特別利害関係者に対する議決参加の制限

監査等委員会の決議について特別の利害関係を有する監査等委員は、議決に加わることができません（法399条の10第2項）。

④　取締役・会計参与による監査等委員会への出席・説明義務

取締役および会計参与は、監査等委員会の要求があったときは、監査等委員会に出席し、監査等委員会が求めた事項について説明をしなければなりません（法399条の9第3項）。監査等委員会がその職務を遂行する上で、監査等委員でない取締役や会計参与の説明を求める必要が生じることが想定されるからです。他方で、監査等委員でない取締役がいない状況での自由闊達な議論をする機会を保障するため、監査等委員でない取締役には、監査等委員会への出席権は認められていません。

(2)　指名委員会等設置会社と異なる規定

監査等委員会の議事録について、指名委員会等設置会社の監査委員会の議事録と異なり、（監査等委員でない）取締役の閲覧・謄写権は認められていません（法413条2項参照。これは監査役会の議事録と同様の扱いです（法394条参照）。）。

また、指名委員会等設置会社の監査委員会については、監査委員会が選定する監査委員は遅滞なく職務執行の状況を取締役会に報告する義務が規定されていますが（法417条3項）、監査等委員会について、そのような義務は規定されていません。

さらに、招集通知の発送期限の短縮方法の違いについては上記(1)①で述べたとおりです。これらの差異は、いずれも、監査等委員会の独立性を図るための措置と考えられます。

### 8　監査等委員会設置会社における取締役会の権限

監査等委員会設置会社における取締役会の権限の内容は、指名委員会等設置会社における取締役会の権限の内容と同様です。

(1)　監査等委員会設置会社における取締役会の基本的権限

監査等委員会設置会社における取締役会は、以下の職務を行うものとされています（法399条の13第1項）。

> ① 次に掲げる事項その他会社の業務執行の決定
>   ア 経営の基本方針
>   イ 監査等委員会の職務の執行のために必要な事項
>   ウ 内部統制システムの整備に関する事項
> ② 取締役の職務の執行の監督
> ③ 代表取締役の選定・解職

なお、監査等委員会設置会社の取締役会は、大会社でない場合であっても、内部統制システムの整備について決定しなければならないとされています（法399条の13第2項・1項1号ハ）。上記**6**(1)で述べたとおり、監査等委員会が取締役によって構成されており、指名委員会等設置会社と同様、取締役会の決定する内部統制システムを利用して組織的な監査を行うことが想定されているためです。

(2) **取締役に対する会社の業務執行の決定権限（上記(1)①参照）の委任**

取締役会の有する業務執行の決定権限の取締役への委任については、以下のような仕組みになっています（法399条の13第4項〜6項）。

> 原則 ── 監査役（会）設置会社の場合と同様、「重要な業務執行の決定」を取締役に委任することはできない。
> 例外 ── 以下のいずれかの場合には、指名委員会等設置会社の場合と同様の広範囲の委任が認められる。
>   (a) 取締役の過半数が社外取締役である場合
>   (b) 取締役会の決議によって重要な業務執行の決定の全部または一部を取締役に委任できる旨定款に定めた場合

まず、従来の2つの機関設計における業務執行の決定権限の委任について確認すると、監査役（会）設置会社では、重要な業務執行の決定について、原則として取締役に委任することはできず（法362条4項柱書）、特別取締役制度を利用した場合であっても、委任が認められるのは、重要な財産の処分・譲受け（同項1号）と多額の借財（同項2号）に限られています（法373条1項）。一方、指名委員会等設置会社では、社外取締役が過半数を占める指名委員会、報酬委員会および監査委員会による牽制が

なされることから、執行役に対し広範な委任ができることとされています（法416条4項）。

　これらに対し、監査等委員会設置会社では、法制審議会会社法制部会において、取締役への委任を可能とする範囲について活発に議論がなされた結果、原則として重要な業務執行の決定を取締役に委任することはできない（法399条の13第4項）とする建前を維持しつつ、(a)取締役の過半数が社外取締役であるか、(b)定款で定めた場合には、指名委員会等設置会社における取締役会決議による執行役への業務執行の委任とほぼ同様の範囲について、取締役への広汎な委任ができることとされました（同条5項・6項）。監査等委員会設置会社においては、指名委員会等設置会社における指名委員会または報酬委員会に相当する機関が置かれないため、取締役に対する広範な委任を無条件で認めることは相当ではありませんが、他方で、業務執行者に対する監督機能の強化という監査等委員会設置会社の創設趣旨からすれば、取締役が個別の業務執行の決定に逐一関与するのではなく、取締役会で決定すべき業務執行の範囲はできる限り狭くし、業務執行者の監督により専念できるようにすることが望ましいといえます。そこで、監査等委員会設置会社においては、監査等委員会が監査等委員以外の取締役の選任・解任・辞任・報酬について株主総会における意見陳述権を有すること等で、そもそも業務執行者に対する監督機能が一定程度担保されていることに加えて、(a)の場合については、社外取締役が過半数であることでさらに強力な監督機能が期待されること、(b)の場合については、そのような監督機能の存在を背景に、株主自身の判断（定款変更の株主総会特別決議）があれば、取締役会は業務執行者の職務執行の監督や代表者の選定・解職等に専念すべきであるというモニタリング・モデルの色彩を強めるという選択も認められるべきであることから、上記のような建て付けがとられることになりました。

　なお、特別取締役制度の利用は監査等委員会設置会社においても可能ですが、上記のような取締役への委任がされている場合には、当該制度を採用することはできません（法373条1項柱書かっこ書）。

　このようにして、監査等委員会設置会社においては、取締役の過半数を社外取締役にするか、定款に定めを置くことにより、指名委員会等設置会社と同様に、経営の機動性・迅速性を高める一方で、取締役会を業務執行

者の監督に専念させることが可能となっています。

## Ⅲ 実務に与える影響
### 1 監査等委員会設置会社という選択
　監査等委員会設置会社においては、ガバナンス体制に関する当事者の選択の余地が広く認められています。たとえば、取締役会が業務執行の意思決定をその中心的役割とし、重要な業務執行の決定の大部分を行う形、つまり、単に監査役会を監査等委員会に置き換えただけの形にすることもできれば、取締役の過半数を社外取締役が占め、重要な業務執行の決定を大幅に取締役に委任すること（法399条の13第5項）等により、取締役会の機能を監督に特化させたモニタリング・モデルの機関形態をとることも可能とされています。したがって、監査等委員会設置会社の選択にあたっては、監査等委員会設置会社とその他のタイプとの違いを適切に把握し、導入コストも考慮した上で、どのガバナンス体制が自社にとって最も適しているかということを比較検証する必要があります。

### 2 会社のタイプ選択における検討事項
　以上の点を比較検証するに際して、具体的に検討すべき事項としては、次のようなものが考えられます。
#### (1) 社外役員の人材確保の観点
　本章②で述べるとおり、今回の改正では、社外取締役の設置義務は見送られましたが、代わりに、社外取締役を設置しない場合には一定の説明義務や開示義務が課されることとなりました。また、東京証券取引所（以下「東証」といいます）の有価証券上場規程が改正され、「取締役である独立役員を少なくとも1人以上確保するよう努めなければならない」との規定が設けられました（東証上場規程445条の4）。さらに、コーポレートガバナンス・コードにおいても、上場会社は独立社外取締役を2名以上選任すべきとされており（**第9章③Ⅳ3(3)ウ**参照）、その趣旨・精神は尊重しなければならないとされています（東証上場規程445条の3）。これらを含めた昨今における社外取締役重視の傾向を踏まえると、今後、上場会社（特に監査役会設置会社）では、社外取締役を置くことが避けられない状況になると思われます。この場合、監査役会設置会社においては、仮に社外取締役を1人置くとすると、監査役会の半数以上は社外監査役でなければ

ならないことから、最低3人（社外監査役最低2人＋社外取締役1人）の社外役員が必要となります。これに対し、監査等委員会設置会社であれば、社外役員は最低2人で済みますから、社外役員の人材確保の負担をいくらか軽減することになります。このように、社外役員の人材確保の観点から、監査等委員会設置会社を選択するということも考えられます。特に監査役会設置会社では、すでに2人以上の社外監査役が選任されており、現在の社外監査役を社外取締役に充てることで人材確保の問題をクリアすることができるので、これを機に監査等委員会設置会社に移行することも、十分検討に値すると考えられます（本章2Ⅶ1(3)ウ参照）。

(2) （監査役会設置会社からの移行を検討する場合）現在の社外監査役が社外取締役として適任か否かという観点

　監査役会設置会社から監査等委員会設置会社へ移行する場合には、現在の社外監査役をそのまま社外取締役として選任することを検討する可能性が高いと思われます。その場合には、社外監査役と社外取締役の職務内容の差を前提に、現在の社外監査役が社外取締役として適任か否かを検討する必要があります。すなわち、社外監査役は、会社の業務内容やその成果物が法令や会計基準等の遵守すべきルールを逸脱していないかを審査し、是正すべき点があれば、それを指摘して意見を表明することを主な職務内容としているのに対して、社外取締役は、経営者の経営を評価して、その効率性や妥当性を図ること、つまり、いわば会社の代表者を直接牽制することを職務内容としています。また、社外監査役から社外取締役（監査等委員）になった場合、取締役の一員として経営判断を担うことに伴い、経営責任を負うことになります。このような職務内容・責任の差を踏まえて、現在の社外監査役が社外取締役として適任か否かを検討する必要があります。

(3) （特に監査役会設置会社からの移行を検討する場合）常勤の監査等委員を選定するか否かという観点

　上記Ⅱ5④で述べたとおり、監査役会設置会社においては常勤監査役の設置が義務づけられており、各監査役が独任制の下でそれぞれ調査権限等を行使し監査を実施することとされています。したがって、監査役会設置会社が監査等委員会設置会社に移行する場合に、常勤の監査等委員を選定することにすれば、移行前とそれほど変わらない監査体制を維持すること

は可能と考えられます。しかし、監査等委員会設置会社への移行の際に、常勤の監査等委員を選定しないこととした場合には、原則どおり、監査等委員は基本的に内部統制システムを通じて監査を実施することとなります。この場合には、監査等委員会設置会社への移行に際して、そのような監査体制を実現するために社内規程の改訂や人員配置等の変更等が必要になると思われます。なお、常勤の監査等委員を選定した場合と選定しない場合、いずれの場合においても、その理由については事業報告の記載事項とされています（施行規則121条10号）。

(4) **海外機関投資家の株式保有状況という観点**

近年、海外の議決権行使助言会社であるISS等では、その助言基準において社外取締役の選任状況を重視するようになってきています（本章 2 Ⅶ 1 参照）。そのため、特に海外の機関投資家による株式保有が進んでいる会社においては、社外取締役を選任することがIR活動において重要な意味を有することとなります。したがって、現在すでに社外監査役を選任済みの監査役会設置会社においても、その社外監査役を社外取締役に選任することにより、社外取締役による監査を重視したIR活動につながるという意味で、それを目的に監査等委員会設置会社に移行することも選択肢の1つとして考えられます。

(5) **機動的な業務執行の要請という観点**

監査等委員会設置会社においては、社外取締役が社内の問題に詳しくないこと、社外取締役が選任されると機動的に臨時取締役会の開催を行うことが難しくなることといった懸念に対処するため、取締役の過半数を社外取締役とするかまたは定款で定めることにより、指名委員会等設置会社とほぼ同様の範囲について、取締役会の決議事項とされる重要な業務執行の決定を取締役に委任することができます（法399条の13第5項・6項、上記 Ⅱ 8(2)参照）。これにより、機動的な業務執行が可能となりますので、この点も、監査等委員会設置会社への移行の契機になると考えられます。

(6) **利益相反取引の任務懈怠責任の推定の排除という観点**

監査等委員会の承認を得れば利益相反取引における任務懈怠責任の推定規定が適用されないということも、監査等委員会設置会社を選択する上でのメリットとなります。

## 3 監査等委員会設置会社への移行手続

### (1) 移行手続の概要

　実際に監査等委員会設置会社へ移行するにあたっては、監査等委員会を設置する旨を定款で定める必要があるほか、監査等委員である取締役を選任する必要があります。そのほかに、取締役会の決議によって重要な業務執行の決定の一部または全部を取締役に委任することができる旨を定款に定める場合には、そのための定款変更も必要になります。これらはすべて株主総会決議事項となります（定款変更については特別決議、監査等委員である取締役の選任については普通決議）。

　また、監査等委員会設置会社への移行に際しては、社内規程の整備・改訂作業等が必要になります。たとえば、監査等委員会の職務の執行のため必要なものとして法務省令で定める事項について、取締役会において決定することが必要となります（法399条の13第2項・1項1号ロ、施行規則110条の4）。この点に関連し、監査等委員の意見形成のための情報・資料の収集（法399条の3第1項等）の具体的方策に関する規定等を定めることが考えられます。このほか、各会社の個別事情に応じて、必要な社内規程の整備・改訂を検討することになります。

### (2) 具体的な移行手続

　監査等委員会設置会社への移行にあたり、留意すべき手続は、大きく分けて、①定款変更および取締役の選任、②機関構成の整理、③登記の3つです。以下、これらについて若干説明します。

#### ア　定款変更および取締役の選任

　まず、株主総会決議により、定款を変更して監査等委員会を置く旨を定款に定める必要があります（法326条2項）。

　そして、このように監査等委員会を置く旨の定款の変更をした場合には、取締役の任期が当該定款の変更の効力が生じた時に満了してしまうため（法332条7項1号）、株主総会において同時に取締役の選任決議を行っておく必要があります。ここでは、監査等委員である取締役（少なくとも3人、その過半数は社外取締役）と、それ以外の取締役（少なくとも1人）を区別して選任する必要があります（法329条2項）。また、これに伴い、取締役会において代表取締役等の選定を行う必要があります。

#### イ 機関構成の整理

　また、監査等委員会設置会社には、会計監査人を必ず置かなければなりません（法327条5項）、他方で監査役についてはこれを置くことができません（同条4項）。したがって、監査等委員会設置会社への移行にあたっては、これらの規定に従って機関構成を整理する必要があります。当該会社に会計監査人が設置されていない場合には、株主総会において、これを置く旨の定款の変更（法326条2項）と会計監査人の選任（法329条1項）の決議を行う必要がありますし、監査役（会）が設置されている場合には、株主総会決議により、監査役（会）を置く旨の定款の規定を削除する旨の定款変更をする必要があります。この場合、現任の監査役については、監査等委員会を置く旨の定款の変更の効力が生じた時に任期が満了することになります（法336条4項2号）。

　なお、指名委員会等設置会社が監査等委員会設置会社に移行する場合は、株主総会において指名委員会等を置く旨の定款の規定を削除する旨の定款変更をする必要があります。この場合、執行役の任期は、当該定款の変更の効力が生じた時に満了します（法402条8項）。

#### ウ 登　記

　監査等委員会設置会社を置く旨の定款の変更の効力が生じた場合には、2週間以内に、本店の所在地において、変更の登記として所定の事項を登記する必要があります（法915条1項・911条3項22号）。そのほか、上記の定款変更や機関構成の整理に伴う登記が必要となります（役員等の退任・選任登記、監査役（会）設置会社の定めの廃止の登記、会計監査人設置会社の定めの設定の登記等）。

### 4　従来の「委員会設置会社」への影響

　平成26年改正に伴い、従来の「委員会設置会社」は「指名委員会等設置会社」に名称が変更されましたが、この名称変更のためだけに定款変更や変更登記を行う必要はありません。改正会社法の施行の際、現に「委員会設置会社」である会社は、当該会社の定款に指名委員会等を置く旨の定めがあるものとみなされ（改正法附則3条1項）、また、登記との関係では、旧法の規定により「委員会設置会社」と登記されている会社は指名委員会等設置会社としての登記がされているとみなされます（同条2項）。

> **ワンポイント！＜監査等委員会設置会社への移行状況＞**
> 　平成26年改正を受けて、監査等委員会設置会社への移行を表明した会社は、100社を上回ります（2015年5月11日時点）。
> 　各会社は、監査等委員会設置会社への移行を決定した理由を、プレスリリース等において公表しています。これらをみると、ほぼすべての会社が、その理由の1つとして、監査・監督機能の強化やコーポレート・ガバナンス体制のさらなる強化・充実といった点を挙げています。この点は、改正会社法において監査等委員会設置会社制度が導入された目的でもあります。それ以外の理由としては、経営の迅速性・機動性の向上という点を挙げる会社が多く見受けられます。その他、各会社によって移行を決定した背景には様々な事情がありえますが、中には、外国人株主の持株比率が高いという状況を踏まえて移行を決定したという会社や、国外の投資家の期待に応えることを理由の1つとして移行を決定した会社もあります。
> 　そして、その移行の態様としても、従前の社外監査役をそのまま監査等委員（社外取締役）として選任することを明らかにしている会社もあり、社外役員の人材確保の観点からの需要も一定程度存在することがうかがわれます。また、監査等委員会設置会社を選択しつつも、取締役会の諮問機関として、指名委員会や報酬委員会といった名称の任意の委員会を導入する会社もあります。
> 　このような状況からは、監査等委員会設置会社が、機関設計の新たな選択肢として受け入れられている様子を見てとることができます。今後、実際に監査等委員会設置会社に移行した会社の状況も踏まえ、監査等委員会設置会社への移行のメリット（またはデメリット）についてさらに活発な議論がなされることが期待されます。

## ② 社外取締役・社外監査役

### Ⅰ　改正の経緯
#### 1　法制審議会会社法制部会設置以前の議論の状況

　近年、わが国の企業の国際的な競争力の低下が指摘される中、内外の投資家からは、上場会社のコーポレート・ガバナンスのあり方もその原因の1つであるとして、会社法において社外取締役の設置を義務づけるべきとの意見が多数寄せられていました。また、社外役員について、現行会社法は雇用関係だけに着目して「社外性」要件を定めているところ（下記Ⅲ2およびⅣ2参照）、一般に、諸外国では経営陣との間で利害関係（雇用関係、親族関係、取引関係）を有していないという「独立」性を要求しているこ

とから、「独立」性を要求すべきではないかとの議論もなされていました。

　政府レベルでの議論としては、2009年6月17日、金融庁に設置された金融審議会金融分科会が、上場会社等のコーポレート・ガバナンスの強化について審議した結果を「我が国金融・資本市場の国際化に関するスタディグループ報告」として公表しました。また、同日、経済産業省の企業統治研究会が公表した「企業統治研究会報告書」において、①社外役員の独立性について、上場企業では、一般株主との利益相反が生じるおそれのない「独立」役員を少なくとも1人置き、その上で社外性に多様性を認め、一律に「社外性」要件を「独立性」要件に置き換えることは行わないこと、②社外取締役の導入について、社外取締役を置いてその役割や機能の開示等を行うか、置かない場合にはそれに代わるコーポレート・ガバナンスの体制を開示すること等の意見が出されました。もっとも、これらの提言や意見の内容を実現する手段としては、いずれの報告書においても、法改正ではなく、主として証券取引所の対応に委ねることとされました。

## 2　法制審議会会社法制部会における議論（要綱の決定までの経緯）

(1)　法制審議会会社法制部会における議論の状況

　法制審議会会社法制部会でも、社外取締役の選任義務づけや社外役員の社外性要件の厳格化について、活発な議論が展開されました。

　特に社外取締役の選任義務化については議論が大きく分かれ、証券取引所や学者の委員・幹事を中心とした賛成派からは、社外取締役を置くことが国際的趨勢であり、取締役会の監督機能を充実させ、投資家からの信頼を維持するためにも、法律による設置義務づけが必要であるといった主張がなされた一方、経済界の委員を主とする反対派からは、社外監査役と機能が重複し規制として過剰である、一律の義務づけは各会社の個性に応じた最適なガバナンス選択を阻害するおそれがある、人材確保の点で会社に過度な負担を課すことになる、このような問題は上場規制で定めれば十分である等の指摘がなされ、反対が強く唱えられました。

(2)　要綱の決定

　2011年12月7日に中間試案が取りまとめられ、その後のパブリック・コメント手続の結果も踏まえて議論が重ねられた結果、2012年9月7日に要綱として正式に決定されて、当時の法務大臣に答申されました。

　要綱において、社外役員の社外性要件については、中間試案に対するパ

ブリック・コメントやその後の審議における多数意見が採用され、下記Ⅲ およびⅣで述べる内容となりました。すなわち、まず親会社等の関係者の取扱いについては、親会社関係者は親子会社間の利益相反について実効的な監督を期待できないことを理由として、社外役員から除くべきとする意見が多数であり、兄弟会社の関係者についても、親会社の関係者と同様に取り扱うべきとする意見が多数であったため、社外役員から除かれることになりました。また、会社関係者の近親者の取扱いについては、使用人の変動により社外性要件の該当性も変動することになるため、社外役員の法的地位が不安定になるとのパブリック・コメントや、経営者が当該会社の利益を犠牲にしてまで使用人の利益を図る類型的なおそれがあるとまではいえないのではないかといった指摘がなされ、結局、使用人の中でも重要な使用人に限ってその近親者の社外性を否定すべきとの多数意見が採用されました。

　また、中間試案では、社外性要件に、重要な取引先の関係者でないことを追加すべきかについて検討するとされました。この点はパブリック・コメントにおいて追加すべきとする意見が少なくありませんでしたが、他方で、重要な取引先であるからこそ会社に重大な利害関係を有するため実効性ある監査を期待できるという反対意見も出されました。結局、取引先の重要性に関する客観的な形式的基準を会社法上設定することが困難であったこと等から、社外性要件への追加は断念されることとなりました。

　しかし、社外取締役の設置義務化については、上記のとおり経済界の委員を主とする反対意見が根強く、賛成派と反対派の意見が大きく分かれたため、結局合意に至ることができず、要綱では見送られることとなりました。その代わり、監査役会設置会社（公開会社であり、かつ、大会社であるものに限ります）のうち金融商品取引法により有価証券報告書提出義務を負う株式会社に対して、社外取締役を置かない場合には、「社外取締役を置くことが相当でない理由」を事業報告において開示しなければならないとされました（要綱第1部第1の2前注）。これは、いわゆる「Comply or Explain」（従うか、さもなければ説明せよ）ルールを採用したものともいわれています。さらに、附帯決議において、①金融商品取引所の規則において、上場会社は取締役である独立役員を1人以上確保するよう努める旨の規律を設ける必要がある、②①の円滑かつ迅速な制定のための金融商

取引所での手続において、関係各界の真摯な協力がされることを要望するとして、上場会社につき金融商品取引所の上場規制の形で規律を設けることが望ましいとの判断が示されました。

### 3 自民党法務部会における議論（会社法改正法案提出までの経緯）

その後、要綱に基づいて会社法改正法案が作成され、2013年11月29日には閣議決定されて国会に提出されました。改正法案においては、国会提出前の自民党法務部会における審議の結果、要綱よりも一歩進めて、「社外取締役を置くことが相当でない理由」につき、株主総会における説明および株主総会参考書類における開示が求められることとなりました。加えて、附則の中に、改正法の施行後2年を経過した時点で、社外取締役の選任状況その他の社会経済情勢の変化等を勘案し、企業統治にかかる制度のあり方について検討を加え、必要があると認めるときは、その結果に基づいて、社外取締役を置くことの義務づけ等所要の措置を講ずるものとする見直し条項が盛り込まれることとなりました（改正法附則25条）。

### 4 東証の対応

東証は、上記2で述べた附帯決議を受け、2013年11月29日付けで、上場会社は「取締役である独立役員を少なくとも1名以上確保するよう努めなければならない」とする上場規則改正案を示し、同改正内容は2014年2月10日から施行されています。また、2015年5月のさらなる改正により、上場会社は独立社外取締役を2名以上選任すべきとするコーポレートガバナンス・コード（第9章3 Ⅳ 3(3)ウ参照）が同規則の別添として引用され、その精神・趣旨を尊重しなければならないと定められました（東証上場規程445条の3）。この改正は同年6月1日から施行されています。

## Ⅱ 社外取締役を置くことが相当でない理由の説明・開示義務

公開会社であって大会社である監査役会設置会社（有価証券報告書提出会社に限ります）においては、社外取締役を設置しない場合に、【表2－2－1】のように、「社外取締役を置くことが相当でない理由」を説明・開示する義務が課せられます。

【表2－2－1】

| 義務の内容 | 説明・開示の対象 | 要件 | 根拠条文 |
|---|---|---|---|
| 株主総会における説明義務 | 社外取締役を置くことが相当でない理由 | 事業年度の末日に社外取締役を置いていない場合 | 法327条の2 |
| 事業報告における開示義務 | 社外取締役を置くことが相当でない理由 | 事業年度の末日に社外取締役を置いていない場合 | 施行規則124条2項・3項 |
| 株主総会参考書類における開示義務 | 社外取締役を置くことが相当でない理由 | 社外取締役を置いていない場合に、社外取締役の候補者を含まない取締役の選任議案を株主総会に提出するとき | 施行規則74条の2第1項・3項 |

**1 説明義務・開示義務の主体**

監査役会設置会社のうち、①公開会社、②大会社、かつ、③有価証券報告書の提出を義務づけられている会社が、「社外取締役を置くことが相当でない理由」についての説明義務・開示義務を負います。

まず、公開会社（①）とは、全部または一部の株式の譲渡について取締役会等の承認を必要とする定款の定めがない会社のことをいいます（法2条5号）。大会社（②）とは、直近の事業年度の貸借対照表において資本金が5億円以上または負債総額が200億円以上の会社のことをいいます（同条6号）。また、有価証券報告書提出会社（③）とは、金融商品取引法所定（同法24条1項等）の有価証券を発行している会社のことをいいます。

①②③に当てはまるような具体例として、東証に上場しているような株式会社が挙げられ、こうした会社では、「社外取締役を置くことが相当でない理由」についての説明義務・開示義務を負うことになります。

**2 「社外取締役を置くことが相当でない理由」**

上記の各義務において説明・開示の対象となる「社外取締役を置くことが相当でない理由」とは、その文言から、単に「社外取締役を置かない理

由」や「社外取締役が不要な理由」では足りず、「社外取締役を置くことが相当でないことについての積極的な理由」が必要と考えられます。具体的には、一般的には社外取締役を置くことが有用であると考えられていることを前提として、当該会社においては、かえってそれがマイナスの影響を及ぼすような特別の理由が必要になると考えられています。たとえば、社外監査役が存在し機能しているといった理由だけでは、そもそも会社法上の制度を説明しているにすぎないので、相当でない特別の理由であるとは認められません。また、適任者が不存在であるといった理由については、2014年7月現在で、東証一部上場会社の約74％において社外取締役が選任されている状況を考えると、相当でない特別の理由であるとはいい難いと考えられます。

社外取締役を置くことが相当でない理由の説明の程度については、株主総会における説明義務の程度と同一、つまり、一般的な株主が合理的に理解できる程度の説明であれば足りるとされています。具体的には、出席している株主が、同社固有の事情により、社外取締役の選任が不適切であるということを、その会社の環境や社内の体制、あるいはその会社における人材獲得の可能性といった観点等から合理的に理解できる程度の説明が求められることになると考えられます。

### 3　株主総会における説明義務

事業年度の末日において社外取締役を置いていない会社の取締役は、当該事業年度に関する定時株主総会において、上程された議案の内容や株主からの質問の有無にかかわらず、社外取締役を置くことが相当でない理由を必ず説明しなければなりません（法327条の2）。

このような株主総会における説明義務があるかどうかは、「事業年度の末日」時点で社外取締役が選任されているかどうかで決まります。したがって、事業年度の末日時点で社外取締役が選任されていれば、その後にその者が取締役を退任して（または社外性要件を失って）、定時株主総会の時点で社外取締役が存在しなくなった場合であっても、その定時株主総会において説明義務は生じません。逆に、事業年度の末日時点で社外取締役が選任されていなければ、その後に新しく社外取締役が選任されて、定時株主総会の時点で社外取締役が存在する場合や、あるいは社外取締役選任議案を定時株主総会で上程する場合であっても、その定時株主総会におい

て説明義務が生じます。ただし、これらの場合には、事業年度の末日時点では社外取締役を置くことが相当でなかった理由を簡潔に説明し、これとあわせて、その後に事情の変化により社外取締役を選任したという事実や社外取締役の選任議案を上程した経緯を説明することになると思われます。

### 4 事業報告における開示義務

事業年度の末日時点で社外取締役を置いていない会社は、事業報告において「社外取締役を置くことが相当でない理由」を記載する義務を負うことになります（施行規則124条2項）。この「相当でない理由」は、個々の会社の各事業年度における事情に応じて記載しなければならず、社外監査役が2名以上あることのみをもって「相当でない理由」とすることはできないとされています（同条3項）。

### 5 株主総会参考書類における開示義務

①社外取締役を置いていない場合であって、②社外取締役の候補者を含まない取締役の選任議案を株主総会に提出するときには、株主総会参考書類の記載事項として、「社外取締役を置くことが相当でない理由」を説明しなければなりません（施行規則74条の2第1項）。この「相当でない理由」は、個々の会社の株主総会参考書類作成の時点における事情に応じて記載しなければならず、また、事業報告における開示義務と同様、社外監査役が2名以上あることのみをもって「相当でない理由」とすることはできないとされています（同条3項）。

なお、株主総会における説明および事業報告における開示は、それぞれ事業年度末日時点に社外取締役を置いていなかったことに対する会社の考え方が説明・開示されるのに対し、株主総会参考書類における開示では、同株主総会後に社外取締役を置かないことに対する会社の方針が説明されることになります。そのため、株主総会における説明義務と異なり、株主総会参考書類における開示義務は、株主総会参考書類作成時において社外取締役が存在する場合であっても、株主総会終結時に社外取締役が存在しなくなる見込みである場合には課せられることになります（施行規則74条の2第1項かっこ書）。

### 6 説明義務・開示義務に違反した場合の効果

「社外取締役を置くことが相当でない理由」についての説明義務・開示義務に違反した場合の効果について直接定めた規定は存在しませんが、説

明や開示を怠った場合や虚偽の説明を行った場合には、取締役の善管注意義務（**第4章3Ⅱ2参照**）違反に該当することになります。また、理論上は、以下のとおり、株主総会決議の取消事由や過料の制裁の対象になることが考えられます。

(1) 株主総会決議の取消事由

株主総会の招集の手続または決議の方法が法令もしくは定款に違反したときは、株主総会決議の取消事由に該当し、取消訴訟の対象となります（法831条1項1号）。

この点、取締役選任議案が上程されている株主総会においては、同議案を審議する上で社外取締役の存否やその理由は大きな判断材料となるため、当該株主総会において社外取締役を置くことが相当でない理由についての説明義務に違反がある場合（たとえば、まったく説明がなされない場合や虚偽の説明がなされた場合が考えられます）には、決議方法の法令違反があるものとして、当該取締役選任議案にかかる株主総会決議の取消事由になる可能性が指摘されています。もっとも、株主総会において一定の説明がなされ、その説明内容が不合理または不十分であったにすぎないという場合には、説明された内容についての合理性や十分性の判断は、第一次的には株主において行われることになることを理由に、それだけでは直ちに取消事由になるものではないとの考え方もあります。

また、取締役選任議案にかかる株主総会参考書類に社外取締役を置くことが相当でない理由を記載しなかったような場合には、その記載の欠如をもって株主総会の招集手続の法令違反があるものとして、当該取締役の選任議案にかかる株主総会決議の取消事由となる可能性があることも指摘されています。

(2) 過料の制裁

株主総会における説明義務に違反した場合については、会社法314条の説明義務に違反した場合（法976条9号）と異なり、直接的な過料の規定がありません。ただし、あまり現実的ではありませんが、この点について虚偽の説明や事実の隠ぺいを行った場合には、理論上、100万円以下の過料が科される可能性があります（同条6号）。

また、事業報告に社外取締役を置くことが相当でない理由について記載しなかったような場合（およそ「社外取締役を置くことが相当でない理由」

となりえない内容のみを記載した場合を含みます）には、同様に100万円以下の過料が科されることになります（法976条7号）。

## Ⅲ 社外取締役の要件の厳格化
### 1 変更点の概要

今回の改正では、上記Ⅰで述べた経緯を踏まえて、社外取締役の要件に関し、大きく以下の3点が変更になりました。

① 親会社と兄弟会社における役職兼任に関する現在要件が追加されたこと
② 近親者に関する現在要件が追加されたこと
③ 過去要件については原則として直近10年間に限定されたこと

このうち、①と②は、社外取締役の要件を厳格化する方向の変更ですが、③は、逆に要件を緩和する方向の変更となっています。このように、今回の改正では、現在要件に関しては厳格にする一方で、過去要件に関してはある程度緩和することにより、社外取締役の人選の範囲が狭くなりすぎないように一定のバランスを図ったものとなっています。ただ、③と比べて①と②のインパクトが大きいため、今回の改正では、総じて、社外取締役の要件は厳格化されたということができます。

### 2 改正会社法における社外取締役の要件の全体像

改正会社法において、社外取締役とは、次の要件をいずれも満たす取締役をいいます（法2条15号）。

---

ア 当該株式会社またはその子会社の業務執行取締役[※1]もしくは執行役または支配人その他の使用人（以下「業務執行取締役等」といいます）でなく、かつ、その就任の前10年間当該株式会社またはその子会社の業務執行取締役等であったことがないこと。

イ その就任の前10年内のいずれかの時において当該株式会社またはその子会社の取締役、会計参与（会計参与が法人であるときは、その職務を行うべき社員）または監査役であったことがある者（業務執行取締役等であったことがあるものを除きます）にあっては、当該取締役、会計参与または監査役への就任の前10年間当該株式会社またはその子会社の業務執行取締役等であったことがないこと。

ウ 当該株式会社の親会社等（自然人であるものに限ります[※2]）または

親会社等の取締役もしくは執行役もしくは支配人その他の使用人でないこと。
エ　当該株式会社の親会社等の子会社等（当該株式会社およびその子会社を除きます）の業務執行取締役等でないこと。
オ　当該株式会社の取締役もしくは執行役もしくは支配人その他の重要な使用人または親会社等（自然人であるものに限ります）の配偶者または2親等内の親族でないこと。

（※1）業務執行取締役とは、代表取締役のほか、取締役会の決議によって会社の業務を執行する取締役として選定された取締役（法363条1項）、および現実に会社の業務を執行した取締役をいいます（法2条15号）。
（※2）親会社等とは、親会社または株式会社の経営を支配している者として法務省令で定める者をいいます（法2条4号の2）。たとえば、オーナー株主がこれにあたると考えられます。

　これに対し、旧会社法下では、社外取締役は次の要件をいずれも満たす取締役をいいました（旧法2条15号）。

ア　現在、当該株式会社またはその子会社の業務執行取締役もしくは執行役または支配人その他の使用人ではないこと（現在要件）。
イ　過去に、当該株式会社またはその子会社の業務執行取締役もしくは執行役または支配人その他の使用人となったことがないこと（過去要件）。

　上述した改正会社法における社外取締役の要件は、現在要件（ア前段・ウ・エ・オ）と過去要件（ア後段・イ）に分類することができ、そのうち現在要件は、自らの役職兼任状況に関する現在要件（ア前段・ウ・エ）と近親者に関する現在要件（オ）に分類することができます（【図2-2-2】参照）。以下、この分類に沿って詳しく説明します。

【図2-2-2】社外取締役の要件

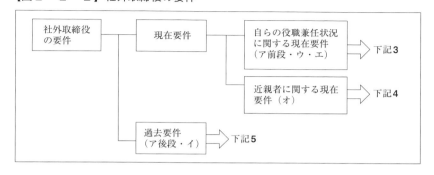

## 3 自らの役職兼任状況に関する現在要件

改正会社法の下で、A社の取締役がA社にとっての社外取締役に該当するためには、A社において業務執行取締役でないことはもちろん、自らがA社やA社の親会社、子会社または兄弟会社において一定の役職を兼任していないことが必要です（ア前段・ウ・エ）。具体的には、まず、自己の所属する会社（A社）だけでなく、その親会社、子会社、さらには兄弟会社まで含めて、業務執行取締役・執行役・使用人を一切兼任していないことが条件となります。つまり、親会社・子会社・兄弟会社まで含めたグループ会社の中で会社の業務執行に携わる地位にある場合には、社外取締役にはなれないということです。また、これに加えて親会社においては、業務執行取締役だけでなく、業務を執行しない取締役を兼任することも認められません。親会社で取締役の地位にある以上は、業務を執行する／しないにかかわらず、その子会社では社外取締役にはなれないということです。そもそも子会社の取締役は、その選解任の決定権が事実上親会社にあることから、自社の利益を犠牲にして親会社の利益を図る類型的・構造的なおそれがあるとの指摘がなされていますが、そのような局面においては、たとえ親会社で業務を執行していなくても、親会社の取締役の地位にあるというだけで、もはや子会社の社外取締役としての中立的・実効的な監督を期待することはできないと考えられることがその理由です。したがって、同一人が同時に親会社・子会社両方の社外取締役となることはできません（この場合、親会社では社外取締役になることができますが、子会社では社外取締役になることはできません）。

この点、旧会社法下では、自社と子会社において業務執行取締役・執行役・使用人のいずれも兼任していないことだけが条件でしたが、改正会社法では、その対象範囲が親会社と兄弟会社にまで拡大され、しかも親会社においては業務執行取締役だけでなく業務を執行しない取締役についても兼任していないことが条件として追加されたわけです。これにより、社外取締役として登用することのできる範囲が以前よりも狭くなり、条件が厳しくなりました。特に、これまでは親会社の取締役や使用人を社外取締役として活用する会社が多かったことから、これらの者が社外取締役に該当しなくなったことによる影響は、小さくないと考えられます（本章②Ⅶ2参照）。

　また、以上に加えて、改正会社法では、A社の社外取締役になるには、A社の経営を支配している個人株主（いわゆるオーナー株主。ウの「当該株式会社の親会社等（自然人であるものに限ります）」に該当します）でないことも要件となりました。

　なお、監査役・会計参与・会計監査人については、もともと法律上、取締役との兼任が不可の場合がありますので、注意が必要です（取締役の兼任については**第4章**②Ⅱ2参照）。

　以上の要件について、【表2−2−3】を参照してください。

**【表2−2−3】自らの役職兼任状況に関する現在要件**

| | A社の親会社 | 自己の所属する会社(A社) | A社の子会社 | A社の兄弟会社 |
|---|---|---|---|---|
| 業務執行取締役 | ×（ウ） | ×（ア前段） | ×（ア前段） | ×（エ） |
| その他の取締役 | ×（ウ） | | ○ | ○ |
| 監査役 | 兼任不可（法335条2項） | 兼任不可（法335条2項） | ○ | ○ |
| 会計参与 | 兼任不可（法333条3項1号） | 兼任不可（法333条3項1号） | ○ | ○ |

| 会計監査人 | 兼任不可（法337条3項1号） | 兼任不可（法337条3項1号） | 兼任不可（法337条3項1号） | 兼任不可の場合あり(法337条3項1号) |
|---|---|---|---|---|
| 執行役 | ×（ウ） | ×（ア前段） | ×（ア前段） | ×（エ） |
| 使用人 | ×（ウ） | ×（ア前段） | ×（ア前段） | ×（エ） |
| 親会社等<br>（自然人のみ） | － | ×（ウ） | － | － |

○・・・要件を満たす（A社において社外取締役になることができる）
×・・・要件を満たさない（A社において社外取締役になることができない）
ア～オは、社外取締役の要件ア～オに対応
太枠で囲った部分が、今回の改正によって変更（○→×）となった部分

### 4　近親者に関する現在要件

　A社の取締役もしくは執行役もしくは支配人その他の重要な使用人または親会社等（自然人であるものに限ります）の配偶者または2親等内の親族は、A社の社外取締役となることができません（オ）。旧会社法では、このような条件は特にありませんでしたが、取締役等の近親者にあたる者は、心情的な理由等により、経営に関して中立的な立場で発言を行うことが難しく、一般的に社外取締役に求められる役割が期待できないと考えられることから、今回の改正によって新しく取り入れられたものです。

　ここでいう「重要な使用人」の意義については、見解が分かれており、会社法362条4項3号で使われている「重要な使用人」と同一の意義を有するという考え方と、これよりも狭いという考え方があるようです。前者の考え方によれば、ここでの「重要な使用人」とは、取締役会設置会社において、その選解任が取締役会決議事項（取締役に委任することができない事項）とされている者と同一ということになります。具体的には、個々の会社の規模や組織に応じて総合的に判断されることになりますが、たとえば執行役員や支店長、本部長等がこれに該当すると考えられます。他方、後者の考え方では、ここでの「重要な使用人」とは、取締役や執行役等の地位に極めて近い地位にある者をいい、経営者に準じるような者を指すと考えるようです。この点、社外性を喪失するということは非常に重要な問題といえますので、実務上は、社外取締役の要件オの「重要な使用人」については広くとらえて（つまり厳格に判断して）、前者の考え方に基づいて

両者を同義のものとして対応すべきと考えられます。

また、「2 親等内の親族」とは、自己またはその配偶者の父母、祖父母、子、孫および兄弟姉妹を指します。つまり、現任の取締役や執行役員との間に親子関係や兄弟関係（義理の関係も含みます）がある者は、同社の社外取締役になることはできないということです。したがって、たとえば夫婦や親子で同じ会社の取締役に就任している場合は、たとえ会社の業務執行に一切関わっていない場合でも、この要件を満たさないため、社外取締役に該当しません。社外取締役になることのできない近親者の範囲を図示すると、【図2-2-4】のとおりとなります。

【図2-2-4】社外取締役になることのできない近親者（配偶者および2親等内の親族）の範囲（グレーを塗った範囲）

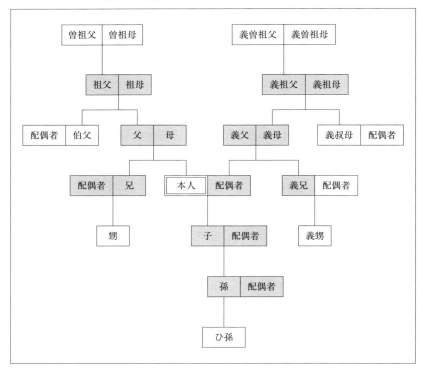

この近親者に関する現在要件は、同一の会社内においてのみ適用されま

す。したがって、親会社、子会社、兄弟会社における取締役等の近親者は、社外取締役になることができます（【表2－2－5】参照）。たとえば、A社において取締役になろうとする者の配偶者がA社の子会社において取締役である場合（ただしA社の取締役等を兼任しない場合に限る）は、A社の社外取締役になることができます。

【表2－2－5】近親者に関する現在要件（A社またはA社の親会社、子会社もしくは兄弟会社において各地位にある者の近親者がA社の社外取締役になることの可否）

| 社外取締役になろうとする者の近親者の地位 | 同一の会社（A社） | A社の親会社、子会社、兄弟会社 |
| --- | --- | --- |
| 業務執行取締役 | × | ○ |
| その他の取締役 | × | ○ |
| 監査役 | ○ | ○ |
| 会計参与 | ○ | ○ |
| 会計監査人 | ○ | ○ |
| 執行役 | × | ○ |
| 重要な使用人 | × | ○ |
| その他の使用人 | ○ | ○ |
| 親会社等（自然人） | × | ○ |

○…要件を満たす（社外取締役になることができる）
×…要件を満たさない（社外取締役になることができない）

### 5　過去要件について

　社外取締役に該当するためには、上述した現在要件に加えて、過去における自らの役職の就任状況も要件となります（過去要件）。

　この過去要件については、改正会社法では次のように整理されました。まず、A社の取締役に就任する前の10年間にA社またはその子会社の業務執行取締役等となったことがある場合には、A社の社外取締役に該当しません（ア後段）。また、これに加えて、A社の取締役に就任する前の10年間に、A社またはその子会社の取締役、会計参与（会計参与が法人であるときは、その職務を行うべき社員）または監査役となったことがある者につ

いては、当該取締役、会計参与または監査役に就任する前の10年間に、A社またはその子会社の業務執行取締役等となったことがある場合には、A社の社外取締役に該当しません（イ）（【図2-2-6】参照）。

旧会社法下では、過去に1度でも会社の業務執行に携わったことがある者は、以後、永久にその会社の社外取締役となることができないという厳しい条件でしたが、これについては、従来から人選候補の範囲を不当に狭めているという批判が強かったため、今回の改正により、過去に会社の業務執行に携わったことがある者でも、その職を辞してから原則として10年が経過していれば社外取締役となることができるという取扱いに変更されたものです。

【図2-2-6】社外取締役の過去要件

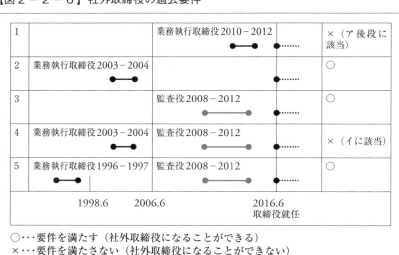

## Ⅳ 社外監査役の要件の厳格化
### 1 変更点の概要

今回の改正では、社外監査役の要件に関しても、大きく以下の3点が変更になりました。

① 親会社と兄弟会社における役職兼任に関する現在要件が追加されたこと

② 近親者に関する現在要件が追加されたこと
③ 過去要件については原則として直近10年間に限定されたこと

これらの変更は、社外取締役における変更と同じものです。すなわち、今回の改正によって、現在要件については①と②の変更によって厳格になった一方で、過去要件については③の変更によって一定程度の緩和がなされています。全体としては、社外取締役と同様、厳格化されたといえます。

### 2　改正会社法における社外監査役の要件の全体像

改正会社法において社外監査役とは、以下の要件をいずれも満たす監査役をいいます（法2条16号）。

> ア　その就任の前10年間当該株式会社またはその子会社の取締役、会計参与（会計参与が法人であるときは、その職務を行うべき社員。イにおいて同じ）もしくは執行役または支配人その他の使用人であったことがないこと。
> イ　その就任の前10年内のいずれかの時において当該株式会社またはその子会社の監査役であったことがある者にあっては、当該監査役への就任の前10年間当該株式会社またはその子会社の取締役、会計参与もしくは執行役または支配人その他の使用人であったことがないこと。
> ウ　当該株式会社の親会社等（自然人であるものに限ります）または親会社等の取締役、監査役もしくは執行役もしくは支配人その他の使用人でないこと。
> エ　当該株式会社の親会社等の子会社等（当該株式会社およびその子会社を除きます）の業務執行取締役等でないこと。
> オ　当該株式会社の取締役もしくは支配人その他の重要な使用人または親会社等（自然人であるものに限ります）の配偶者または2親等内の親族でないこと。

これに対し、旧会社法下では、社外監査役は、次の要件を満たす監査役をいいました（旧法2条16号）。

> 過去に当該株式会社またはその子会社の取締役、会計参与（会計参与が法人であるときは、その職務を行うべき社員）もしくは執行役または支配

人その他の使用人となったことがないこと。

　上述した改正会社法における社外監査役の要件は、現在要件（ウ・エ・オ）と過去要件（ア・イ）に分類することができ、そのうち現在要件は、自らの役職兼任状況に関する現在要件（ウ・エ）と近親者に関する現在要件（オ）に分類することができます（【図２－２－７】参照）。以下、この分類に沿って詳しく説明します。

【図２－２－７】社外監査役の要件

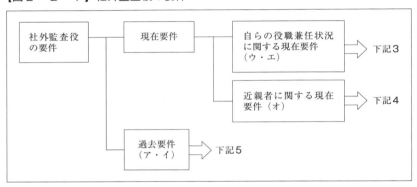

### 3　自らの役職兼任状況に関する現在要件

　改正会社法の下で、A社の監査役がA社にとっての社外監査役にあたるといえるためには、自らがA社の親会社または兄弟会社において一定の役職を兼任していないことが必要です（ウ・エ）。具体的には、親会社においては取締役・監査役・執行役・使用人を、兄弟会社においては業務執行取締役・執行役・使用人を、一切兼任していないことが条件となります。ただし、監査役の場合、もともと法律上、兼任が認められない役職が多いので、注意が必要です。すなわち、たとえば、監査役は、自己監査を禁止する観点から、自己の所属する会社およびその子会社において、取締役・会計参与・執行役・使用人を兼任することが法律上認められていません（監査役の兼任については**第５章**3 Ⅱ 1 (2)参照）。以上をまとめると、親会社・子会社・兄弟会社を含めたグループ会社の中の役職のうち、監査役が法律上兼任可能な役職で、かつ、兼任しても社外監査役として認められる

役職としては、子会社における監査役と、兄弟会社における業務を執行しない取締役、監査役、会計参与のみということになります。なお、子会社の監査役を兼任した場合でもA社では社外監査役になることができますが、この場合、子会社では社外監査役になることはできません。このように親子会社の双方で同時に社外監査役となることができないという点については、法制審議会の中で異論もありましたが、最終的には、親子会社の双方で監査役となった場合には、親子会社間取引に対する監査を行うに際して利益相反が生じうることから、このような結論となりました。

また、以上に加えて、改正会社法では、A社の社外監査役になるには、A社の経営を支配している個人株主（いわゆるオーナー株主。ウの「当該株式会社の親会社等（自然人であるものに限ります）」に該当します）でないことも条件となりました。

以上の要件については、【表2－2－8】を参照してください。

【表2－2－8】自らの役職兼任状況に関する現在要件

|  | A社の親会社 | 自己の所属する会社（A社） | A社の子会社 | A社の兄弟会社 |
|---|---|---|---|---|
| 業務執行取締役 | ×（ウ） | 兼任不可（法335条2項） | 兼任不可（法335条2項） | ×（エ） |
| その他の取締役 | ×（ウ） | 兼任不可（法335条2項） | 兼任不可（法335条2項） | ○ |
| 監査役 | ×（ウ） |  | ○ | ○ |
| 会計参与 | 兼任不可（法333条3項1号） | 兼任不可（法333条3項1号） | 兼任不可（法335条2項） | ○ |
| 会計監査人 | 兼任不可（法337条3項1号） | 兼任不可（法337条3項1号） | 兼任不可（法337条3項1号） | 兼任不可の場合あり（法337条3項1号） |
| 執行役 | ×（ウ） | 設置不可（法327条4項） | 兼任不可（法335条2項） | ×（エ） |

| 使用人 | ×（ウ） | 兼任不可（法335条2項） | 兼任不可（法335条2項） | ×（エ） |
| --- | --- | --- | --- | --- |
| 親会社等（自然人のみ） | ー | ×（ウ） | ー | ー |

○・・・要件を満たす（A社において社外監査役になることができる）
×・・・要件を満たさない（A社において社外監査役になることができない）
ア〜オは、社外監査役の要件のア〜オに対応
太枠で囲った部分が、今回の改正によって変更（○→×）となった部分

### 4 近親者に関する現在要件

A社の取締役、執行役もしくは支配人その他の重要な使用人または親会社等（自然人であるものに限ります）の配偶者または2親等内の親族は、A社にとって社外監査役に該当しません（オ）。この要件は、今回の改正によって新しく導入されたもので、社外取締役の要件と同じ内容のものです（本章2 Ⅲ 4 参照）。

### 5 過去要件について

社外監査役に該当するためには、上述した現在要件に加えて、過去における役職の就任状況も要件となります（過去要件）。

この過去要件については、改正会社法では次のように整理されました。まず、A社の監査役に就任する前の10年間にA社またはその子会社の取締役、会計参与（会計参与が法人であるときは、その職務を行うべき社員）もしくは執行役または支配人その他の使用人であったことがある場合には、A社の社外監査役に該当しません（ア）。また、これに加えて、A社の監査役に就任する前の10年間に、A社またはその子会社の監査役となったことがある者については、当該監査役に就任する前の10年間に、A社またはその子会社の取締役、会計参与（会計参与が法人であるときは、その職務を行うべき社員）もしくは執行役または支配人その他の使用人であったことがある場合には、A社の社外監査役に該当しません（イ）（【図2－2－9】参照）。

旧会社法下での過去要件は、過去無制限に遡って判断するものでしたが、社外取締役について述べたのと同様に、今回の改正により、該当する職を辞してから原則として10年が経過していれば、社外監査役となることができるという取扱いに変更されました。

【図2−2−9】社外監査役の過去要件

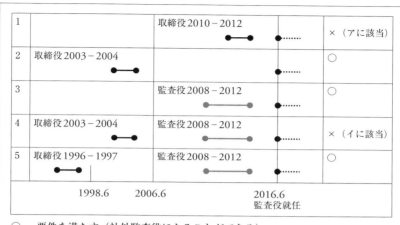

○…要件を満たす（社外監査役になることができる）
×…要件を満たさない（社外監査役になることができない）

## V　社外取締役・社外監査役の責任制限

　旧会社法下では、取締役の責任制限規定（法425条〜427条）の適用にあたり、その取締役が社外取締役に該当するか否かが1つの境界区分でしたが、平成26年改正により、この境界区分は、その取締役が業務執行取締役か否かという区分に変更になりました。

　すなわち、旧会社法下では、役員の会社に対する責任について一部免除を受けた場合の最低責任限度額に関し、社外取締役については年収の約2年分まで、社外取締役以外の取締役については年収の約4年分まで、とされていましたが、この点は平成26年改正により、業務執行取締役以外の取締役については年収の約2年分まで、業務執行取締役については年収の約4年分まで、という区分に変更になりました（法425条1項1号ロ・ハ）。

　また、旧会社法下では、責任限定契約を締結することのできる取締役を社外取締役に限っていましたが、これも平成26年改正により、業務執行取締役以外の取締役であれば締結することができるようになりました（法427条1項。取締役の責任制限について詳しくは**第8章2Ⅰ5参照**）。

　旧会社法下において、責任限定契約の締結が社外取締役に限定されてい

た趣旨は、主として社外取締役の人材の確保にありましたが、今回の改正に際し、そもそも社外取締役でなくても業務執行に関与しない取締役は、責任が発生するリスクを自ら十分にコントロールすることができる立場にないので、そのような者については責任限定契約の締結を認めるのが適切であるとの指摘があり、これを受けて、業務執行取締役でない取締役であれば責任限定契約を締結できることとされたものです。これに伴い、責任限定契約を締結することのできる監査役についても、旧会社法下では社外監査役に限っていたところを、同様の趣旨から、すべての監査役がこれを締結することができるようになりました（法427条1項）。

## Ⅵ 独立役員に関する改正

　会社法とは別の規律として、東証の上場規則における独立役員制度があります。これは、上場会社は、一般株主保護のため、独立役員（一般株主と利益相反が生じるおそれのない社外取締役または社外監査役）を1名以上確保しなければならないという制度です（東証上場規程436条の2）。この制度により、東証の上場会社では、社外取締役と社外監査役のいずれか最低1名を設置して、独立役員として取引所に届け出なければならないこととされています（東証施行規則436条の2）。なお、独立役員にあたるかどうかは、会社ごとに実質的に判断する必要がありますが、東証の「上場管理等に関するガイドライン」Ⅲ 5.(3)の2において一定の判断基準（独立性基準）が示されています（詳細については、**コラム②「独立役員について」**を参照してください）。

　この独立役員制度に関して、会社法の平成26年改正に先立つ2014年2月に東証の上場規則が改正され、同年2月10日以降、上場会社は、取締役である独立役員（独立社外取締役）を少なくとも1名以上確保するよう努めなければならないことになりました（東証上場規程445条の4）。この改正は、2012年9月に公表された要綱の附帯決議の中で、「金融商品取引所の規則において、上場会社は取締役である独立役員を1人以上確保するよう努める旨の規律を設ける必要がある」とされたことを受けてなされたものですが、同附帯決議では単に「1人以上」であったのに対して、実際に改正された同規則では「少なくとも1名以上」という、やや積極的な表現になっていることに注意が必要です。

これを受けて、東証確報によれば、独立社外取締役を届け出る会社の比率は、2013年では46.9％であったのが、2014年7月のデータでは、61.4％にまで上昇しています。
　また、2015年5月には東証の上場規則がさらに改正され、上場会社は2名以上の独立社外取締役を選任すべきとするコーポレートガバナンス・コード（第9章3Ⅳ3(3)ウ参照）が同規則の別添として引用され、その精神・趣旨を尊重しなければならないと定められました（東証上場規程445条の3）。

## Ⅶ　実務に与える影響
### 1　社外取締役を置くことが相当でない理由の説明・開示義務の導入による影響
#### (1)　上場会社における社外取締役設置の原則化
　平成26年改正においては、社外取締役の設置義務こそ見送られたものの、「社外取締役を置くことが相当でない理由」の説明・開示義務が定められ、附則において2年後に再検討を行う旨の見直し条項が設けられました。さらに、法制審議会の附帯決議を受けて東証の上場規則が改正され、上場会社は取締役である独立役員を少なくとも1名以上確保するよう努力義務が課せられました。
　このように、会社法の改正と取引所規則の改正によって、上場会社においては、少なくとも1人は社外取締役を設置することがスタンダードになったということができます。実際、東証一部上場会社のうち社外取締役を設置する会社の割合は、東証確報によれば2012年の55.4％、2013年の62.3％から、現在（2014年7月時点）では74.3％にまで上昇しており、社外取締役を設置する会社は年々目に見えて増加しています。また、議決権行使助言機関であるISSの助言基準では、総会後の取締役会に社外取締役が1人もいない場合、経営トップである取締役の選任について、原則として反対を推奨するとしており（2015年日本向け議決権行使助言基準）、機関投資家の比率が高い会社においては、このような機関投資家の考え方も意識する必要があります。

### (2) 適用時期・経過措置

#### ア　株主総会における説明義務について

株主総会における「社外取締役を置くことが相当でない理由」の説明義務については、改正会社法において特段の経過措置が設けられていません。

したがって、株主総会における説明義務に関する規定については、施行日（2015年5月1日）後最初に開催される定時株主総会から適用されることになります。

#### イ　事業報告における開示義務について

事業報告における開示義務については、2015年5月1日の改正会社法施行規則の施行後、最初に終了する事業年度に関する事業報告、すなわち3月決算の会社であれば2016年3月期に関する事業報告から適用されることになります（改正省令附則2条6項）。ただし、施行日以後に監査役から監査を受ける事業報告については、改正会社法施行規則が適用され、「社外取締役を置くことが相当でない理由」を開示しなければなりません（同項ただし書）。

#### ウ　株主総会参考書類における開示義務について

株主総会参考書類における開示義務は、施行日前に招集手続が開始された株主総会の株主総会参考書類については適用されませんが（改正省令附則2条5項）、それ以降の株主総会にはすべて適用があります。

### (3) 実務上の対応

#### ア　説明・開示義務の対応

では、事業年度の末日時点で社外取締役を置いておらず、定時株主総会で「社外取締役を置くことが相当でない理由」を説明しなければならない場合、どのような説明をすればよいのでしょうか。これについては、上述のとおり、単に「社外取締役を置かない理由」では足りず、「社外取締役を置くことが相当でないことについての積極的な理由」が必要になると考えられています。たとえば、「当社では、社外取締役の候補者としてふさわしいと考える者がおり、未だ報酬等の条件で折り合うことができず本株主総会において候補者とすることはできないものの、急いで他の者を選ぶよりも、交渉を続けてその者に社外取締役に就任してもらうほうが会社にとって適切と考えている」といった説明は、合理的かつ説得的と思われます。また、社外監査役や、十分に構築・運用されている内部統制システム

が存在している場合、そういった状況を挙げ、場合によっては当該会社の規模や事業のやり方などを考慮に入れた上、社外監査役によって適正な監査がなされていることなども含めて、社外取締役を置かなくとも監視機能が十分に機能しているという事情を説明すれば、説明義務を果たしたものとしてよいとする見解もあります（前田雅弘「企業統治」ジュリ1472号（2014年）19頁）。他方、社外取締役を置くことが経営理念として適切でないと考えている場合には、少なくとも、社外取締役の設置の是非を吟味して設置が相当でないとの結論に至った過程を、丁寧にかつ合理的に説明する必要があるでしょう。

　これに対し、「当社ではすでに社外監査役2名を置いているため、監督機能は十分に果たされており、社外取締役までは不要である」といった説明のみでは、「相当でない理由」として不十分です。事業報告および株主総会参考書類における開示義務については、社外監査役2名以上の設置のみをもって「相当でない理由」とすることはできないことが定められています（施行規則74条の2第3項・124条3項）。

　　イ　株主総会における説明のタイミング

　株主総会で「社外取締役を置くことが相当でない理由」を説明する場合のタイミングとしては、これと同様の内容が事業報告の記載事項となりますので、事業報告における当該記載事項を説明するときに、あわせて説明するのが最も合理的ではないかと思われます。あるいは、株主総会に取締役選任議案が提出されていれば、その議案を説明するタイミングで説明するということも考えられます。

　　ウ　監査等委員会設置会社への移行

　「社外取締役を置くことが相当でない理由」を説明する義務を負うものの、上記のような説明義務を果たすことが難しい場合には、社外取締役を設置しなければならないということになります。その場合、まずは、新たに候補者を探して社外取締役に選任することが考えられます。しかし、今回の改正で社外取締役の要件が厳格化されたこともあり、当該会社に適した社外取締役の人材の確保はなかなか容易ではないと思われます。

　そこで、社外取締役の人材確保の方策の1つとして、監査役会設置会社から監査等委員会設置会社へ移行し、従来の社外監査役を社外取締役とするという方法が考えられます。すなわち、監査役会設置会社においては、

社外監査役 2 名以上の設置が義務づけられていますが、監査等委員会設置会社においては、監査役を設置することができず、その代わり、社外取締役 2 名以上の設置が義務づけられています。したがって、監査役会設置会社から監査等委員会設置会社に移行し、従来社外監査役であった者をそのまま社外取締役として選任することで、社外取締役を確保することができるのです。ただし、この場合、本章 1 Ⅲ 2 に記載している事項の検討が必要となります（なお、下記 2 で述べるとおり、社外役員の要件が厳格化されていますので、従来の社外監査役を改めて社外取締役に選任する場合には注意が必要になります）。

現在、社外取締役を置いていない上場会社においては、このような選択肢があることを踏まえ、自社の機関設計等について検討する必要があります。

### 2 社外役員の社外性要件の厳格化に関する改正の影響

(1) 社外役員の人選見直しの必要性

平成 26 年改正によって、以下の①～③の者は社外性要件を満たさないこととなりました。

① 現に親会社等またはその取締役、執行役、支配人その他の使用人である者
② 現に兄弟会社の業務執行取締役、執行役、支配人その他の使用人である者
③ 現に会社の取締役、執行役、支配人その他の重要な使用人または親会社等の配偶者や 2 親等内の親族である者

したがって、上記①～③の者が現に社外役員である場合には、平成 26 年改正によってその者は社外役員として認められなくなりますので、会社における社外役員の人数を維持する必要がある場合（監査役会設置会社で社外監査役 2 名以上を維持しなければならない場合等）は、新たに別の者を社外役員として選任しなければならないことになります。従来の実務においては、親会社の取締役等の関係者が上場子会社の社外役員に就任している例や親子会社間において社外役員を兼任している例が少なからずありましたが、平成 26 年改正では特に上場子会社に対する影響が大きく、上場子会社においては社外役員の人選を見直す必要が生じることも少なくないのではないかと思われます。そのような子会社において考えられる対応に

ついては、下記(3)において述べることとします。

(2) 適用時期・経過措置

改正会社法の施行日において現任の社外取締役または社外監査役がいる会社については、施行後最初に終了する事業年度にかかる定時株主総会の終結の時までは、当該会社の社外取締役または社外監査役は、施行後に選任された場合であっても、改正前の要件を満たしていればよいこととされています（改正法附則4条）。具体的には、3月決算会社であれば一般に2016年6月の定時株主総会までということになります。したがって、現任の社外役員について、改正会社法によれば社外性要件を満たさなくなることがわかっている場合で、新たにその者の代わりとなる社外役員を選任する必要がある場合には、3月決算会社であれば2016年6月の定時株主総会まで時間の猶予が与えられて、それまでに改正会社法の要件を満たす新たな社外役員を選任すればよいということになります（2016年6月の定時株主総会で選任することでも足ります）。なお、仮に改正会社法の施行時に、社外監査役のみ置いている場合、社外監査役については本経過措置の適用がありますが、社外取締役については本経過措置の適用はなく、施行後は改正会社法に基づく社外取締役の要件を満たす必要があります。

(3) 実務上の対応

社外役員の社外性要件が変更になった結果、上記(1)で述べたとおり社外役員の人選を見直す必要が生じる可能性がありますので、まずは、自社の現任の社外役員が、それぞれ改正会社法においても社外性要件を満たすかどうかを確認する必要があります。その上で、必要であれば、新たな社外役員候補を確保することになります。

この点、上記(1)で述べたとおり、上場子会社においては、平成26年改正によって社外役員の人選を見直す必要が生じることが多いと思われますが、特に上場子会社が監査役会設置会社である場合には、改正会社法が施行されて、社外監査役の設置義務に違反する結果とならないように注意が必要です。すなわち、従来は親会社の財務部長等が子会社の社外監査役に就任することが多かったのですが、平成26年改正では、そのような場合は社外監査役に該当しないこととなりました。その結果、監査役会設置会社において必要な社外監査役の人数（最低2名以上）を満たさなくなるという事態が想定されるわけです。そのような事態が起こらないように、現

時点で親会社関係者が子会社の社外監査役となっている場合には、あらかじめ改正会社法の下での社外性要件の該当性を確認した上で、必要であれば、早急に新たな社外監査役候補を探すべきでしょう。

　もっとも、平成26年改正により社外性要件が厳格化された中で、外部から適切な人材を見つけてくることは必ずしも容易ではないものと思われます。そこで、監査役会設置会社である子会社については、たとえば監査役会を廃止して監査役設置会社に移行することで、社外監査役の選任義務を回避するという方法も考えられます（公開会社かつ大会社は監査役会の設置義務があるのでこの方法を用いることはできません）。

---

### コラム②独立役員について

#### 1　独立役員とは

　独立役員とは、東証の有価証券上場規程436条の2において、一般株主と利益相反が生じるおそれのない社外取締役または社外監査役のことをいうとされています。

　そして、同条により、上場会社において、その1名以上の確保が要求されています。この義務は、独立役員が監査役であっても満たされますが、取締役である独立役員（独立社外取締役）の確保が努力義務として定められています（東証上場規程445条の4）。さらに、上場会社は独立社外取締役を2名以上選任すべきとするコーポレートガバナンス・コード（**第9章 3 Ⅳ 3(3)ウ参照**）が同上場規程の別添として引用されており、その精神・趣旨を尊重しなければならないと定められています（東証上場規程445条の3）。

　東証上場企業における独立社外取締役の採用状況は、一部上場企業1814社のうち、1114社（61.4％）となっています。

#### 2　独立社外取締役の「独立性」

##### (1)　独立性

　「一般株主と利益相反が生じるおそれのない」（独立性）か否かは実質的に判断する必要がありますが、東証の「上場管理等に関するガイドライン」において、独立性に関する基準（独立性基準）が規定されており、同基準に抵触する場合は独立役員として届け出ることができませんので、「独立性」の判断において参考になります。独立性基準は以下のとおりです（同ガイドラインⅢ5．(3)の2）。

> a．当該会社の親会社または兄弟会社の業務執行者
> b．当該会社を主要な取引先とする者もしくはその業務執行者または当

> 該会社の主要な取引先もしくはその業務執行者
> c. 当該会社から役員報酬以外に多額の金銭その他の財産を得ているコンサルタント、会計専門家または法律専門家（当該財産を得ている者が法人、組合等の団体である場合は、当該団体に所属する者をいう）
> d. 最近においてa.からc.までに該当していた者
> e. 次の(a)から(c)までのいずれかに掲げる者（重要でない者を除く）の近親者
>    (a) a.からd.までに掲げる者
>    (b) 当該会社またはその子会社の業務執行者（社外監査役を独立役員として指定する場合にあっては、業務執行者でない取締役または会計参与（当該会計参与が法人である場合は、その職務を行うべき社員を含む。以下同じ）を含む）
>    (c) 最近において(b)に該当していた者

　なお、従来、有価証券上場規程においては、過去において上場会社と特定の関係を有していた独立役員について独立性ありと判断した理由をコーポレート・ガバナンスに関する報告書および独立役員届出書において説明することが要求されていましたが、2015年6月1日より、コーポレート・ガバナンスに関する報告書において、独立役員と上場会社との間の特定の関係の有無やその概要を開示すれば足りることとされ、上記理由の説明については不要とされました（開示加重要件の廃止。東証施行規則211条4項6号参照）。これは、独立性の判断における過度に保守的な運用を是正しようとするものといえます。

### (2) 社外取締役の「社外性」

　平成26年改正により、社外取締役の要件が厳格化され、親会社の取締役や使用人である場合には、社外取締役の要件を満たさないことになり、会社法においても、「独立性」への要求が高まったということができます。もっとも、重要な取引先の関係者や、親会社等の取締役の近親者は、上記(1)の独立性基準に抵触するものの、平成26年改正後も社外取締役の要件は満たすことになります。

### 3　独立社外取締役の意義

　持株が少なく、単独では会社経営に対する有意な影響力を持ちえない一般株主の利益への配慮は、上場会社の経営において、えてして不十分になりがちです。
　社外取締役が選任されていても、特に旧会社法下においては、社外取締役への該当要件が緩く、親会社や重要な取引先の取締役も社外取締役になることができ、実際に多く選任されていました。そのため、社外取締役に本来期待される役割、つまり、親会社を含む大株主の意向にのみ沿った職

務執行を是正するという役割が果たされることは、必ずしも期待することができず、社外取締役による一般株主の利益への配慮という点は、制度的に不十分であったといわざるをえない面がありました。

そこで、独立役員には、取締役会等における業務執行にかかる決定の局面等において、当該会社・経営陣から独立した立場において、一般株主の利益の配慮がなされるよう、必要な意見を述べる等、一般株主の利益保護を踏まえた行動をとることが期待されています。

**4　会社法における対応**

平成26年改正により、社外取締役要件の厳格化や、社外取締役を選任しない場合における社外取締役を置くことが相当でない理由の説明・開示の義務づけが行われましたが、独立役員については、特段改正会社法において規定は設けられませんでした。

もっとも、2012年9月の法制審議会総会において採択された要綱の附帯決議において、「……本要綱に定めるもののほか、金融商品取引所の規則において、上場会社は取締役である独立役員を1人以上確保するよう努める旨の規律を設ける必要がある」と述べられており、独立社外取締役の必要性は平成26年改正における議論においても認識されていました。実際、同附帯決議を受けて、東証において、独立社外取締役の選任の努力義務を定める上場規則（東証上場規程445条の4）の改正がなされました。

このように、社外取締役の独立性の向上という点は、コーポレート・ガバナンスに関する世界的な潮流であって、今後も、社外取締役およびその独立性に対する理解が深まるに従い、この流れは続くことが予想されます。

＜主要参考文献＞
・東京証券取引所「東証上場会社における社外取締役の選任状況＜確報＞」（2014年7月25日）
・東京証券取引所上場制度整備懇談会「独立役員に期待される役割」（2010年3月31日）
・東京証券取引所「平成26年会社法改正に伴う上場制度の整備について」（2014年1月30日）
・東京証券取引所「コーポレートガバナンス・コードの策定に伴う上場制度の整備について」（2014年2月24日）

## 3　特定責任追及の訴え（多重代表訴訟）等

### I　改正の概要

平成26年改正により、特定責任追及の訴えの制度が導入されました。この制度は要綱段階では「多重代表訴訟」と呼ばれていたものです。正式名称は「特定責任追及の訴え」（法847条の3第1項）ではありますが、「特

定責任追及の訴え」よりも「多重代表訴訟」のほうがイメージを持ちやすいため、以下においては適宜、多重代表訴訟の語を用いて説明することとします。

「多重代表訴訟」とは、親会社の株主が、子会社や孫会社等の取締役等に対する請求権を代位行使できる制度をいいます。株主からみれば、子会社の役員等の責任を直接追及する手段を与えられたことになります（ただし、通常の代表訴訟と同様に、原則として、まずは当該役員等が属する会社に対して提訴請求をする等、一定の手続を経る必要があります）。従前の制度の下では、株主は、その株式を保有している会社の子会社の取締役に対して直接責任を追及することはできず、当該子会社の取締役にどう責任をとらせるかは、当該子会社の意思決定とその親会社による責任追及（通常の代表訴訟）に委ねられていました。それが、今回の改正により、親会社の株主も、子会社の取締役の責任に関して子会社の意思決定に関与する機会と直接責任を追及する機会を与えられたことになります。

## Ⅱ 導入の経緯

### 1 導入の背景

(1) 親会社株主による子会社取締役に対する牽制の必要性

平成9年の私的独占の禁止及び公正取引の確保に関する法律（独占禁止法）改正によって持株会社が解禁され、また、平成11年商法改正によって株式交換・株式移転制度が創設された結果、持株会社が急速に広まり、業務の中心が子会社にある一方で持株会社による子会社に対する経営のチェックが十分になされていないと思われる事例が増加しました。また、一般の親子会社間においても、子会社における不祥事等が親会社を含む企業グループ全体に悪影響を及ぼす事例も多くみられるようになりました（三菱ふそうトラック・バス株式会社等における不祥事の事例等が記憶に新しいところです）。

このような背景から、子会社の怠慢経営や不祥事等については、もはや親会社の管理に任せておくだけでは足りず、親会社株主が子会社取締役に対して直接の牽制手段を持つことが必要であると認識されるようになりました。

## (2) 旧会社法下における牽制手段の不十分性

旧会社法の制度の下では、子会社に対する経営のチェックという観点からは、子会社の取締役に任務懈怠があり親会社に損害が生じた場合であっても親会社の損害填補が十分に行われておらず、子会社の取締役等の任務懈怠を十分に防止できていないと考えられていました。【図2－3－1】でいうと、Dらがとった取締役としての行動に疑問がある場合であっても、親会社A社の株主であるXにはこれを抑制する実効的手段は与えられていない状況にあったのです。たとえば、この場合、Xには、①Cらに対する任務懈怠責任の追及や、②Dらに対する責任追及といった方法が考えられますが、以下に述べるとおり、いずれについても実効性は十分ではありませんでした。

【図2－3－1】

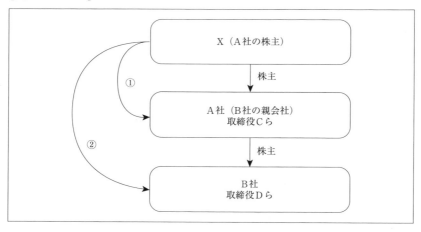

### ① Cらに対する任務懈怠責任の追及

Xとしては、Dらの任務懈怠によってB社が損失を受けたが、それはCらの任務懈怠に起因しており、これによってA社も損失を受けた、という理屈で、Cらの任務懈怠責任を追及する（法423条）ことが考えられます。

具体的には、「CらがDらを適切に監視していなかった」、「CらがB社の内部統制システムの整備を怠った、または運用が不適切であった」、「DらがB社を通じてA社にも損害を与えたにもかかわらず、CらがDらの任務懈

怠責任を追及せず、損害を回復しないまま放置した」等と主張し、株主代表訴訟により、Cらに対して任務懈怠責任を追及することが考えられます。

しかしながら、この方法には限界があります。ある会社の取締役が別法人である子会社の取締役等の業務執行についてどこまで責任を持つべきか（裏を返せば、子会社にどこまで自由な経営を認めるか）は難しい問題です。有限責任の利益を享受するという子会社化のメリットを阻害しないようにする必要があること、理論的にも、親子会社関係には様々な場合がありうること等から親会社取締役に課される行為義務の内容を決定することは難しく、また、子会社取締役には親会社取締役の指示に従うという法的な義務はなく、親会社取締役には子会社取締役に特定の経営判断を強制する手段は限られていること（差止めや解任しかない）等から、因果関係を認めることも難しいといえます。実際、このような親会社取締役の責任をかなり限定する方向の裁判例もみられたところです（たとえば東京地判平成13・1・25判時1760号144頁は、損害賠償請求を肯定すべき場合とは、「親会社と子会社の特殊な資本関係に鑑み、親会社の取締役が子会社に指図をするなど、実質的に子会社の意思決定を支配したと評価しうる場合であって、かつ、親会社の取締役の右指図が親会社に対する善管注意義務や法令に違反するような場合」であると述べています。ただし、本章3 V 3に述べるように、企業集団に関する内部統制システムについて改正がなされたこと等から、平成26年改正後においてもこの裁判例のように親会社の取締役等の責任を限定的にしか認めない立場がそのまま維持されるかどうかには疑問があると思われます）。

② Dらに対する責任追及

Xとしては、Dらの行為により、保有するA社株の価値が下がったことを理由として、Dらに対して直接、第三者に対する損害賠償責任（法429条）や、不法行為責任（民法709条）を追及する等の方法も考えられます。

しかし、上記のようないわゆる間接損害（**第4章3 Ⅳ 2(1)参照**）については、そもそも第三者に対する損害賠償責任の対象として認められるかについて疑義がありましたし、不法行為責任を追及するためには権利侵害についての故意・過失を主張立証しなければならないこともあり、実効性は十分でないと指摘されていました。

**2 導入の趣旨**

以上のような背景を踏まえて、Xのような株主を保護するために新たに

設けられたのが多重代表訴訟制度です。

特に子会社が親会社の完全子会社の場合、子会社は、実態上は親会社の一事業部門であり、子会社の損失は親会社に相当程度帰属する場合が多いと思われます。それにもかかわらず、単に法人格が別であるというだけで、子会社の取締役に対する責任追及がしにくくなるという結論は、親会社の取締役に対して株主が代表訴訟を提起できることと比べると、バランスを失していると思われます。多重代表訴訟制度は、このようなアンバランスさを解決する制度であるということができます。

### 3　具体的制度の構築

多重代表訴訟制度を設ける旨の改正試案が出された段階では、おおむね【表2－3－2】のような構図で賛成意見と反対意見が分かれていました。

【表2－3－2】

| 賛成意見 | 反対意見 |
| --- | --- |
| ①　親会社が子会社の取締役の責任を追及する訴えを提起することは期待し難い。<br>②　完全親子会社関係におけるコーポレート・ガバナンスの改善強化が必要である。 | ①　現行法（改正前の会社法）の下でも、親会社の取締役等は、子会社を監視する義務を負っており、子会社の取締役等に問題があった場合の親会社株主の保護は、親会社取締役等の責任を追及することによって実現できる。<br>②　多重代表訴訟は、柔軟で機動的な企業グループの形成を阻害する。<br>③　子会社取締役には、実質的には親会社の部長等に相当する者も含まれており、使用人の責任を代表訴訟の対象としていない現行法の下ではこれらの者への責任追及も認められるべきではない。 |

今回の改正によって多重代表訴訟制度は導入されるに至りましたが、議論の過程で、上記の反対意見の一部についてはその指摘が取り入れられた結果、最終的に、提訴にあたって様々な限定を加えた制度として構築されました。その詳しい内容については、以下Ⅲにおいて説明します。

## Ⅲ 多重代表訴訟制度の内容

### 1 概　要

今回導入された責任追及制度の正式名称は、「特定責任追及の訴え」とされています。もっとも、この用語には、最終完全親会社等の株主による提訴請求に応じて会社が主体となって自主的に訴訟提起をする場合も含まれるため、親会社の株主が提起する多重代表訴訟を正確に表現すると、「最終完全親会社等の株主による特定責任追及の訴え」となります。

### 2 多重代表訴訟制度の特徴

(1) 概　説

通常の株主代表訴訟は、原則として株式を6ヶ月間保有している株主であれば提起することができますが、多重代表訴訟については、通常の株主代表訴訟とは異なる様々な限定条件が加えられています。それらの中で特に重要な条件は以下の①から④になります。以下、順番に説明します。

① 最終完全親会社等の株主であること
② 少数株主権であること
③ 対象会社(※)が一定の重要性を有する子会社であること
④ 最終完全親会社等に損害が生じていること

(※) 対象会社とは、多重代表訴訟の被告となる取締役等が属する株式会社のことを指します。法律上の用語ではありませんが、本書では、わかりやすくするために「対象会社」という用語を用いています。

(2) 最終完全親会社等の株主であること（①）

多重代表訴訟を提起することのできる株主の範囲は「最終完全親会社等の株主」に限定されています（法847条の3第1項）。この要件は、大きく、「最終」と「完全親会社等」という2つの要素に分解して考えると、わかりやすくなります。

#### ア 「完全親会社等」の意義

「完全親会社等」とは、「完全親会社」（法847条の3第2項1号）とそれ以外のもの（ここでは完全親会社「等」と呼びます。同項2号・同条3項）を含む概念です。以下、順に説明します。

まず「完全親会社」とは、「特定の株式会社の発行済株式の全部を有する株式会社その他これと同等のものとして法務省令で定める株式会社」をいうとされています（法847条の2第1項、施行規則218条の3：「完全」

性の要請)。この定義からわかるとおり、この概念の中核は「特定の株式会社の発行済株式の全部を有する株式会社」です。つまり、株式の保有を通じた完全な支配を実現している株式会社が念頭に置かれており、もっともわかりやすい例としては、株式会社の株式100%を直接保有している場合が挙げられます。

たとえば、下記の例(【図2－3－3】)では、B社にはA社以外の個人株主Xが存在し、A社はB社に対する完全な支配を実現していませんので、B社の完全親会社には該当しません。この場合、A社の株主は、B社の取締役に対して多重代表訴訟を提起することはできません。これは、子会社に少数株主が存在する場合には、当該少数株主に子会社の取締役等の責任の追及を委ねることができることから、完全親子会社関係がある場合に限って多重代表訴訟を認めるべきだという考えに基づいています。

【図2－3－3】

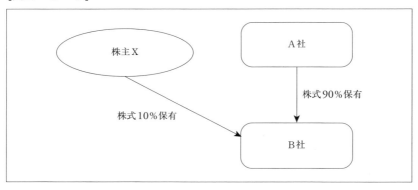

また、株式会社の株式の100%を直接的に保有していなくとも、「完全子会社」を通じて、または「完全子会社」とあわせて、100%保有している会社も「完全親会社」に該当します(施行規則218条の3第1項)。「完全子会社」とは、株式会社が発行済株式の全部を有する株式会社をいいます(同項)。

このような完全親会社の典型例としては、自ら(A社)が保有する分と自らの完全子会社(C社)が保有する分を合わせて合計100%の株式を保有している場合(【図2－3－4】)と、自らの完全子会社が100%の株式

を保有している場合（いわゆる完全孫会社）があります。複数の完全子会社（C社とD社）が合計100％の株式を保有している場合であってもかまいません（【図2－3－5】）。さらに、自らと自らの完全子会社が株式のすべてを保有する会社（【図2－3－6】におけるC社）や、自らの完全子会社が株式のすべてを保有する会社（【図2－3－7】におけるC社とD社）も、完全子会社とみなされます（同条2項）ので、A社と対象会社（B社）の間に複数の完全子会社が挟まれた場合であっても、A社はB社の完全親会社にあたることになります。自らが100％の株式を直接保有していなくとも、これらの場合には、実質的に自分の思いどおりにすべての株主権を行使できるため、このような場合も含まれているのです。

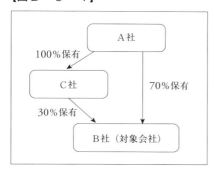

【図2－3－4】

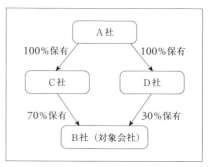

【図2－3－5】

【図2−3−6】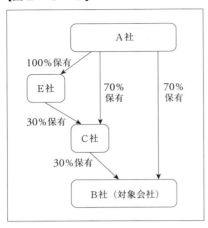

【図2−3−7】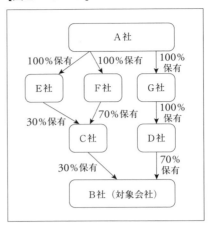

　次に、完全親会社「等」とは、【図2−3−4】から【図2−3−7】における中間子法人（C社からG社までをいいます）が株式会社以外の法人（合同会社や一般社団法人等）である場合におけるA社をいいます。この場合のA社は、上述の「完全親会社」の定義には該当しませんが、会社法847条の3第2項2号に定める完全親会社「等」として、本要件を満たすことになります。

　イ　「最終」完全親会社等の意義

　「最終完全親会社等」とは、当該株式会社の完全親会社等であって、その完全親会社等がないものをいうとされており（法847条の3第1項：「最終」性の要請）、企業グループの頂点に位置する株式会社を意味するものです。つまり、自らが完全親会社等であったとしても、そのさらに上に完全親会社等が存在する場合には、多重代表訴訟を提起することはできません。このような中間的な完全親会社等は、その完全親会社等によって経営を完全に支配されているため、多重代表訴訟を提起する権利を認めても、これを行使することが期待できないからです。したがって、完全親会社と完全子会社だけでなく、完全孫会社以下が存在するような場合には、最も上級の完全親会社等の株主しか、その子会社、孫会社の取締役の責任追及を行うことができないのです。

　この最終完全親会社等の考え方について、下記の例（【図2−3−8】）

を用いて説明します。

【図2-3-8】

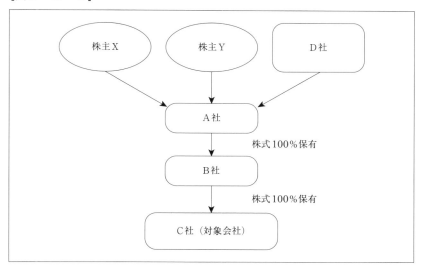

　この例では、B社はC社の株式を100％保有しているので、C社の完全親会社等に該当します。しかし、A社はB社の株式を100％保有しており、B社にはA社という完全親会社が存在することから、B社は最終完全親会社等とはなりません。これに対して、A社は、B社という100％子会社を通じてC社の株式をすべて保有しているので、C社の完全親会社等に該当します。また、A社の株式は、D社と個人株主XおよびYの3者が保有しているので、A社の株式100％を保有している完全親会社等は存在しません。以上により、この例では、A社がC社の最終完全親会社等ということになります。この場合、A社の株主であるD社、X、Yがそれぞれ①（最終完全親会社等の株主であること）の要件を満たすこととなります。

ワンポイント！＜多重代表訴訟における株式会社以外の法人＞
　株式会社以外の法人も、対象会社の株式を中間的に保有する「完全子会社等」になりえますが（上記ア参照）、最終完全親会社等や対象会社となることはできるのでしょうか。

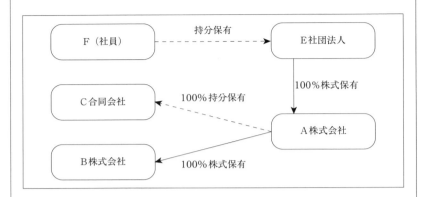

① 最終完全親会社等

「完全親会社」は「特定の株式会社の発行済株式の全部を有する株式会社その他これと同等のものとして法務省令で定める**株式会社**」と定義されており（法847条の2第1項）、株式会社以外の法人は完全親会社となることができません。

上の図において、A社はB社の株式を100％保有するB社の完全親会社ですが、A社の株式を100％保有するE社団法人は、株式会社ではないので、完全親会社にあたりません。したがって、B社の最終完全親会社等はA社となり、B社の取締役等に対する多重代表訴訟の提起権は、E社団法人の社員であるFではなく、完全親会社であるA社の株主であるE社団法人に与えられることになります。

② 対象会社

対象会社についても、法文上、株式会社であることが前提とされています（法847条の3第1項等）。したがって、国内の持分会社や外国法を準拠法とする子会社の取締役等は、多重代表訴訟の対象とはならず、図のC合同会社の業務執行社員等についての任務懈怠責任は追及できないこととなります。この点は、通常の代表訴訟の場合と同様です。

## ウ　最終完全親会社等であることが必要な時点

原告株主が株式を保有する会社が対象会社の最終完全親会社等に該当するという要件は、多重代表訴訟の提訴請求時、提訴時および口頭弁論終結時の各時点のみならず、多重代表訴訟の提訴請求の原因となる責任原因事実（対象会社の役員等の任務懈怠行為等）が生じた時点においても充足されていることが必要となります（法847条の3第1項・4項）。ただし、各時

点において最終完全親会社等に該当するという関係さえあればよく、最終完全親会社等に該当する会社が必ずしも当該各時点で同一の会社である必要はありません。たとえば、責任原因事実の発生時点における最終完全親会社等が、その後、株式交換等によって他の会社の完全子会社等となった場合には（同条5項参照）、提訴請求時点では、当該他の会社が最終完全親会社等となりますので、責任原因事実の発生時点と提訴請求の時点とで、最終完全親会社等が一致しないことになります。

なお、対象会社（B社）の役員等の責任原因となる事実が生じた時点（ａ）においてB社の90％の株式を保有していた株主（A社）が、後に少数株主（C社）から残りの10％を取得してB社の100％の株式を保有するに至った場合であっても、ａの時点で最終完全親会社等であることの要件を満たしていませんので、A社の株主は、B社の役員等に対して多重代表訴訟を提起することはできません（【図２－３－９】参照）。

【図２－３－９】

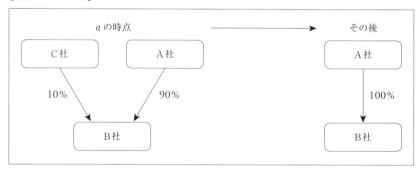

(3) 少数株主権であること（②）

多重代表訴訟においては、1株でも株式を保有していれば提起が可能となる通常の代表訴訟と異なり、一定の株式保有要件を満たさなければ提訴権が認められません（法847条の3第1項：いわゆる少数株主権）。その要件は、以下のいずれかを満たすことです（なお、他の株主が有する議決権または株式とあわせて以下の要件を満たすことでもかまいません）。

　ｉ　最終完全親会社等の総株主（株主総会において決議をすることができる事項の全部につき議決権を行使することができない株主を除く）の議決

権の1％（これを下回る割合を定款で定めた場合には、その割合）以上の議決権を有する株主
ii 最終完全親会社等の発行済株式（自己株式を除く）の1％（これを下回る割合を定款で定めた場合には、その割合）以上の数の株式を有する株主

単独株主権ではなく少数株主権とされた趣旨は、対象会社とその最終完全親会社等の株主との関係が完全親会社等を通じた間接的なものであることに対する配慮であると説明されています。

また、上記に加えて、最終完全親会社等が公開会社の場合は、6ヶ月（これを下回る期間を定款で定めた場合には、その期間）前から引き続いて上記の株式保有要件を満たしている必要があります（法847条の3第1項・6項）。これは、濫訴の防止を目的とするものであり、通常の代表訴訟における規律と同様です（法847条1項・2項）。

---

**ワンポイント！＜多重代表訴訟の提起権＞**

多重代表訴訟の提起権を少数株主権とするかどうかは、立法過程において激しく意見が対立した点です。少数株主権、単独株主権それぞれの論拠は以下のとおりです。

| 少数株主権とすべきとする意見 | 単独株主権とすべきとする意見 |
|---|---|
| （ⅰ）多重代表訴訟は諸外国でもあまり例のない制度であり、親会社株主による介入を政策的に認めるのであれば、親会社の価値に大きな利害関係を有する株主に限定すべきである。 | （ⅰ）少数株主権とすべきというのは、多重代表訴訟の濫用をおそれてのことかもしれないが、濫用に対しては法847条1項ただし書のような制度も備わっているので、少数株主権に限定するのは行きすぎである。 |
| （ⅱ）多重代表訴訟には、通常の代表訴訟と比べて、子会社取締役による提訴懈怠の可能性は類型的に認められない。 | （ⅱ）多重代表訴訟の場合は、原告株主の株式保有が間接的ではあるが、だからといって濫用の危険が大きくなるというものではないはずである。 |

最終的に多重代表訴訟の提訴権は少数株主権とされましたが、1％という、

検討されていた中で最も低い保有割合の少数株主権とされました。
　立案担当者は、少数株主権とした理由について、完全親会社の株主と完全子会社（対象会社）との関係が完全親会社を通じた間接的なものであることに存すると説明し、多重代表訴訟制度の濫用のおそれは理由としてはいません。これは、多重代表訴訟の濫用のおそれを理由とすると、一般の代表訴訟と比べてどの程度濫用のおそれがあるのか、濫用のおそれがあるとした場合そのような濫用のおそれを防止するにはどの程度の株式保有を要求すべきか、といったことを明らかにする必要が生じるためであると考えられています。

(4)　対象会社が一定の重要性を有する子会社であること（③）

　多重代表訴訟により責任を追及される対象者は、対象会社である完全子会社のうち比較的大きな会社の役員等に限定されています。具体的には、対象会社の役員等の責任の原因となった事実が生じた日において最終完全親会社等およびその完全子会社等における対象会社の株式の帳簿価額が当該最終完全親会社等の総資産額として法務省令で定める方法により算定される額の5分の1（これを下回る割合を定款で定めた場合には、その割合）を超える場合に限り、多重代表訴訟の提起が認められています（法847条の3第4項・1項、施行規則218条の6。以下、この総資産額に係る要件を「5分の1要件」ということがあります）。簡単にいえば、多重代表訴訟を提起することができるのは、対象会社の発行する株式の価値（簿価ベース）が最終完全親会社等の総資産額の5分の1を超える場合に限られるということです。5分の1という要件を用いたのは、簡易事業譲渡（法467条1項2号かっこ書）等の要件を参考としたものと説明されています。

　このような限定を加えた趣旨は、完全子会社の役員等といっても、実質的には最終完全親会社等の事業部門の長である従業員にとどまる場合があり、そのような者まで多重代表訴訟の対象とすることは、役員間の提訴懈怠の可能性に着目した現行の株主代表訴訟制度に整合しないためであり、親会社の取締役等に相当しうる重要な子会社等の役員の責任（特定責任）に限り、多重代表訴訟の対象としたものであるとされています。

　なお、対象会社の役員等の責任の原因となる事実が生じた日において対象会社の最終完全親会社等であったA社が、その後、株式交換等の結果、B社の完全子会社等になった場合であっても、A社を対象会社の最終完全

親会社等とみなして5分の1要件の充足性を判断するものとされ（法847条の3第5項）、この要件を満たす場合には、B社の株主が多重代表訴訟を提起することができます。

　この5分の1要件は、外部者からは充足の判定が難しく、ある完全子会社がこれを満たすかどうかは、最終完全親会社等の株主が直ちに把握できるものではありません。そこで、株主がこの点を判断する手がかりとして、最終完全親会社等に相当する株式会社の事業報告には、事業年度末日において5分の1要件を充足しうる重要な子会社に該当する完全子会社等（特定完全子会社）がある場合には、その名称や帳簿価額の合計額等を記載することとされました（施行規則118条4号）。

---

**ワンポイント！＜多重代表訴訟の各要件が必要となる時点＞**

　株主が株式を保有する会社が、対象会社との関係で最終完全親会社等であるという要件は、役員等の責任原因となった事実が生じた時点と、提訴請求の時点のいずれにおいても必要です（法847条の3第1項・4項）。

　これに対して、少数株主としての株式保有要件（1％以上）および株式保有期間の要件（6ヵ月前。ただし、公開会社の場合のみ）は、いずれも原告適格としての要件なので、提訴請求時に満たしていれば足ります（法847条の3第1項）。

　また、5分の1要件については、役員等に対して多重代表訴訟を提起することのできる範囲を決定するための基準であり、役員等の責任原因となった事実が生じた時点で必要とされます（法847条の3第4項）。

| 要件 | 責任原因時 | 提訴請求時 |
|---|---|---|
| 最終完全親会社等であること | 必要 | 必要 |
| 少数株主要件、株式保有期間（公開会社のみ） | 不要 | 必要 |
| 5分の1要件 | 必要 | 不要 |

---

**(5)　最終完全親会社等に損害が生じていること（④）**

　最終完全親会社等に損害が生じていない場合には、多重代表訴訟を提起することができません（法847条の3第1項ただし書2号）。

　ここで想定されているのは、子会社役員に任務懈怠と見られる行為が

あったものの、親子会社間で利益が移転した場合や、子会社間で利益の移転が生じた場合のように、子会社に損害はあったものの、親会社には損害が生じていない場合です。このような場合には、自らが損害を被っていない親会社の株主は、子会社の取締役等の責任追及について利害関係を有していないため、提訴を認める必要がないとの趣旨によるものです。そのため、ここにいう「損害」は、完全子会社株式の価値の下落によって生じた親会社の損害に限定すべきであり、これと無関係に生じた完全親会社の損害（たとえば、企業グループの評判等が傷ついたことによる損害）については、これを考慮するべきではない、とされています（藤田友敬「親会社株主の保護」ジュリ1472号（2014年）35頁）。

また、多重代表訴訟が、当該株主もしくは第三者の不正な利益を図り、または、当該株式会社もしくは当該最終完全親会社等に損害を加えることを目的とする場合についても、多重代表訴訟を提起することができません（法847条の3第1項ただし書1号）。これは、通常の代表訴訟の場合と同様、濫訴の防止のために規定されたものです（法847条1項ただし書）。

### 3　多重代表訴訟の手続
#### (1)　手続の概要

多重代表訴訟の手続について、【図2-3-10】の例をもとに説明します。ここでは、最終完全親会社等であるA社の株主Xが対象会社であるB社の取締役等に対して多重代表訴訟を提起しようとする場合を想定します。

この場合、Xは、まずは原則として、B社に対し、取締役等に対する責任追及の訴えを提起するよう請求する必要があります（提訴請求。法847条の3第1項）。そして、Xによる提訴請求の日から60日以内にB社が取締役等に対して責任追及の訴えを提起しない場合に、初めてXは、B社の取締役等に対して、B社を代表して特定責任追及の訴えを提起することができることになります（同条7項）。ただし、60日の期間経過を待つことによってB社に回復することができない損害が生じるおそれがある場合には、例外的に提訴請求の手続を経ることなく、直ちに取締役等に対して特定責任追及の訴えを提起することが可能となります（同条9項）。なお、提訴請求の方法については、会社法施行規則に詳細な規定が設けられており、①被告となるべき者、②請求の趣旨および請求を特定するのに必要な事実、③最終完全親会社等の名称および住所ならびに当該最終完全親会社

等の株主である旨を記載した書面を提出（または電磁的方法による提供）することにより行うものとされています（施行規則218条の5）。③の記載は、提訴請求者が直接の株主でないことに鑑みて要求されたものです。

以上は、通常の株主代表訴訟の場合と基本的に同様の手続となります。

【図2－3－10】

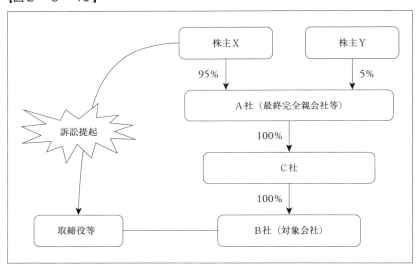

(2) 手続面における特徴

多重代表訴訟の手続面における特徴は以下のとおりです。

① 訴訟参加

多重代表訴訟において訴訟参加が可能な範囲は、通常の代表訴訟の場合よりも広くなっています。【図2－3－10】でいえば、最終完全親会社等（A社）の株主であるXが訴訟を提起した場合、対象会社であるB社、B社の株主であるC社だけでなく、A社およびその株主Yも訴訟参加することができます（B社は会社法849条1項の「株式会社等」に、C社およびYは同項の「株主等」にあたります（「株主等」には、最終完全親会社等の株主が含まれます（法847条の4第2項））。また、A社は会社法849条2項2号の「最終完全親会社等」にあたります）。

この訴訟参加の機会を与えるために、おおむね以下のような訴訟告知等

の手続が定められています。

- Xが多重代表訴訟を提起した場合には、Xは対象会社であるB社に対して訴訟告知を行わなければなりません（法849条4項）。
- 対象会社であるB社は、訴訟告知を受けたときはその旨を株主であるC社に通知しなければなりません（公開会社の場合には公告と通知の両方が必要。法849条5項・9項）。
- 対象会社であるB社は、訴訟告知を受けた旨を最終完全親会社等であるA社に通知しなければなりません（法849条7項）。
- 最終完全親会社等であるA社は、当該通知を受けた旨を株主（XおよびY）に対して通知しなければなりません（公開会社の場合には公告と通知の両方が必要。法849条10項2号・11項）。

② 責任免除

対象会社B社の取締役等の責任の全部免除（法424条等）には、B社の株主であるC社だけでなく、最終完全親会社等であるA社の総株主（XおよびY）の同意も必要となります（法847条の3第10項）。旧会社法の規律のまま、対象会社の総株主の同意によってその取締役等の責任を免除できるとすると、多重代表訴訟の制度を導入する意味が減殺されてしまうからです。

同様に、責任の一部免除の場合についても、対象会社だけでなく、最終完全親会社等の株主総会の特別決議が必要とされています（法425条・309条2項8号）。

これに対し、取締役会等による責任の免除の場合（法426条）、あるいは責任限定契約の場合（法427条）には、これらについて定款で定める段階での最終完全親会社等の株主総会決議までは要求されておらず、前者については責任免除にかかる最終完全親会社等の株主の異議権（法426条7項）、後者については、責任限定契約の相手方である取締役等が任務を怠ったことにより損害を受けたことを知ったときにおける当該会社および最終完全親会社等の株主総会での開示（法427条4項）等による牽制が行われています。

> **ワンポイント！＜提訴請求を受けた対象会社の対応＞**
> **1 提訴請求株主の要件の確認**
>   最終完全親会社等の株主から提訴請求を受けた対象会社は、同株主が少数株主権としての持株要件（**本章**3Ⅲ2(3)参照）を満たしているかを確認する必要があります。その方法としては、最終完全親会社等に依頼して株主名簿を確認してもらうことが考えられます。もっとも、最終完全親会社等が上場会社の場合、その株式は口座管理機関（証券会社）によって管理されており（振替株式）、株主名簿によっては必ずしも最新の状況を確認することができません。また、多重代表訴訟の提訴請求に際しては個別株主通知（振替法154条3項。**第8章**3Ⅰ「ワンポイント！＜振替株式における株主権の行使＞」参照）が不要と考えられており、他の株主権と異なり、個別株主通知を通じて持株要件を確認することもできません。そこで、最終完全親会社等が上場会社の場合には、対象会社としては、最終完全親会社等に依頼して、口座管理機関に対する情報提供請求（振替法277条）を通じて提訴請求株主の振替口座の記載事項を確認してもらうか、あるいは、提訴請求株主自身に直接当該情報を提供するように求めるなどの対応が考えられます。
>
> **2 対象となった取締役等の職務の調査**
>   また、対象会社としては、提訴請求にかかる訴訟提起の是非を検討するために、監査役等において、対象とされた取締役等の職務執行について調査する必要があります。そして、対象とされた職務執行が最終完全親会社等の決裁事項であった場合等、事案によっては、最終完全親会社等の関係者から事情を聴取し、資料提供を受ける必要が生じることも想定されます。その際、関係者から必要な協力が得られないときには、最終完全親会社等の監査役等と連携して調査を進めることも考えられます。そこで、そのような事態に備えて、グループ会社間でそのような連携を可能とするような仕組み（規程の整備等）をあらかじめ用意しておくことも考えられるところです（公益社団法人日本監査役協会「改正会社法及び改正法務省令に対する監査役等の実務対応」（2015年）参照）。

## Ⅳ 実務に与える影響

### 1 適用時期・経過措置

　役員等の責任の原因となった事実が改正法の施行日（2015年5月1日）の前に生じている場合については、多重代表訴訟は提起できません（改正法附則21条3項）。したがって、施行日の前に行われた子会社役員等の任務懈怠行為については、多重代表訴訟の対象とはなりません。

ただし、実際には責任原因となる行為がいつの時点において行われたか明確ではないことも考えられます。積極的な作為行為であれば、その行為時の特定は可能ですが、不作為の場合には時点の特定は一般には難しいと考えられます。このような原因行為の時点に関する要件は、本案（請求の成否を争う場面）に入る前段階としての訴訟要件として位置づけられますが、その審理に際しては、事案によっては本案に近い応訴負担となる可能性もあると考えられます。

また、役員等の責任原因となった事実が継続的な行為である場合にどのような扱いをすべきかといった問題も今後生じてくるものと考えられます。

## 2　その他

上記Ⅲで述べたように、多重代表訴訟の提起にあたっては、対象会社の資産規模が最終完全親会社等の総資産の5分の1以上でなければならない等の要件が設けられているため、上場会社に関する限り、これらの要件を満たすような会社の数はそう多くはありません（ただし、上場会社である持株会社グループの中核企業については、この要件を満たす場合があります）。したがって、特に上場会社に関する限りは、多重代表訴訟制度の導入の意義は限定的であると考えられますが、該当する子会社が存在しないかどうかにつき、念のため洗い出し作業をしておく必要があると考えられます。

また、多重代表訴訟制度の対象となりうる子会社には、最終完全親会社等または最終完全親会社等の完全子会社等以外の株主は存在しないため、今回の会社法改正前までは当該子会社の役員には代表訴訟のリスクがなかったと考えられます。したがって、今回の改正を契機に、多重代表訴訟の対象となりうる子会社の役員に対して代表訴訟のリスクをきちんと説明して認識させ、このようなリスクの存在を踏まえてグループの内部統制を見直す必要があると思われます。また、多重代表訴訟の対象となりうる子会社の役員については、最終完全親会社等が保有している役員賠償責任保険（D&O保険）の対象となっていない場合も多いと思われますので、これらの役員が最終完全親会社等が保有している役員賠償責任保険によってカバーされるかどうかを確認する必要があると考えられます。

## V 親子会社関係に関するその他の改正点
### 1 旧株主による責任追及等の訴え
(1) 改正の概要

平成26年改正により、株式交換等（株式交換、株式移転または吸収合併。これらの意義については下記(3)の「ワンポイント！＜組織再編の説明＞参照）により当該会社の株主としての地位を失った者にかかる代表訴訟の提訴権の範囲が拡大されました。

具体的には、【図2－3－11】の株式交換を例にして説明すると、A社が既存のB社と株式交換を行い、B社がA社の100％親会社となったとした場合、これによってXはA社の株主ではなくなり、A社の完全親会社であるB社の株主となります。この場合、もはやXはA社の株主ではありませんが、今回の改正により、このような場合であっても、役員等の責任の原因事実が株式交換前に生じていれば、一定の要件の下に、XがA社の役員等に対して代表訴訟を提起することができるようになったというものです。

【図2－3－11】

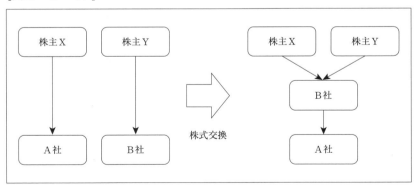

(2) 改正の理由

上記の例を前提として、旧会社法の下における状況を確認してみます。具体的には、次の2つの場面を考えてみます。

> (i) XがA社の取締役に対して任務懈怠を理由に代表訴訟を提起していたところ、その訴訟の係属中に株式交換が行われ、XはA社の親会社であるB社の株主となった。この場合にXによる訴えは却下されるのか。
> (ii) XがA社の取締役に対して代表訴訟を提起するための準備を行っていたところ、株式交換が行われ、XはA社の親会社であるB社の株主となった。この場合にXがA社の取締役に対して任務懈怠を理由とする代表訴訟を提起することは認められるのか。

(i)の場面については、旧会社法においても訴訟の継続が認められていました（法851条）。これは、株主たる地位を失ったのは株式交換という組織再編を会社が実施した結果であって、株主が自らの意思で株主たる地位を手放したわけではないにもかかわらず代表訴訟の追行が認められなくなるのは不当である、という考えに基づいています。

他方、(ii)の場面については、旧会社法では、代表訴訟の提起は認められていませんでした。しかし、(ii)の場面においても、株主が自らの意思で株主たる地位を失うわけではありません。また、XがA社の取締役の任務懈怠行為により下落した株式の価値を取り戻す機会を失ったまま会社から押し出される形になってしまうことは問題ではないか、といったことが指摘されていました。

そこで、平成26年改正により、一定の条件を満たせば(ii)の場合においても、株主代表訴訟の提起が認められることとしたわけです。

(3) 改正の内容

株式交換等（株式交換、株式移転または三角合併）によって株主でなくなった者であっても、次の2つの要件が満たされる場合には、代表訴訟の提起が認められます（法847条の2）。

① 株式交換、株式移転、三角合併の効力が生じる前に取締役等の責任原因となる事実が生じていること
② 株式交換等の効力発生日の6ヶ月前から引き続き対象会社A社の株式を保有していること（定款でこれを下回る期間に変更可。ただし、非公開会社の場合には、株式交換等の効力発生日にA社の株式を保有していることで足ります）

このうち②の要件が要求されるのは、この制度が創設された趣旨によれ

ば、上記の組織再編の効力発生日において代表訴訟を提起することのできる立場にある株主にのみ代表訴訟の提起権を認めるのが相当であると考えられることから、そのような考え方に基づいて適用範囲を明確にするためです。

なお、「三角合併」とは、様々な意味で用いられますが、ここでは、吸収合併のうち、消滅会社の株主に対して交付される対価が存続会社の完全親会社の株式である場合を意味します。本条項の適用範囲は、吸収合併の中でも三角合併の場合に限定しており、訴訟係属中に株主でなくなった者に訴訟追行が認められる場合（法851条）と異なり、消滅会社株主が新設合併の新設会社の株式を取得する場合や、吸収合併の存続会社の株式を取得する場合については適用がありません（両者の比較につき【表2－3－12】参照）。

【表2－3－12】

| | 訴訟係属中に株主でなくなった者による訴訟追行の場合<br>（法851条1項2号） | 旧株主による代表訴訟の提起の場合<br>（法847条の2第1項2号） |
|---|---|---|
| 適用範囲 | 新設合併、吸収合併 | 吸収合併のうち三角合併 |
| 該当条文 | 二　その者が当該株式会社が合併により消滅する会社となる合併により、<u>合併により設立する株式会社または合併後存続する株式会社もしくはその完全親会社の株式を取得したとき</u> | 二　当該株式会社が吸収合併により消滅する会社となる吸収合併当該吸収合併により、<u>吸収合併後存続する株式会社の完全親会社の株式を取得し、引き続き当該株式を有するとき</u> |

もっとも、これは、吸収合併が行われた後に代表訴訟が提起できる場合を三角合併の場合に限定するといったものではありませんし、新設合併が行われた後に代表訴訟の提起を認めない趣旨でもありません。それらは、今回の改正にかかわらず、もともと当然に認められるものです。この点について、【図2－3－13】にあるような吸収合併の場合を例にして説明します。

【図2-3-13】

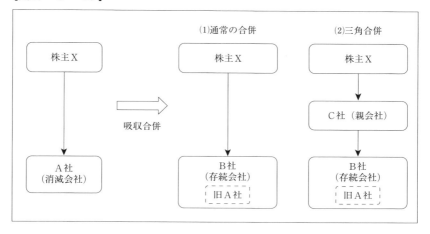

　【図2-3-13】は、A社を消滅会社、B社を存続会社とする吸収合併が行われたことを前提に、(1)はB社の株式が対価とされた通常の合併の場合、(2)はB社の親会社であるC社の株式が対価とされた三角合併の場合を示しています。

　この吸収合併の結果、A社の株主であったXは、(1)の場合にはB社の株主となり、(2)の場合にはC社の株主となります。そして、吸収合併という包括承継が行われた結果、存続会社であるB社は、A社の保有していた権利義務をすべて承継しており、A社が保有していた取締役等に対する損害賠償請求権も承継することとなります。

　この点、(1)の場合には、Xは、B社の株主となることから、特に規定を設けなくとも、当然に旧A社の取締役等に対する代表訴訟提起権を有することとなります。これに対して、(2)の場合には、(1)の場合と異なり、XはB社の株主ではなく、その親会社であるC社の株主となるにすぎないので、旧A社の取締役等に対する代表訴訟提起権は、当然には認められません。そのため、今回の改正では、(2)の場合についてのみ、特別な規定が設けられたということです。

　なお、そうすると、反対に、訴訟係属中に株主でなくなった者による訴訟追行の場合（法851条1項2号）がなぜ新設会社や存続会社の株式を消滅会社の株主が取得した場合まで規定しているのかという疑問が生じるか

もしれません。これは、2005年の会社法立法当時、上記のような包括承継の理論を前提にした規定を置けるかに疑問の余地がありえたため、そのような疑問の余地をなくすために念のため規定したものとされており、いわゆる確認規定であるとの位置づけになります。

---

**ワンポイント！＜組織再編の説明＞**

　一般に、合併（吸収合併・新設合併）、会社分割（吸収分割・新設分割）、株式交換および株式移転をさして組織再編といわれます。以下では、これらについてそれぞれ簡潔に説明します。

**1　合　併**

　合併とは、2以上の会社が結合し、1つの会社になることをいいます。当事会社のうち1社が合併後も存続し、消滅するもう一方の会社の権利義務を包括的に承継するものを吸収合併といい、すべての当事会社が消滅し、新設される新たな会社に権利義務が包括的に承継されるものを新設合併といいます。

**2　会社分割**

　会社分割とは、ある会社が事業に関して有する権利義務の全部または一部を他の会社に承継させることをいいます。既存の会社が権利義務の受け皿になるものを吸収分割といい、新たな会社を設立してこれに承継させる場合を新設分割といいます。新設分割には、複数の会社の権利義務を、新たに設立される会社に承継する共同新設分割の形態もあります。

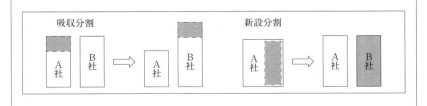

### 3 株式交換・株式移転

株式交換とは、既存の株式会社がその発行済株式の全部を他の会社に取得させることをいいます。株式移転とは、株式会社がその発行済株式の全部を新たに設立する株式会社に取得させることをいいます。いずれも既存の会社の完全親会社を創設するための手続として用いられるものです。株式移転には、複数の会社の完全親会社を創設する共同株式移転の形態もあります。

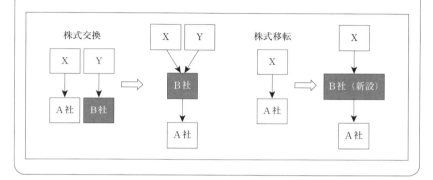

(4) 実務に与える影響

　ア　適用時期・経過措置

改正会社法の施行日前に株式交換、株式移転、吸収合併の効力が生じた場合については、旧株主による代表訴訟の提起はできないとされています（改正法附則21条2項）。

　イ　その他

特に株式交換等におけるデュー・ディリジェンスにおいて、会社法847条の2の提訴請求を受ける可能性を念頭に置いた調査の重要性が増してくるとの指摘があります。

### 2　親会社による子会社株式の譲渡

(1) 概　要

平成26年改正により、親会社が子会社株式を譲渡する場合において、一定の範囲で親会社の株主総会の特別決議による承認を要するとされ（法467条1項2号の2）、また、反対株主の株式買取請求権制度や略式事業譲渡の制度等、事業譲渡に関する規律（法468条～470条）が適用されることとされました。

### (2) 改正の理由・経緯

従前は、子会社株式の譲渡は、重要な財産の譲渡（法 362 条 4 項 1 号）として、取締役会の決議が必要となる場合はあったものの、株主総会決議が必要になるという明文の規定はありませんでした。そのような状況において、事業の全部または一部の譲渡の場合には原則として株主総会の特別決議による承認を要する（法 467 条 1 項 1 号・2 号、309 条 2 項 11 号）ほか特別の規制が存在するのに対し、子会社の株式を譲渡する場合であっても、その量や質によっては、一事業を譲渡するのと変わりはないのにもかかわらず、これに応じた規制がなされていないのは、親会社株主の利益保護の観点からバランスがとれないとの指摘がされていました。

他方で、子会社の株式を譲渡する場合に常に株主総会決議を必要とすることは、機動的な経営を阻害し、株式の財産的な側面を過度に制約することになるため、これらの手続を必要とするにふさわしい「質」と「量」を備えた株式譲渡のみを規制対象とすることとなりました。

### (3) 制度の内容

子会社株式の譲渡にあたって以下の 2 つの要件を満たす場合には、株主総会の特別決議その他事業譲渡と同様の規制が適用されることになります（法 467 条 1 項 2 号の 2）。

① 当該子会社株式の帳簿価額が当該親会社の総資産額の 20％（これを下回る割合を定款で定めた場合には、その割合）超であること
② 当該譲渡の効力発生日において、親会社が対象子会社の議決権総数の過半数を有しないこと

①の要件は当該株式の資産としての重要性の観点から絞りをかけるものであり、「量」の観点からの制約といえます。②の要件は、要するに子会社支配を喪失するということを意味しており、「質」の観点からの制約といえるでしょう。

### (4) 適用時期・経過措置

改正会社法の施行日前に子会社株式の譲渡にかかる契約が締結された場合には、旧会社法が適用されることになります（改正法附則 17 条）。

## 3 企業集団に関する内部統制システム

今回の改正により、取締役会で決定すべき内部統制システムの整備に関する事項として、企業集団に関する内部統制システムが会社法の中に定め

れることになりました（法362条4項6号・399の13第1項1号ハ・416条1項1号ホ）。具体的な条文は、「取締役の職務の執行が法令及び定款に適合することを確保するための体制その他株式会社の業務並びに当該株式会社及びその子会社からなる企業集団の業務の適正を確保するために必要なものとして法務省令で定める体制の整備」という内容です。従前は法務省令で規定されていたものですが、これが会社法に格上げされた形になります。会社法の改正に合わせて、会社法施行規則も改正され、内部統制システムの基本方針として決定を行う項目の具体化・充実化が図られました（下記「改正ポイント！」参照）。

　この会社法の条文の文言は、従前の法務省令をほぼそのまま用いているものの、法務省令では「親会社及び子会社から成る企業集団」となっていたことと比較すると、「親会社」の文言が抜けています。これは、グループ経営が盛んに行われる中、会社とその株主にとってその子会社の経営の効率性や適法性を確保することの重要性が増しているという現状を踏まえ、株主保護という観点からは、特に、会社とその子会社から成る企業集団の部分については法律に格上げすることが適切である、という考え方に基づくものとされています。

　このように、企業集団に関する内部統制システムについての規定が会社法に格上げされましたが、これは、単に明確化のために会社法本体に明文化されたものであって、親会社役員の子会社管理に関する善管注意義務の内容および程度が変わったものではないと考えられます。しかし、この改正の結果、「企業集団の業務の適性を確保するために必要な……体制の整備」が必要なことが会社法に明記されることになった以上、改正後は、親会社役員に対して子会社管理責任を追及する訴訟において、企業集団に関する内部統制システム構築義務違反または運用義務違反が認められるリスクが増えるのではないかという意見もあり、少なくとも、親会社取締役が子会社を監督する責任は原則として存在しないといった考え方（東京地判平成13・1・25判時1760号144頁等）はとりにくくなったといわれています。

　いずれにしても、今回の改正を契機に多くの会社において企業集団にかかる内部統制システムの内容について検討することになることが予想されます。

もっとも、今回の改正によって、子会社管理を従前よりも強化する内容の内部統制システムを構築する義務が生じるわけではありません。それぞれの会社および企業集団において、どのような内部統制システムを構築するかに関しては、基本的に、経営の専門家である取締役に広い裁量が認められると考えられています（**第5章2Ⅰ5参照**）。したがって、親会社としては、親会社および子会社の規模や事業内容等の具体的な状況を踏まえて、相当と考えられる企業集団にかかる内部統制システムを構築すれば足りるということとなります。ただ、万が一親会社の取締役等に対して子会社管理責任を追及する訴訟が提起された場合に備えて、「企業集団にかかる内部統制システムに従って適切に子会社管理を行っていた」という主張を行うことができるように、できる限りの準備はしておいたほうがよいでしょう。そのためには、子会社の業務執行のうち、何を親会社が決めて、何を子会社に任せるのかという点を合理的な基準の下で明確に線引きすることが望ましいと考えられます。たとえば、子会社の業務執行に関して、事前承認事項とするもの、事前協議事項とするもの、報告事項とするもの、といった区別を明確に定める等といったことが考えられます。

　また、内部統制システムの決定または決議の内容の概要については、従来から事業報告による開示が求められていましたが、平成26年改正により、その運用状況の概要についても事業報告の内容とすることが定められました（施行規則118条2号）。

---

### 改正ポイント！＜内部統制システムの基本方針の決定内容の具体化・充実化＞

　平成26年改正により、内部統制システムの基本方針として決定を行うことが求められるものが、会社法施行規則において以下のとおり追加され、決定項目の具体化・充実化が図られました。下記1および2に記載する事項の決定については特段の経過措置は設けられていません。したがって、内部統制システムの基本方針の決定義務を負う会社については、速やかに改正会社法の内容を踏まえて内部統制システムの基本方針の決定を行う（たとえば、施行後最初の取締役会において決議を行う等）ことが望ましいものと思われます。もっとも、この会社法施行規則の改正は、改正前の同条項の規定を具体化するものと考えられますので、改正前の施行規則に照らして内部統制システムについて適切な決定を行っていた会社であれば、

法改正後に同システムの整備について決定を行わなくとも、改正後の施行規則に違反するものではないと考えられます。

なお、以下では、取締役会・監査役（会）設置会社を前提とします。

## 1　グループ内部統制に関する事項

同改正により、グループ内部統制に関する事項として以下のものについて決定が求められるようになりました（施行規則100条1項5号）。

なお、これは、当該会社において、グループ全体の内部統制システムの整備につき決定すべきことを規定するものであって、当該会社がその個々の子会社の内部統制システムについてまで決定すべきであることを規定するものではありません（施行規則100条1項柱書）。

| 要決定事項 | 具体的な決定として考えられるものの例 |
|---|---|
| (1) 子会社の取締役や執行役等の職務執行にかかる事項の当該会社への報告に関する体制（5号イ） | ① グループ管理規程等において子会社の一定の重要事項について親会社に対する定期的な報告の義務づけ等<br>② 非常事態発生時の親会社への報告体制等の決定等 |
| (2) 子会社の損失の危険の管理に関する規程その他の体制（5号ロ） | ① 子会社のリスクのモニタリング・分析・評価・対応についての社内規程またはリスク管理担当部署等の設置<br>② 子会社におけるリスクの現実化時の対応方法の決定 |
| (3) 子会社の取締役等の職務の執行が効率的に行われることを確保するための体制（5号ハ） | ① 連結ベースでの中期経営計画および年度事業計画等の策定<br>② 連結ベースでの経営指標および業績管理指標の導入<br>③ グループ全体の経営の基本戦略の作成等を行う会議体の設置<br>④ グループ共通の会計管理システムの導入<br>⑤ 資金調達の効率化のためのグループファイナンスの導入 |
| (4) 子会社の取締役等および使用人の職務執行が法令・定款に適合することを確保するための体制（5号ニ） | ① グループ全体のコンプライアンス基本方針等の策定<br>② 親会社による子会社の役員・使用人等に対するコンプライアンス研修の実施<br>③ グループ全体のコンプライアンスにかかる重要事項等を審議するグループコンプライアンス委員会等の設置 |

| | ④ 親会社または子会社の内部監査部門による子会社の内部監査の実施 |
| --- | --- |
| | ⑤ グループ全体に適用される内部通報制度の設置等の決定 |

## 2 監査体制等の整備に関する事項

上記 **1** に加え、監査役（会）設置会社においては、監査役監査の実効性確保の観点から、監査を支える体制や監査役による使用人からの情報収集に関する体制に関して規定の具体化・充実化が図られました（施行規則100条3項3号〜6号）。

| 要決定事項 | 具体的な決定として考えられるものの例 |
| --- | --- |
| (1) 監査役の職務を補助すべき使用人に対する指示の実効性の確保に関する事項(同項3号) | ① 監査役の職務を補助すべき使用人の人事についての監査役の事前同意または事前協議に関する事項<br>② 当該使用人の懲戒についての監査役の関与・異議申立権<br>③ 当該使用人に対する取締役の指揮命令権の有無（監査役の補助業務については取締役の指揮命令権は及ばない等）<br>④ 当該使用人の兼務状況の決定（監査役専属とするか、他の部署と兼務させるか等） |
| (2) 子会社の取締役・監査役等および使用人またはこれらの者から報告を受けた者が当該監査役設置会社の監査役に報告をするための体制（同項4号ロ） | ① 当該会社またはその子会社の内部監査部門による、当該会社の監査役（会）に対する、子会社の内部監査の状況の定期的な報告<br>② グループ監査役会の設置 |
| (3) 監査役へ報告をした者が当該報告をしたことを理由として不利な取扱いを受けないことを確保するための体制（同項5号） | ① 監査役へ報告を行った者が当該報告を理由に不利な取扱いを受けない旨の社内規程への明示<br>② 監査役へ報告を行った者およびその内容についての厳重な情報管理体制の整備（報告者の人事権を有していない者を介して報告がなされるようにするための体制の整備等） |

(4) 監査役の職務の執行について生ずる費用の前払または償還の手続その他の当該職務執行について生ずる費用または職務の処理にかかる方針に関する事項（同項6号）

## 4　親会社との利益相反取引に関する開示

　個別注記表に表示された親会社との利益相反取引（計算規則112条1項）に関し、会社の利益を害さないように留意した事項（当該事項がない場合にはその旨）、会社の利益を害さないかどうかについての取締役（会）の判断およびその理由を事業報告において開示することを義務づけるとともに（施行規則118条5号）、これらについての監査役（会）の意見を監査報告の内容とすることが会社法施行規則において定められています（施行規則129条1項6号）。

　これらの事項を事業報告および監査報告の内容とすることにより、親会社との利益相反取引の取引条件等の適正を確保し、子会社の利益を保護しようとしたのです。法制審議会会社法制部会においては、親会社と子会社の間で利益が相反する取引によって子会社が不利益を受けた場合における親会社の責任について、明文の規定を設けるかどうかにつき意見が一致しなかったため、子会社少数株主を保護するための親会社の責任や、株主代表訴訟による責任追及に関する定めを会社法に明記することは断念されましたが、上記のような会社法施行規則の改正については意見が一致したため、これを盛り込んだものと説明されています。

　今後、上記の改正がどういった影響を実務に与えるかは明確ではありませんが、事業報告および監査報告の内容として求められている事項には、従来の実務では必ずしも明確に意識されてきたとはいい難い事項も含まれており、実務的な影響は小さくないと思われますので、注意が必要です。

　この点、事業報告における会社の利益を害さないように留意した事項としては、たとえば、当該利益相反取引と類似の取引を親会社以外の独立した第三者との間でも行っている場合であれば、その第三者との間の取引と同等の取引条件等であることを確認した旨を記載することも考えられます。また、自社では類似の取引を独立した第三者との間では行っていないという場合には、独立した第三者同士の類似の取引と同等の取引条件等である

ことを確認した旨を記載することや、独立した第三者機関から取引条件等が適正であることの確認を得た旨を記載することなどが考えられるところです。なお、独立した第三者同士の類似の取引における取引条件と同等とはいえない取引条件で取引を行ったような場合（たとえば市場価格と乖離した価格で取引をした場合）には、その理由や取引の経緯等も含めて合理的な説明が求められることになると思われます。その他、たとえば親会社が完全親会社であるため子会社に少数株主が存在せず、また、子会社の財務状態にもまったく問題がないため、その債権者の利益に配慮する必要もない等の事情がある場合には、親会社と取引をするにあたって会社の利益を害さないように留意した事項はない、と記載することも考えられます。もっとも、このような記載をしたとしても、取引の内容いかんによっては、当該取引について取締役の善管注意義務が問われる可能性があることには注意が必要です。

　事業報告における上記事項の開示については経過措置が設けられており、改正会社法施行規則の施行日以後にその末日が到来する事業年度のうち最初のものにかかる事業報告から、改正会社法施行規則が適用されるとされることになります（改正省令附則2条6項）。また、開示の対象となる利益相反取引は、施行日以後にされた取引に限られています（同条8項）。したがって、3月決算の会社では、2016年3月期の事業報告において、2015年5月1日以降になされた親会社との利益相反取引について上記事項を開示することになります。

---

**ワンポイント！＜企業結合における株主の立場＞**

**1　問題の所在**

　企業結合法制の検討を行うことは、2005年の会社法立法の際の国会参衆両院法務委員会附帯決議により、将来の検討事項とされていました。企業結合についての従来の問題意識の中心は、親会社が、子会社と不公正な取引条件で取引を行うこと等により、子会社の利益を親会社に吸い上げるというやり方から、子会社の少数株主や債権者をいかに保護するか（対抗策を付与するか）という点にありました（下記の図でいう【A】。この点が子会社取締役の義務違反という形で争われた事案として、大阪地判平成14・2・20判タ1109号226頁〔コスモ証券株主代表訴訟事件判決〕があります。また、最判平成22・1・29判時2071号38頁も同様の構造の事案です）。

これに対し、近時、これとは逆に、親会社株主の子会社からの保護という問題も提起され、この点が上記で述べた多重代表訴訟制度という形で結実したわけです（下記の図でいう【B】）。

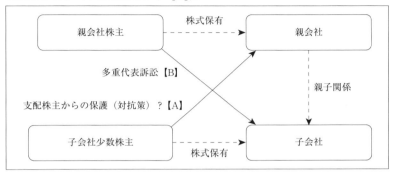

### 2　子会社少数株主・債権者の保護

他方、当初の問題意識であった子会社からの搾取という問題（【A】）については、今回の改正でどうなったのでしょうか。この点、法制審において、子会社少数株主の保護という観点から、親会社等が議決権を背景として子会社の少数株主に損害を与えた場合に関する規律として、親子会社間で利益が相反する取引によって子会社が不利益を受けた場合における親会社の責任に関する規定を設けることが実際に検討されました。

しかしながら、そのような場合の親会社等の責任に関する明文の規定を置くことについては、親子会社間のグループ全体を視野に入れた合理的な取引まで阻害されてしまうのではないかといった懸念が示されたほか、子会社がその親会社等から享受している利益を計数化することが困難であること、また、そのような場合に子会社少数株主が代表訴訟を提起して親会社の責任追及を可能とすることについても、濫訴の危険がある等の反対意見があったことから、明文の規定を置くことは見送られました。

以上により、今回の改正では、この点に関しては上記Ⅴ4で述べたような事業報告等における開示制度の導入にとどまったのです。

---

### コラム③その他の平成26年改正の概要

#### 1　はじめに

本書では、平成26年改正のうち、主にコーポレート・ガバナンスに関する改正のみをトピックとして取り上げています。しかしながら、平成26年改正においては、それ以外にもいくつか重要な改正がありましたので、そ

れらのうち、特に重要と思われるものについて、その概要を紹介します。

## 2　キャッシュ・アウトの方法に関する改正

　旧会社法の下では、キャッシュ・アウト（少数株主に金銭を交付してその株式を買い取る手続をいいます）の手法としては、主に全部取得条項付種類株式（法171条）や株式併合（法180条）が利用されていましたが、これらは本来キャッシュ・アウトを想定したものではなく、少数株主保護には不十分な面がありました。また、いずれも株主総会の特別決議が必要となるため、機動的なキャッシュ・アウトを阻害するという問題もありました。

　そこで、平成26年改正において、これらの問題を解決する新たなキャッシュ・アウトの制度として、特別支配株主による株式等売渡請求権制度（法179条以下）が新設されました。大まかにいえば、この制度により、対象会社の総株主の議決権の10分の9以上を直接または間接的に保有する株主は、取締役会決議のみで、少数株主から株式を強制的に買い取ることができるようになります。また、この制度では、少数株主保護のため、少数株主への通知・公告（法179条の4）、事前・事後の書面備置（法179条の5・179条の10）、少数株主による差止請求（法179条の7）、売買価格決定申立て（法179条の8）等の制度が定められています。

　また、これに伴い、全部取得条項付種類株式と株式併合についても、少数株主保護に関して同レベルとなるような改正が行われました。具体的には、全部取得条項付種類株式については、事前・事後の書面備置（法171条の2・173条の2）、株主への通知・公告（法172条2項・3項）、株主による差止請求（法171条の3）等の制度が新設されました。株式併合については、事前・事後の書面備置（法182条の2・182条の6）、株主による差止請求（法182条の3）、端数株主による株式買取請求権（法182条の4）等の制度が新設されました。

## 3　支配株主の異動を伴う募集株式の発行

　旧会社法では、公開会社における募集株式の発行について、有利発行でない限り、取締役会決議のみで発行することができましたが、平成26年改正により、支配株主の異動を伴う募集株式の発行（引受人が総株主の議決権の過半数を保有することとなる募集株式の発行）については、一定の場合に株主総会決議が要求されることとなりました。具体的には、会社が支配株主の異動を伴う募集株式を発行しようとする場合、株式引受人の情報や引受株式数を既存株主へ通知または公告しなければならず（法206条の2第1項・2項）、総議決権の10分の1以上を有する株主から2週間以内にその募集株式の発行に反対する旨の通知を受けた場合は、株主総会決議が必要となります（同条4項本文）。もっとも、会社の財産状況が著しく悪化しており、事業継続のために緊急の必要がある場合には、株主から反対

の通知があったとしても、株主総会決議を要しないとされています（同項ただし書）。

なお、新株予約権の発行についても、募集株式の発行と同様の事態が生じることが考えられるため、同様の規定が設けられました（法244条の2）。

### 4 組織再編等における株式買取請求権に関する改正

平成26年改正により、組織再編等における反対株主の株式買取請求権制度に関し、主にその濫用的な利用を防ぐことを目的として、以下のような改正が行われました。

第1に、旧会社法においては、株式買取請求を行った後、株価の変動に応じて株式買取請求を撤回し当該株式を市場で売却するといった投機的行動が事実上可能となっていました。そこで、これを防止すべく、株式買取請求にかかる株式の取得者からの株主名簿書換請求はできないこととされ、また、株券が発行されている株式については株式買取請求権を行使しようとする株主に株券提出義務を課すこととされました（法116条6項・9項、182条の4第5項・7項、469条6項・9項等）。

第2に、旧会社法においては、反対株主の株式買取請求権による株式買取の効力発生時期が統一されておらず、当該株式の代金支払の時点となっている場合がありました（旧法470条5項等）。ところが、この場合において株式買取請求を行使した反対株主が裁判所に価格決定の申立てをした場合、当該株主は、組織再編等の効力発生日の60日後から発生する買取価格に対する年6分の法定利息（法117条4項・470条4項等）に加えて、株式買取の効力が発生するまでの間の剰余金の配当の二重取りができることになるとの批判がされていました。そこで、平成26年改正により、株式買取の効力発生時期については、一律に、組織再編等の効力発生日に統一することとされました（法117条6項・470条6項等）。

第3に、上記年6分という利息に関して、株式買取請求があった場合、株式の価格の決定がされる前に会社が公正な価格と認める額を支払うことで、当該支払額に対する当該支払後の利息支払義務を負わないこととされました（法117条5項・470条5項等）。

第4に、簡易組織再編等の要件を満たす場合には、株式買取請求権を有しないものとされ（法469条1項・797条1項）、また、略式組織再編等の要件を満たす場合には、特別支配会社は株式買取請求権を有しないこととされました（法469条2項・3項、785条2項・3項等）。これらの場合には、反対株主に株式買取請求権を認める必要性が乏しいと考えられたためです。

### 5 会社分割における債権者保護に関する改正

旧会社法では、債務超過状態にある会社が、債権者を害することを知りながら債務を不当に免れる目的で会社分割が行われた場合（いわゆる詐害

的会社分割）、残存債権者（分割承継会社または分割設立会社に承継されない債務の債権者）の保護について明確な規定がなく、詐害行為取消権（民法424条。最判平成24・10・12民集66巻10号3311頁参照）、否認権の行使（破産法160条以下等。福岡地判平成22・9・30判タ1341号200頁参照）、法人格否認法理（福岡地判平成22・1・14金法1910号88頁参照）といった方法によりその保護が図られていました。これに対し、平成26年改正により、分割会社が残存債権者を害することを知りながら会社分割をしたときは、一定の要件の下、残存債権者は、詐害行為取消権を行使することなく、直接、分割承継会社または分割設立会社に対して、承継した財産の価格を限度として、債務の履行を請求することができることになりました（法759条4項・761条4項・764条4項・766条4項）。

また、上記に加え、会社分割における債権者保護手続につき、旧会社法においては、各別の催告を受けなかった債権者のうち、「知れている債権者」のみが一定の要件の下でその債務の履行を分割会社または分割承継会社・分割設立会社に請求することができましたが、平成26年改正により、当該債権者の対象が、「知れている債権者」に限定されず、各別の催告を受けなかった債権者一般とされました（法759条2項・3項、761条2項・3項、764条2項・3項、766条2項・3項）。

### 6　その他の改正

上記のほかにも、平成26年改正においては、新株予約権無償割当てにおける割当通知が権利行使期間の開始後でも可能とされたこと（法279条2項・3項）、募集株式が譲渡制限株式である場合の総数引受契約について取締役会（取締役会非設置会社の場合は株主総会）の決議が必要とされたこと（法205条2項）、人的分割の場合の準備金の計上義務が撤廃されたこと（法792条）、株式併合、非公開会社の公開会社化、新設合併等による設立株式会社の設立の場合に、発行可能株式数は発行済株式数の4倍を超えることができないとされたこと（法113条3項2号・180条2項・3項、814条1項）、特別口座の一括移管制度が新設されたこと（振替法133条の2）といった改正がされました。

第3章

# 平成26年改正を踏まえたコーポレート・ガバナンス体制の選択

# 1 3タイプの概要

## I 監査役（会）設置会社

### 1 監査役（会）設置会社の特徴

監査役（会）設置会社は、代表取締役と業務執行取締役（法363条1項）が業務執行を行い、これを取締役会や他の取締役が監督し、さらに監査役（会）が監査するという日本における株式会社の伝統的なガバナンスモデルです。会計監査人の設置は任意ですが、一定の場合には設置が義務づけられます（機関設計については本章2参照）。なお、本章においては取締役会設置会社を前提に説明します。

### 2 監査役（会）設置会社におけるコーポレート・ガバナンス体制

監査役（会）設置会社におけるコーポレート・ガバナンス体制について、【図3-1-1】に沿って説明します。

【図3-1-1】監査役（会）設置会社におけるコーポレート・ガバナンス体制

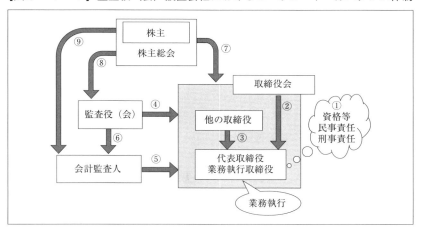

| ① | 資格等、民事責任、刑事責任 | 自己抑制 |
| ② | 選定・解職、重要な業務執行の決定、監督 | 他機関による牽制（株主総会以外） |

| ③ | 職務執行の監督 | |
|---|---|---|
| ④ | 監査、違法行為の差止め | |
| ⑤ | 会計監査 | |
| ⑥ | 選任・解任・不再任議案の決定、解任権 | |
| ⑦ | （株主総会による）選任・解任<br>（株主による）違法行為の差止め、責任の追及、解任の訴え | 株主による牽制 |
| ⑧ | （株主総会による）選任・解任<br>（株主による）責任の追及、解任の訴え | |
| ⑨ | （株主総会による）選任・解任<br>（株主による）責任の追及 | |

(1) 業務執行者による自己抑制

監査役（会）設置会社における業務執行は、代表取締役と業務執行取締役が中心となって行いますが、取締役には資格制限、兼任禁止、任期といったその地位に関する規定が存在するほか、違法・不当な業務執行には民事責任や刑事責任が課せられるというルールの存在により、業務執行者に一定の自己抑制が働くことになります（①）。

(2) 他機関（株主総会を除く）による牽制

まず、代表取締役と業務執行取締役に対しては、取締役会がその選定・解職に関する決定権を持つほか、重要な業務執行についての決定権や取締役の職務執行に対する監督権限を持つことで、その抑止力を働かせています（②）。また、個々の取締役も、他の取締役の職務執行を監督する義務を負っており、ここでも業務執行に対するチェック機能が働くことになります（③）。ただし、これらの抑止機能は、取締役同士のなれ合い等によって十分に働かない場合がありえます。そこで、取締役の職務執行全般に対しては、独立した立場にある監査役（会）が監査することによって並列的なチェックが行われます。また、監査役は、取締役に違法行為があればそれを差し止める権限も有しています（④）。

さらに、会計監査人が設置される会社では、会計監査人が会計監査を行います（⑤）。会計監査人の選任・解任・不再任は、それぞれ株主総会決議によって決定されますが、その株主総会に提出する議案の内容について

は監査役（会）が決定権を有するほか、監査役（会）は、会計監査人に対して一定の解任権を有しています（⑥）。

(3) 株主による牽制

株主総会は、取締役、監査役および会計監査人の選任・解任について決定権を持っています（⑦〜⑨）。これにより、株主にとって信頼のできる者だけが取締役や監査役等として選任される仕組みとなっており、暴走する取締役や、取締役に対する監査を怠る監査役等については、株主総会の決議によって解任することができるようになっています。

そして、万が一、以上のような他機関による牽制や株主総会によるコントロールが正常に機能しないような場合には、個々の株主にも、一定の条件を満たすことで各役員に対する直接の権利行使が認められています。取締役に対しては違法行為の差止め、責任の追及、および解任の訴えが（⑦）、監査役に対しては責任の追及と解任の訴えが（⑧）、会計監査人に対しては責任の追及が（⑨）、それぞれ認められています。

## II 指名委員会等設置会社
### 1 指名委員会等設置会社の特徴

指名委員会等設置会社は、平成14年商法改正によって導入された制度であり、取締役ではなく（代表）執行役が会社の業務執行を行うこと、取締役会は主として業務執行者の職務執行のモニタリングを行うこと、さらに、取締役会に設置され、社外取締役を中心に構成された3つの委員会（指名委員会、報酬委員会、監査委員会）もそれぞれの役割に応じた業務執行者に対するモニタリングを行うことを、大きな特徴としています。指名委員会等設置会社においては監査委員会が監査機能を果たすため、監査役を設置することはできませんが、会計監査人を設置する義務があります。

### 2 指名委員会等設置会社におけるコーポレート・ガバナンス体制

指名委員会等設置会社におけるコーポレート・ガバナンス体制について、【図3－1－2】に沿って説明します。

【図3－1－2】指名委員会等設置会社におけるコーポレート・ガバナンス体制

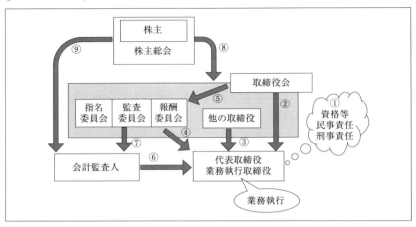

| ① | 資格等、民事責任、刑事責任 | 自己抑制 |
|---|---|---|
| ② | 選任・解任、重要な業務執行の決定、監督 | 他機関による牽制（株主総会以外） |
| ③ | 職務執行の監督 | |
| ④ | （指名委員会による）取締役の選任・解任議案の内容の決定<br>（監査委員会による）職務執行の監査<br>（報酬委員会による）報酬の決定 | |
| ⑤ | 委員の選定・解職 | |
| ⑥ | 会計監査 | |
| ⑦ | 選任・解任・不再任議案の決定、解任権 | |
| ⑧ | （株主総会による）選任・解任<br>（株主による）違法行為の差止め、責任の追及、解任の訴え | 株主による牽制 |
| ⑨ | （株主総会による）選任・解任<br>（株主による）責任の追及 | |

(1) 業務執行者による自己抑制

　指名委員会等設置会社における業務執行は、執行役または代表執行役が中心となって行いますが、執行役についても取締役と同様にその地位に関

する規定が存在し、違法・不当な業務執行に対しては民事責任・刑事責任を負いますので、取締役と同様の自己抑制が働くことになります（①）。

(2) 他機関（株主総会を除く）による牽制

取締役会は、執行役の選任・解任権、代表執行役の選定・解職権を有するほか、重要な業務執行の決定権や、執行役や取締役の職務執行の監督権限を有しており、これらの権限を通じて、業務執行に対する抑止力を働かせています（②）。また、個々の取締役も、執行役および他の取締役の職務執行を監督する義務を負っており、ここでも業務執行に対するチェック機能が働くことになります（③）。

以上は監査役（会）設置会社と大きな違いはありませんが、指名委員会等設置会社においては、監査役（会）を設置しない代わりに、指名委員会・報酬委員会・監査委員会という３つの委員会がそれぞれ執行役と取締役に対するモニタリング機能を果たす点に特徴があります。具体的には、株主総会に提出する取締役の選任・解任議案については指名委員会がその内容を決定し、執行役と取締役の職務執行については監査委員会が監査を行い、執行役・取締役等の報酬については報酬委員会が決定するものとされています（④）。これらの委員会は、それぞれ取締役が委員を務めますが、各委員会の委員の過半数は社外取締役でなければならないとされています。

取締役会は、各委員会の委員を選定・解職する権限を有しています（⑤）。取締役会は、このような権限に基づいて、各委員会と連動して、（代表）執行役の業務執行に対する牽制機能を果たすことができます。この点、業務執行の決定権限の多くは執行役に委任することが予定されているため、指名委員会等設置会社における取締役会は、監査役（会）設置会社の場合に比して、より業務執行の監督機能に特化した存在ということができます。

以上に加えて、指名委員会等設置会社では、会計監査人が必ず設置され、会計監査人による会計監査が行われます（⑥）。会計監査人の選任・解任・不再任は、それぞれ株主総会決議によって決定されますが、監査委員会は、株主総会に提出する選任・解任・不再任の議案の内容についての決定権を有するほか、それとは別に会計監査人に対する一定の解任権を有しています（⑦）。

### (3) 株主による牽制

　株主総会は、取締役および会計監査人の選任・解任について決定権を持っています（⑧・⑨）。これにより、株主にとって信頼のできる者だけが取締役等として選任されるとともに、職務執行に問題のある取締役等については株主総会の決議によって解任することができるようになっています。

　さらに、上記のような他機関による抑止や株主総会によるコントロールが正常に機能しない場合には、個々の株主にも、一定の条件を満たすことで各役員に対する直接の権利行使が認められています。執行役・取締役に対しては違法行為の差止め、責任の追及、および解任の訴えが（⑧）、会計監査人に対しては責任の追及が（⑨）、それぞれ認められています。

## Ⅲ　監査等委員会設置会社
### 1　監査等委員会設置会社の特徴

　監査等委員会設置会社は、平成26年改正によって導入された制度です。社外取締役が過半数を占める監査等委員会によって会社の業務執行に対する監査等が行われることを大きな特徴としており、監査役（会）設置会社と指名委員会等設置会社の中間的なモデルと位置づけられます。監査等委員会が監査機能を果たすため、監査役を設置することはできませんが、会計監査人を設置する義務があります。

### 2　監査等委員会設置会社におけるコーポレート・ガバナンス体制

　監査等委員会設置会社におけるコーポレート・ガバナンス体制について、【図3－1－3】に沿って説明します。

## 1 3タイプの概要　115

【図3－1－3】監査等委員会設置会社におけるコーポレート・ガバナンス体制

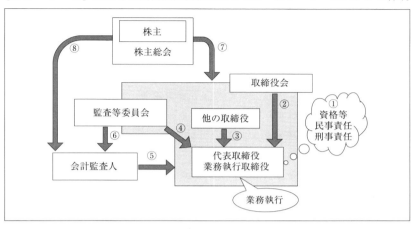

| ① | 資格等、民事責任、刑事責任 | 自己抑制 |
|---|---|---|
| ② | 選定・解職、重要な業務執行の決定、監督 | 他機関による牽制<br>（株主総会以外） |
| ③ | 職務執行の監督 | |
| ④ | 監査、違法行為の差止め | |
| ⑤ | 会計監査 | |
| ⑥ | 選任・解任・不再任議案の決定、解任権 | |
| ⑦ | （株主総会による）選任・解任<br>（株主による）違法行為の差止め、責任の追及、解任の訴え | 株主による牽制 |
| ⑧ | （株主総会による）選任・解任<br>（株主による）責任の追及 | |

(1) 業務執行者による自己抑制

監査等委員会設置会社における業務執行は、代表取締役と業務執行取締役が中心となって行います。他の2タイプと同様、業務執行者には一定の自己抑制が働くこととなります（①）。

(2) 他機関（株主総会を除く）による牽制

監査役（会）設置会社と同様、代表取締役と業務執行取締役に対しては、取締役会がその選定・解職に関する決定権を持つほか、重要な業務執行に

ついての決定権や取締役の職務執行に対する監督権限を持つことで、その抑止力を働かせています（②）。また、個々の取締役も、他の取締役の職務執行を監督する義務を負っており、ここでも業務執行に対するチェック機能が働くことになります（③）。

以上に加えて、監査等委員会設置会社においては、監査役（会）に代わって、取締役のみで構成される監査等委員会が、代表取締役や業務執行取締役の業務執行に対する監査を行うほか、個々の監査等委員は、取締役の違法行為を差し止める権限も有しています（④）。このような監査等委員会の監査等委員の過半数は、社外取締役であることが要求されています。また、監査等委員である取締役は他の取締役と区別して選任される等、その地位について一定の独立性が確保され、監査等委員会も取締役会から一定程度独立した機関として位置づけられています。

監査等委員会設置会社では、会計監査人が必ず設置され、会計監査人による会計監査が行われます（⑤）。会計監査人の選任・解任・不再任は、それぞれ株主総会決議によって決定されますが、監査等委員会は、株主総会に提出する会計監査人の選任・解任・不再任の議案の内容についての決定権を有するほか、それとは別に会計監査人に対する一定の解任権を有しています（⑥）。

(3) **株主による牽制**

株主総会は、取締役および会計監査人の選任・解任について決定権を持っています（⑦・⑧）。特に、取締役の選任については、監査等委員となる取締役とそれ以外の取締役が区別して選任されることになります。これにより、監査等委員である取締役の独立性が強化され、業務執行を担当する代表取締役や業務執行取締役からの影響を受けずに業務執行に対する監査を行うことが可能となっています。

さらに、上記のような他機関による抑止や株主総会によるコントロールが正常に機能しない場合には、個々の株主にも、一定の条件を満たすことで各役員に対する直接の権利行使が認められています。取締役に対しては違法行為の差止め、責任の追及、および解任の訴えが（⑦）、会計監査人に対しては責任の追及が（⑧）、それぞれ認められています。

## Ⅳ　3タイプの比較

Ⅰ～Ⅲでは、監査役（会）設置会社、指名委員会等設置会社、監査等委員会設置会社の3タイプにつき、業務執行に対する牽制方法に着目して、それぞれのコーポレート・ガバナンス体制の概要をみてきました。

これらの3タイプについて、特に、業務執行者に対する他機関による牽制方法の主な違いを比較すると、【表3－1－4】のとおりとなります。

このうち、最も大きな違いとして挙げられる点は、業務執行者の職務執行に対する監査の仕組みの違いです。監査役（会）設置会社においては、取締役会から独立した機関である監査役（会）により監査がなされますが、指名委員会等設置会社においては、取締役会の中に設置される監査委員会により監査がなされます。監査等委員会設置会社においては、取締役から構成されるものの取締役会からの一定の独立性を有する監査等委員会により監査がなされます。

そのほかにも、指名委員会等設置会社においては報酬委員会・指名委員会が設置されることから、業務執行者の報酬や取締役の選任議案の決定権者についても異なることになります。

【表3－1－4】業務執行者への牽制方法からみた3タイプの主な違い

|  | 監査役（会）設置会社 | 指名委員会等設置会社 | 監査等委員会設置会社 |
|---|---|---|---|
| 業務執行者の選定・解職（選任・解任）の決定 | 取締役会による代表取締役等の選定・解職 | 取締役会による（代表）執行役の選任・解任 | 取締役会による代表取締役等の選定・解職 |
| 職務執行の監査 | 監査役（会） | 監査委員会 | 監査等委員会 |
| 違法行為の差止請求の主体 | 株主・監査役 | 株主・監査委員 | 株主・監査等委員 |
| 業務執行者の報酬の決定 | 株主総会 | 報酬委員会 | 株主総会 |
| 取締役の選解任に関する議案内容の決定 | 取締役会 | 指名委員会 | 取締役会 |

| 会計監査 | 監査役（会）<br>会計監査人 | 会計監査人 | 会計監査人 |

## 2 機関設計

### I 監査役（会）設置会社の場合

#### 1 機関設計のポイント —— 取締役会・監査役（会）による牽制

　監査役（会）設置会社は、株式会社において一般的に採用されてきた機関構成です。

　本章1のとおり、監査役（会）設置会社においては、取締役会（とその構成員である取締役）が代表取締役や業務執行取締役の職務執行の監督を行い、監査役（会）がその職務執行に対して監査を行うことになっています。

　監査役（会）設置会社のポイントは、①取締役会が業務執行に関する決定と並行して代表取締役等による職務執行の監督も行うこと、②取締役会から独立した別機関である監査役が職務執行を監査することにあります。これらにより、代表取締役等の業務執行を取締役会の内側と外側から牽制することが可能となります。

　その反面、監査役（会）設置会社では、取締役会における業務のウェイトが業務執行の決定に偏ってしまい、代表取締役等の職務執行に対する監督が手薄となってしまう可能性があります。また、代表取締役等の選定・解職の権限（人事権）は取締役会が有しており、取締役会から独立した別個の機関である監査役（会）には、このような人事権がないため、監査役（会）による業務執行の監査は、人事権に裏打ちされたものではありません。このような点から、取締役会による内部からの監督と独立の機関による外部からの監査といっても、実効性に乏しいものになってしまう可能性があります。

　監査役（会）設置会社を選択する場合には、こういった点に十分注意する必要があります。

#### 2 その他の機関の設置

　取締役会や監査役以外の機関、たとえば、会計監査人や監査役会の設置については、会社の規模（大会社かそれ以外か）や株式の公開の有無によ

り、違いが生じることになります。

　まず、大会社の場合には、株主や会社債権者といった会社において計算が適正になされることに利害関係を有する者が多いと考えられるので、会計監査人の設置が必要になります（法328条）。

　さらに、大会社かつ公開会社の場合には、多数の株主が存在し、かつ、それが頻繁に変動することから、業務執行に対する株主自身による効果的な監視が期待できず、また、大規模かつ複雑な業務を行うことから、複数の監査役によって効率的に監査するための機関として、監査役会の設置も必要となります（法328条1項）。

　また、これらとは別に、定款に定めることにより、会計参与という取締役と共同して会社の計算書類を作成する業務を担う機関を任意に設置することができます。

　このように、一定の場合には設置が必要とされる機関もありますが、それ以外については、設置するかどうかは会社自身の選択に委ねられており、事業の規模や状況に照らして、柔軟な機関構成が可能となっています。

## II　指名委員会等設置会社の場合
### 1　機関設計のポイント ── 取締役会・三委員会による牽制

　指名委員会等設置会社においては、業務執行を担う機関として、（代表）執行役が置かれます。

　そして、指名委員会等設置会社では、監査役（会）設置会社と異なり、取締役会が、代表執行役・執行役の職務執行を監督するほか、取締役会の中に、指名委員会、報酬委員会および監査委員会が設けられ、これらの各委員会がそれぞれの役割に応じて、業務執行を監査・監督することになっています。各委員会は、3名以上の取締役から構成され、その過半数は社外取締役である必要があります。そのため、各委員会の委員を兼任するとしても、少なくとも社外取締役が2名必要となります。

　指名委員会等設置会社における取締役会は、重要な業務執行に関する決定以外は業務執行の決定権限を（代表）執行役に委譲することができます。これにより迅速な業務執行の決定が可能となり、取締役会としても職務執行に対する監督にウェイトを置くことが可能となります。各取締役についても、執行役を兼任する場合等の法令等で定められている場合を除いて業

務執行を行うことができませんので、必然的に職務執行に対する監督に業務のウェイトが置かれることになります。

また、監査役（会）設置会社と異なり、（代表）執行役の業務執行に対する監査・監督は、取締役会およびその中に設けられた各委員会が担うことになりますので、（代表）執行役の選任・解任といった人事権に裏打ちされた監査・監督が可能となります。

### 2 その他の機関の設置

指名委員会等設置会社では、会社の規模や株式公開の有無にかかわらず、会計監査人の設置が必要です。その理由は、各委員会による業務執行に対する監督については、内部統制システムを利用する形で行うことが想定されているところ、会計監査人が置かれないと財務報告についての信頼性を確保する仕組みを構築することは困難であるためとされています。

なお、監査役（会）設置会社と同様、会計参与を設置することもできます。

## Ⅲ 監査等委員会設置会社の場合

### 1 機関設計のポイント ── 取締役会・監査等委員会による牽制

監査等委員会設置会社では、監査等委員会が代表取締役や業務執行取締役の業務執行を監査します。

監査等委員会は3名以上の取締役から構成され、その過半数は社外取締役であることが必要とされています。その結果、少なくとも社外取締役が2名必要となります。また、代表取締役は監査等委員以外の取締役から選任する必要があるため、最低4名の取締役が必要になります。

監査等委員会は、指名委員会等設置会社における指名委員会・報酬委員会と異なり、取締役の選任・解任の議案内容や報酬等の内容の決定権限は有していませんが、これらについて株主総会において意見を述べることができるとされています。また、監査等委員である取締役については、選任・解任や報酬等に関し、監査役と同様の一定の身分保障が認められています。これらのことから、監査等委員会は、取締役会のメンバーから構成されるとはいえ、取締役会から一定の独立性を保った機関ということができます。

また、監査等委員会設置会社では、取締役の過半数が社外取締役である

場合、または定款の定めがある場合には、指名委員会等設置会社において（代表）執行役に業務決定の権限が大幅に委譲されるのと同様に、取締役会決議により、代表取締役等に業務執行の決定権限を大幅に委譲することが認められています。反対に、業務執行の決定権限を取締役会に留保することにより、監査役会を監査等委員会に置き換えたような形で、監査役（会）設置会社に近い設計をすることも可能となっています。

### 2 その他の機関の設置

監査等委員会設置会社においても、会社の規模や株式公開の有無にかかわらず、会計監査人の設置が必要とされています。これは、上記Ⅱで指名委員会等設置会社について述べたところと同様の理由によります。

会計参与については、監査役（会）設置会社と同様、定款に定めることにより、任意に設置することができます。

【表3-2-1】機関設計からみた3タイプの比較

| | | 取締役 | 取締役会 | 執行役 | 監査役 | 監査役会 | 三委員会 | 監査等委員会 | 会計監査人 | 会計参与 |
|---|---|---|---|---|---|---|---|---|---|---|
| 監査役（会）設置会社 | 非公開＋非大会社 | ◎ | ○(※1) | × | ◎(※2) | ○ | × | × | ○ | ○ |
| | 非公開＋大会社 | ◎ | ○(※1) | × | ◎ | ○ | × | × | ◎ | ○ |
| | 公開＋非大会社 | ◎ | ◎ | × | ◎ | ○ | × | × | ○ | ○ |
| | 公開＋大会社 | ◎ | ◎ | × | ◎ | ◎ | × | × | ◎ | ○ |
| 指名委員会等設置会社 | | ◎ | ◎ | ◎ | × | × | ◎ | × | ◎ | ○ |
| 監査等委員会設置会社 | | ◎ | ◎ | × | × | × | × | ◎ | ◎ | ○ |

◎は設置義務があるもの、○は設置可能であるもの
(※1) 監査役会を設置する場合は◎（法327条1項2号）
(※2) 監査役（会）設置会社を前提としているため◎としていますが、機関設計としては監査役を置かないこともできます。ただし、取締役会（会計参与が設置されている場合は除く）または会計監査人を設置する場合は、監査役を設置しなければなりません（法327条2項・3項）。

## コラム④　公開会社と非公開会社

### 1　公開会社と非公開会社の意義

　公開会社とは、その発行する全部または一部の株式の内容として譲渡による当該株式の取得について株式会社の承認を要する旨の定款の定めを設けていない株式会社をいいます（法2条5号）。単純にいうと、たとえば複数の種類の株式を発行している会社のうち、少なくとも1種類の株式について譲渡制限を行っていない会社です。

　他方、非公開会社とは、公開会社でない会社をいいます。つまり、非公開会社とは、発行する株式の「全部」が譲渡制限株式である会社のことです。

### 2　公開会社と非公開会社の会社法における根本的な違い

　公開会社においては、株式に譲渡制限がなく、株式が広く流通することにより、株主が多数存在し、かつ、随時入れ替わることが想定されています。そのような株主の多くは会社の経営に関心が高くはなく、経営についてはその能力および関心がある者に任せることが適当といえます（「所有と経営の分離」）。

　そこで、公開会社では、この「所有と経営の分離」という特徴の表れた規律がなされています。具体的には、株主から委任を受けた経営のプロである取締役が業務執行を担うこととされ、また、すべての会社業務を決定するにあたり、そのつど株主総会を開いていたのでは迅速な業務運営を行うことができないため、株主総会の代わりに経営の決定を担う機関として、取締役会が置かれます。その際、所有者たる株主に代わって経営を行う取締役の職務を監督する機関として、監査役の設置が強制されます。

　他方、非公開会社においては、株式が会社の承認した者の間でしか流通しないため、少数かつ近しい者が株主として固定されることが想定されています。この場合、所有者たる株主は経営への関心も高く、また会社の内情にも詳しいため、株主自身が経営を行うことが前提となっています（「所有と経営の一致」）。

　そこで、非公開会社においては、この「所有と経営の一致」という特徴を意識した規律がなされています。具体的には、所有者たる株主が経営を担うべく、株主総会の権限が大きくなっており（株主が近しい関係の少数の者で固定化されるため、その開催も困難ではありません）、他方、取締役も、株主または株主と近しい者が就任することが想定されることから、わざわざ取締役会を置くことも要求されません。また、そのような取締役の職務を別個の機関が監督する必要性も低く、監査役についても、原則として、その設置は強制されていません。

　このような根本的な違いを前提として、さらに公開会社と非公開会社の具体的な違いをみると、主に、下記の表のとおりとなります（説明の便宜

のため、指名委員会等設置会社・監査等委員会設置会社の場合は除きます)。

| | 非公開会社 | 公開会社 |
|---|---|---|
| 株主総会の招集通知の期限 | 原則1週間(法299条1項) | 原則2週間(法299条1項) |
| 取締役を株主に限定する旨の定款の可否 | 可能(法331条2項ただし書) | 不可(法331条2項本文) |
| 取締役会の設置の要否 | 任意(※1) | 強制(法327条1項1号) |
| 監査役の設置の要否 | 任意(※2) | 強制(法327条2項本文) |
| 取締役の任期 | 10年までの伸長が可能(法332条1項・2項) | 最長2年(法332条1項) |
| 監査役の任期 | 10年までの伸長が可能(法336条1項・2項) | 4年(短縮不可)(法336条1項) |
| 会計監査権限のみの監査役 | 可能(法389条1項)(※3) | 不可 |
| 監査役会の設置の要否(監査役を置く場合) | 任意 | 大会社は設置強制(法328条1項) |
| 授権株式の4倍制限の有無 | なし | あり(法113条3項) |
| 取締役等選任権付種類株式の発行の可否 | 可能(法108条1項9号) | 不可(法108条1項ただし書) |
| 株主ごとの格別の定め | 可能(法109条2項) | 不可(法109条1項) |
| 株券の発行の要否 | 請求時まで不発行が可能(法215条4項) | 株式発行後遅滞なく(法215条1項) |
| 新株発行無効の訴えの提訴期間 | 1年間(法828条1項2号かっこ書) | 6ヶ月(法828条1項2号) |
| 新株発行における募集事項の決定 | 株主総会の特別決議(法199条2項・309条2項5号) | 原則として取締役会の決議(法201条1項・199条2項) |
| 少数・単独株主権の株式保有期間制限の有無(※4) | なし | あり |

(※1) 監査役会設置会社の場合を除く。
(※2) 大会社、会計参与非設置会社である取締役会設置会社、会計監査人設置会社の場合を除く。
(※3) 監査役会設置会社および会計監査人設置会社の場合を除く。
(※4) 第8章③Ⅰの【表8-3-1】参照。

## コラム⑤取締役会の設置と非設置の違い

### 1 取締役会の設置と非設置

　取締役はすべての株式会社に置かれますが、取締役会はすべての株式会社に置かれるものではありません。その設置は原則として会社の任意の判

断に委ねられており、定款に取締役会設置会社である旨を定めることにより、取締役会を設置することができます（法326条2項）。ただし、①公開会社、②監査役会設置会社、③監査等委員会設置会社、④指名委員会等設置会社は、取締役会を設置しなければなりません（法327条1項）。

## 2　取締役会設置会社と取締役会非設置会社の違い

### (1)　業務執行に関する違い

#### ア　業務執行の決定方法およびその業務の執行方法の違い

取締役会設置会社では、3名以上の取締役で構成される取締役会の決議により業務執行の決定がされ（法331条5項・362条2項1号）、代表取締役や業務執行取締役がその執行を行います（法363条1項）。他方、取締役会非設置会社では、原則として、取締役の過半数をもって業務執行の決定がされ（法348条2項）、各取締役がその執行を行います（同条1項）。取締役の員数に制限はないため、取締役が1名の場合、当該取締役のみで業務執行を行うことが可能となります。

#### イ　取締役（会）と株主総会の権限分配

取締役会設置会社では、株主総会の決議事項が会社法や定款所定の事項に限定されますが（法295条2項）、取締役会非設置会社では、株主総会の決議事項に制限はなく、多くの事項が株主総会の決議事項となっています（法356条1項等）。

このように、取締役会非設置会社においては、株主総会が決定する全事項について、必要が生じるつど、株主総会を招集して総会決議を経ることになります。他方、取締役会設置会社では、多くの事項について株主総会決議を経ないで、取締役会決議により決定することができ、株主総会の決議を要する事項が多い取締役会非設置会社と比べて、より「所有と経営の分離」が進んでいるといえます。

#### ウ　機動的な意思決定の実現

取締役会設置会社のほうが、株主総会決議を経ないで取締役会決議で決定できる事項が多く、この意味では、機動的な意思決定が可能といえます。もっとも、取締役会非設置会社であっても、取締役の決定事項とされている事項については、取締役会のような会議体を要せずに多数決により決定可能であり、機動的な意思決定が可能といえますし、（多くの取締役会非設置会社においてみられる特徴のように）株主が取締役の近親者等で占められる場合には、株主総会決議を経ることが困難ではなく、株主総会決議事項とされている事項についても機動的な意思決定が可能であるといえることも多いと思われます。

### (2)　業務執行の監督・監査に関する違い

取締役会非設置会社では各取締役が他の取締役の職務の執行を監視する義務を負いますが、取締役が1名の場合には、そういった監視がされない

ため、当該取締役による独断的な経営が行われるおそれがあります。また、基本的には、大会社の場合を除いて、監査役の設置義務もありません。

他方、取締役会設置会社では必ず3名以上の取締役が選任され、業務執行の決定も取締役会という合議体による議論を経て決定されます。取締役会は、各取締役の職務執行を監督することとされ（法362条2項2号）、各取締役も、取締役会の構成員として他の取締役の職務執行を監督する義務を負います。さらに、取締役会設置会社では、監査役設置義務があり（法327条2項）、監査役による監査も行われます。このように、業務執行の監督・監査という側面では、取締役会設置会社のほうがより望ましい（株主の保護に資する）ものとなっています。

### (3) 株主総会について

取締役会非設置会社では、上記(1)イのとおり、株主総会の決議事項に制限はなく、株主総会に留保されている権限も広くなっていますが、その反面、株主総会の招集手続等が簡略化されています。たとえば、株主総会の招集通知の発送時期について、取締役会非設置会社では原則として1週間前にすればよく、通知方法に制限はありません。また株主が提案権等を行使する要件として、株主は株式1株を保有していればよく、保有期間要件の定めがありません（法303条1項・2項、305条1項・2項）。

### (4) その他

このほかにも、公開会社の選択の可否（取締役会非設置会社では公開会社を選択できません）や中間配当の手続（取締役会非設置会社では株主総会の決議が必要です）が異なります。

以下、両者の主要な違いをまとめると、下記の表のとおりです。

| | 取締役会の設置 | |
|---|---|---|
| | 非設置 | 設置 |
| 取締役の員数 | 1名以上 | 3名以上 |
| 業務執行の決定（原則） | 取締役の過半数 | 取締役会の決議 |
| 業務の執行 | 個々の取締役 | 代表取締役等 |
| 代表取締役の設置 | 任意 | 強制 |
| 株主総会決議事項 | 制限なし | 法・定款所定の事項のみ |
| 株主総会の権限 | 相対的に広い | 相対的に狭い |
| 監督・監査義務の主体 | ・取締役<br>・監査役（設置時） | ・取締役会と個々の取締役<br>・監査役 |
| 監査役の設置 | 任意（会計監査人設置会社の場合を除く） | 強制 |
| 株主総会手続の簡略化 | あり | なし |

| 株式譲渡制限 | 譲渡制限あり | 任意 |
| --- | --- | --- |
| 総会決議を経ない中間配当 | 不可 | 可 |

# 第4章
# 業務執行者による自己抑制

## 1 総　論

　監査役（会）設置会社、指名委員会等設置会社、監査等委員会設置会社の各タイプにおいて、業務執行は、原則としてそれぞれ以下の者により担われます。

**【表４－１】業務執行の主体**

|  | 業務の執行者 | 業務執行の決定 |
| --- | --- | --- |
| 監査役（会）設置会社 | 代表取締役、業務執行取締役 | 取締役会／一定の事項を除いて取締役へ委任可（**第５章2 I 2(2)参照**） |
| 指名委員会等設置会社 | 代表執行役、執行役 | 取締役会／一定の事項を除いて執行役へ委任可（委任の範囲は広い。**第６章2 I 2(2)参照**） |
| 監査等委員会設置会社 | 代表取締役、業務執行取締役 | 取締役会／一定の事項を除いて取締役へ委任可（委任の範囲は広い[※]）。**第７章2 I 2(2)参照**） |

（※）取締役の過半数が社外取締役である場合または定款の定めがある場合

　このように、いずれのタイプを選択した場合であっても、取締役または執行役の地位を有する者が業務の執行を担うことになります。
　ここで、業務執行者による自己抑制が適切に働いている限りにおいては、会社の業務執行は原則として効率的かつ適法に行われるはずなので、本来、コーポレート・ガバナンス上の問題が生じることはないはずです。このような業務執行者による自己抑制を担保する制度として、会社法は、そもそも自己抑制を働かせることが期待できないと類型的に考えられる者が最初から会社の業務執行者になることができないようにするため、業務執行者の欠格事由を定めています。また、この欠格事由のほか、会社法は、業務執行者の地位や身分に関する定めとして、一定の役職との兼任禁止の規定や、業務執行者の任期・報酬に関する規定を定めていますが、これらの規定にも自己抑制としての意味合いが含まれると考えることができます。

そして、欠格事由や兼任禁止に該当せずに業務執行者となった者に、期待どおりに自己抑制を働かせてもらうための動機づけとして、自己抑制を怠った業務執行者に対して、一定の条件下で民事上の責任や刑事上の責任が生じることが定められています。

以下、②において地位、③において民事上の責任、④において刑事上の責任を説明します。

なお、本章においては、監査役（会）設置会社については取締役会設置会社を前提に説明します。

## ② 業務執行者の地位

### Ⅰ 業務執行者の欠格事由

会社法は、業務執行者である取締役と執行役の欠格事由として、【表4－2－1】のとおり定めています。これらの欠格事由に該当する場合には、取締役と執行役のいずれにも就任することができません（法331条1項各号・402条4項）。

【表4－2－1】取締役・執行役の欠格事由

| 欠格事由（法331条1項）(※) | | 消滅要件 |
| --- | --- | --- |
| ①法人 | 1号 | 特になし |
| ②成年被後見人・被保佐人（外国法令上、同様に扱われる者を含む） | 2号 | 特になし |
| ③会社法・一般法人法・金融商品取引法・倒産各法に違反して刑に処せられた者 | 3号 | 刑の執行が終わった日または刑の時効が完成した日から2年が経過すれば、欠格事由が消滅する。 |
| ④③以外の法律に違反して禁錮以上の刑に処せられた者（執行猶予中の者を除く） | 4号 | 刑の執行が終わった日または刑の時効が完成した日に、欠格事由が消滅する。 |

(※) 執行役の欠格事由には、取締役の欠格事由（法331条1項）が準用されます（法402条4項）。

業務執行者には、会社の経営を担う者として、高度な知識に基づいた合理的で責任ある判断能力が求められます。また、業務執行者には効率的で適法な業務執行が求められるので、非効率的な業務執行や違法な業務執行

を行う可能性が高い者については、業務執行者になれる者から排除する必要があります。欠格事由②〜④は、このような趣旨から設けられたものです。このように、これらの欠格事由の存在により、少なくとも類型的に会社の経営を行うことがふさわしくないと考えられる者による業務執行が排除されることにより、効率的かつ適法な業務執行が行われることが担保されています。

なお、取締役や執行役が、その就任後にこれらの欠格事由に該当した場合は、それによって当然にその地位を失うことになります。

## Ⅱ 業務執行者の兼任禁止
### 1 概　要

業務執行者自身が自らの業務執行を監査する立場を兼ねることになった場合、十分な監査を行うことが期待できなくなりますので、会社法は、監査の実効性を確保する趣旨から、業務執行を監査する立場にある者が、取締役または執行役の地位に就くことを認めていません。これを業務執行者の立場からみれば、監査をする立場を兼任することにより、自己に対する十分な監査が行われなくなることを意味しますので、このような兼任禁止の規定は、業務執行の適切性を一定程度担保する役割を果たしているといえます。

具体的な兼任禁止の規定の内容は次のとおりです。

### 2 取締役の兼任禁止

取締役は、一定の役職と兼任することができません。具体的には、取締役は、同一の会社（自己が取締役として就任している会社）またはその親会社の監査役になることができません（法335条2項）。また、同一の会社またはその子会社の取締役は、会計参与の欠格事由に該当するため、取締役と会計参与を兼ねることはできません（法333条3項1号）。さらに、公認会計士法の規定により計算書類について監査をすることができない者は会計監査人の欠格事由に該当することから、同一の会社またはその親会社もしくは子会社の取締役は、会計監査人となることができないとされています（法337条3項1号、公認会計士法24条1項・2項）。以上の点をまとめると、【表4−2−2】のとおりとなります。

【表４－２－２】取締役と他機関の兼任の可否(※1)

|  | A社の親会社 | 自己の所属する会社（A社） | A社の子会社 |
| --- | --- | --- | --- |
| 取締役 | ○ (※2) | | ○ |
| 監査役 | ×（法335条2項） | ×（法335条2項） | ○ |
| 会計参与 | ×（法333条3項1号） | ×（法333条3項1号） | ○ |
| 会計監査人 | ×（法337条3項1号） | ×（法337条3項1号） | ×（法337条3項1号） |
| 執行役 | ○ | ○（法402条6項） | ○ |
| 使用人 | ○ | ○ | ○ |

○・・・兼任可、×・・・兼任不可
（※1）自身がA社の業務執行取締役であることを前提とします。
（※2）ただし、A社の親会社が監査等委員会設置会社である場合は、同親会社において監査等委員である取締役を兼任することはできません（法331条3項）。

### 3　執行役の兼任禁止

執行役の兼任禁止規定は、基本的に取締役と同様のものです。詳しくは、【表４－２－３】を参照してください。

【表４－２－３】執行役と他機関の兼任の可否

|  | A社の親会社 | 自己の所属する会社（A社） | A社の子会社 |
| --- | --- | --- | --- |
| 取締役 | ○ (※1) | ○（法402条6項） | ○ |
| 監査役 | ×（法335条2項） | －(※2) | ○ |
| 会計参与 | ×（法333条3項1号） | ×（法333条3項1号） | ○ |
| 会計監査人 | ×（法337条3項1号） | ×（法337条3項1号） | ×（法337条3項1号） |
| 執行役 | ○ | | ○ |
| 使用人 | ○ | ○ | ○ |

○・・・兼任可、×・・・兼任不可
（※1）ただし、A社の親会社が監査等委員会設置会社である場合は、同親会社において監査等委員である取締役を兼任することはできません（法331条3項）。
（※2）指名委員会等設置会社は監査役を置くことができないため（法327条4項）、同一会社内において執行役と監査役の兼任が問題となることはありません。

## Ⅲ 業務執行者の任期
### 1 概　要
　業務執行者が期限の定めなく、または相当の長期間にわたってその地位にとどまり続ける場合、業務執行者同士またはその他の機関との間でなれ合いが生じることにより、互いに監視し合うという抑制作用が働くことが期待できなくなるおそれがあります。また、任期が長いということは、選任者により再度信任を問われるまでの期間が長いこと、すなわち株主による信任を問う頻度が少ないことを意味します。その結果、適切な業務執行を行うことで再度選任者から信任を得られるように行動をしようという意識が、任期が短い場合と比して低下するおそれもあります。

### 2 取締役の任期
　取締役の任期は、原則として、選任後2年または1年以内に終了する事業年度のうち最終のものに関する定時株主総会の終結の時までに制限されており、監査役の任期が4年という比較的長期であることと対照的です（法332条・336条）。

　さらに、より株主の信任を問う頻度を増やすべく、取締役の任期は、一般的に定款または株主総会の決議によって短縮することができます（法332条1項ただし書）。

　他方、非公開会社（指名委員会等設置会社および監査等委員会設置会社を除く）においては、定款によって、任期を10年まで伸長することができます（法332条2項）。非公開会社では、特に株主数の少ない会社の場合、取締役の改選は一般株主の信任を問う手続ではなく、経営者同士が相互に信任を与え合う手続にすぎないともいわれ、公開会社に比べて、任期による牽制機能が期待されていないためであると考えられます。なお、非公開会社であっても、指名委員会等設置会社および監査等委員会設置会社の取締役の任期が伸長できないとされているのは、これらの機関設計の下では、業務執行者に対する監督機関として取締役会が必ず置かれ、株主により直接監督が行われることが想定されていないため、取締役に対し、改選を通じた株主による監督を頻繁に行う必要があるためとされています。

> **ワンポイント！＜上場会社における取締役の任期の実状（コーポレート・ガバナンス白書）＞**
>
> 2014年7月14日時点の調査によれば、東証に上場する監査役設置会社の半数以上、東証第一部に限れば3分の2近くの会社が、取締役の任期を選任後1年以内に終了する事業年度のうち最終のものに関する定時株主総会の終結の時までと定めています。
>
> |  | 1年以内 | 2年以内 |
> | --- | --- | --- |
> | 東証全体 | 56.9% | 43.1% |
> | 東証第一部 | 66.3% | 33.7% |
> | 東証第二部 | 48.4% | 51.6% |
> | 東証マザーズ | 37.1% | 62.9% |

### 3 執行役の任期

執行役は、株主総会ではなく取締役会により選任されるため、所有者たる株主による信任を問うという任期制限の趣旨は直接には当てはまりませんが（もっとも、執行役が取締役を兼任する場合はあります）、株主により選任された取締役で構成される取締役会の信任を問うという意味では、間接的に当てはまります。また、執行役同士やその他の機関との間のなれ合いを防止するという趣旨は同様に当てはまります。

そこで、執行役の任期についても、1年という短期間とされており（正確には、選任後1年以内に終了する事業年度のうち最終のものに関する定時株主総会の終結後最初に招集される取締役会の終結の時まで）、さらに、定款によって短縮することができます（法402条7項）。定款によって伸長することはできません。

### Ⅳ 業務執行者の報酬

業務執行者の報酬につき、業務執行者自らが決定できるとした場合、どのような職務執行をしても多額の報酬を得られることになりかねません。そこで、監査役（会）設置会社および監査等委員会設置会社における業務執行者である取締役の報酬は株主総会が、指名委員会等設置会社における業務執行者である執行役の報酬は報酬委員会が、それぞれ決定するとされ

ています。

この業務執行者の報酬については第6章3Ⅳ、第8章2Ⅰ4において説明します。

---

**コラム⑥業績連動型報酬制度の導入**

**1 業績連動型報酬制度**
**(1) 役員に対するインセンティブ報酬付与の重要性**

　株主重視が叫ばれる中、企業価値の最大化に向けた経営者の動機づけとして、役員に対するインセンティブ報酬の付与が重要な役割を果たすと考えられています。

　株主の最も大きな興味は企業価値（株価）や会社の業績であるところ、これらと連動する役員報酬を導入することで、役員に対して業績を向上させるインセンティブが働くことになり、結果として、株主と役員の双方にとって望ましい結果につながります。会社の業績に関する役員に対するインセンティブについては、業績連動型報酬のような、いわばプラスの方向のインセンティブだけでなく、業績が悪化した場合、役員を交代させるというマイナスの方向のインセンティブも存在します。前者を適切に付与しないままに後者のインセンティブだけ用いる場合、経営者としては冒険的な経営判断を避けるようになるおそれがあり、それは必ずしも会社の利益にとって好ましいとはいえません。業績連動型報酬を適切に設定することは、会社の経営を活性化させる重要な意味を持つのです。

**(2) インセンティブ報酬としての業績連動型報酬**

　役員報酬は、固定型報酬と業績連動型報酬等の変動型報酬に大きく分けることができます。一般に、固定型報酬が役割に応じて設定されるものであるのに対し、業績連動型報酬（インセンティブ報酬）は、その役割に基づく成果に応じて付与されるものとされています。

　業績連動型報酬制度の設計方法は、業績連動の方法（連動させる指標）や構成割合等により、様々なものが考えられます。その対象とする期間についても、一会計年度といった期間においてあらかじめ定められた指標を達成した場合等に支払われる短期型のものや、対象期間がより長期にわたる中長期型のものもあります。

**2 日本における業績連動型報酬制度導入の現状**
**(1) 東証における取扱い**

　東証では、コーポレート・ガバナンスに関する報告書において、取締役へのインセンティブ付与に関する施策の実施状況の開示を求めています。「コーポレート・ガバナンス白書」によると、2014年において、役員報酬について何らかのインセンティブ付与に関する施策を実施している会社は、

東証上場会社全体で53.7％を占めています。このうち、業績連動型報酬制度を導入している会社は、2014年で19.8％となっています。

　また、業績連動型報酬制度についてはコーポレートガバナンス・コードにおいても言及されており、経営陣の報酬が持続的な成長に向けた健全なインセンティブの1つとして機能するよう、中長期的な業績と連動する報酬の割合や、現金報酬と自社株報酬との割合を適切に設定すべきであるとされています（**第9章3Ⅳ3(1)イ参照**）。

### (2) 欧米諸国との比較

　もっとも、日本のCEO報酬は主要国で一番低い水準にあるといわれており、コンサルティング会社のタワーズワトソン社の調べによれば、CEO報酬（中央値）は、日本がおよそ70～80万ドルであるのに対し、アメリカが280万～300万ドル、イギリスが200万ドルとされています。その報酬構成をみると、日本企業における固定報酬に対する業績連動型報酬比率が先進国の中で最も低いことがわかります。固定報酬だけを比較するとアメリカやイギリスと1.5倍程度の差しかありませんが、報酬水準全体でみるとこれだけ差が出る原因は、変動報酬、つまりは業績連動型報酬部分の差にあるということができます。

### (3) まとめ

　業績連動型報酬制度の導入は近年増加傾向にあるものの、欧米諸国に比較すると未だ低い水準にとどまっています。

　企業活動がグローバルに展開される中で、全世界から有能な経営者を採用し流出を防ぐというアトラクトリテイン（Attract and Retain）戦略の観点からは、欧米の役員報酬水準も無視できない状況にあるといえ、国内外から業績連動型報酬の拡大が求められています。また、業績連動型報酬制度は、経営者のモニタリングを重要な目的とするコーポレート・ガバナンスの手段の1つともなります。すなわち、経営者が高い業績を上げたときにそれに連動して高額な報酬を支給し、目標を達成できないような場合には当該報酬を得られないこととすることにより、経営者が継続的に高い業績を上げるような経営を行うようモニタリングする機能を果たすのです。さらに、役員報酬の開示の拡大が進む中、その算定方法を明確にすることで、株主の納得を得るという意味でも、社内において、業績連動型報酬制度の採用や業績連動割合の拡大等を検討することは大きな意味を持つということができます。

　もっとも、当然のことながら、欧米と日本とでは役員報酬決定の方法をはじめ制度が異なります。したがって、各会社においては、以上のような業績連動型報酬制度の持つ意味を踏まえ、導入の理由等その会社独自の事情を考慮して、インセンティブ付与のための施策としていかなる設計が適切かを考えていく必要があるのではないでしょうか。

<主要参考文献>
- 神田秀樹ほか「<座談会>役員報酬改革の新潮流と今後の諸論点」商事1987号（2013年）8頁・1988号（2013年）4頁・1989号（2013年）16頁
- 久保克行「日本の経営者インセンティブとストック・オプション」商事2041号（2014年）49頁〜59頁
- 寺崎文勝『役員報酬マネジメント』（中央経済社、2006年）
- 東京証券取引所「コーポレート・ガバナンス白書2015」（2015年3月）56頁
- 日本取締役協会「2013年度経営者報酬ガイドライン（第3版）と法規制・税制改正の要望」（2013年4月12日）

## ③ 業務執行者の民事責任

### Ⅰ 総論

　業務執行者は、その職務執行に関し、会社に対して一定の義務を負っており、これに従って適正に職務の執行を行うことが期待されています。そして、この義務に違反した場合には、会社または第三者に対して一定の民事責任（損害賠償責任等）を負うことになります。このようなことから、業務執行者としては、会社や第三者に対して民事責任を負わないよう、常に効率性と適法性を兼ね備えた適切な業務執行を行うよう動機づけられているといえます。このように、民事責任の存在は、業務執行者にとって自己抑制作用を有するものといえます。また、会社に対して負う義務の中には、義務を負うことそれ自体が自己抑制として作用するものもあります。

　他方、この自己抑制作用が強く働きすぎると、業務執行者による経営判断に萎縮効果を及ぼすことになり、結果として、会社の利益を害することにもなりかねません。そこで、会社法は、自己抑制が行きすぎないための制度も用意しています。

　以下では、まずⅡにおいて業務執行者が会社に対して負う義務について説明し、Ⅲにおいて当該義務に違反した場合に負う民事責任（損害賠償責任）およびその他の責任、Ⅳにおいて第三者に対する責任について説明します。

　なお、業務執行者の会社に対する民事責任は、業務執行者である取締役と執行役で同様の規定となっていることが多くなっていますので、以下では、特別に執行役について述べる必要がある点を除き、すべて取締役と表記します。

## Ⅱ　業務執行者の会社に対する義務
### 1　会社に対する義務の概要
　業務執行者が会社に対して負う義務には、一般的な善管注意義務・忠実義務のほか、会社法で個別に定められた具体的な義務があります。後者としては、競業取引の制限、利益相反取引の制限、取締役会や監査役（会）等に対する報告義務・説明義務、他の取締役や従業員に対する監視義務や内部統制システム構築義務等があります。このうち監視義務については取締役による牽制手段として第5章[2]Ⅲ2(1)で、内部統制システム構築義務については取締役会による牽制手段として第5章[2]Ⅰ5で述べますが、それ以外の義務について以下に説明します。

### 2　善管注意義務と忠実義務
　取締役と会社の関係は委任に関する規定に従います（法330条）。そのため、取締役は、会社に対して、その職務を執行するにつき、善良な管理者としての注意義務、いわゆる善管注意義務を負います（民法644条）。執行役の場合も同様です（法402条3項）。

　また、会社法上、取締役・執行役は、法令および定款ならびに株主総会の決議を遵守し、会社のために忠実にその職務を行わなければならないという義務も明文で定められています（法355条・419条2項）。この「法令」には、会社や株主の保護を目的とした会社法上の規定だけでなく、刑法や独占禁止法といった公益の保護を目的とした法令を含むすべての法令が対象になります。これは、いわゆる忠実義務と呼ばれているものです。

　この忠実義務と善管注意義務の関係が問題になりますが、この点について、最大判昭和45・6・24（民集24巻6号625頁）（八幡製鉄政治献金事件）は、忠実義務の規定は、「民法644条に定める善管義務を敷衍し、かつ一層明確にしたにとどまるのであって」「通常の委任関係に伴う善管義務とは別個の、高度な義務を規定したものとは解することができない」とし、両者の義務は同質のものであるとしています。

　その注意義務の水準は、その地位・状況にある者に通常期待される程度のものとされ、特に専門的な能力を買われて取締役に選任された者については、期待される水準は高くなるとされています。

## 3 競業取引の制限

### (1) 義務の概要

取締役は、自己または第三者のために会社の事業の部類に属する取引をしようとするときは、取締役会において、当該取引について重要な事実を開示し、その承認を受けなければならないとされています（法356条1項1号・365条1項）。執行役についても同様です（法419条2項）。

取締役は、会社の業務執行の決定や具体的な執行それ自体に関与する立場であるがゆえに、会社の事業上の機密・ノウハウ等に精通しています。そのため、もし取締役に自由に会社との競業を許すと、そのような機密やノウハウを個人的に利用する等して一方的に自己の利益のみを追求し、結果として会社に対して損害を与えるという危険がないわけではありません。

もっとも、他方で、グループ企業の取締役を兼任する場合等、それが会社の利益になる場合もありますので、取締役による競業を一律に禁止することは適当でないと考えられます。

そこで、会社法は、取締役による競業取引については取締役会の承認を受けなければならないとすることで、そのバランスを図っているわけです。これによって取締役に対しては、不適切な競業取引を行わないように自己抑制作用が働くことになります。

### (2) 規制の対象となる競業取引

#### ア 「会社の事業の部類に属する取引」

「会社の事業の部類に属する取引」とは、会社が実際に事業の目的として行う取引を基準にして、これと同種または類似の商品や役務を対象とする取引で、会社と競争関係が生ずるおそれのあるものをいいます。会社がすでに準備に着手している事業は含まれますが、定款所定の事業であっても、会社が完全に事業を廃止したものについては除かれます。

#### イ 「自己または第三者の利益のために」

取締役が「自己または第三者のために」行う取引とは、自己または第三者の計算において、すなわち、その取引を行う名義にかかわらず（会社の名において取引をしたかどうかにかかわらず）、経済上の利益が自己（つまり当該取引を執行する取締役自身）または第三者に帰属する取引のことをいいます。

### (3) 取締役会の承認

　取締役が競業取引を行う場合、当該取引について重要な事実を取締役会に開示して、その承認を受けなければなりません。ここでいう「重要な事実」とは、競業取引が会社に及ぼす影響を判断するために必要な事実であり、目的物・数量・価格等がこれにあたるとされています。

　取締役会の承認は、必ずしも個々の取引について個別的になされる必要はなく、同種の定型的な取引を反復して行う場合には、包括的に承認すればよいとされています。なお、競業取引を行う取締役は、特別利害関係取締役に該当し、これを承認する取締役会の決議に加わることはできません（法369条2項。**第5章2 Ⅱ 2(2)参照**）。

　ところで、競業取引について取締役会の承認を得たとしても、その取引に関する取締役の会社に対する責任が完全に免除されることを意味しません。すなわち、競業取引を行うことによって会社に損害が生じれば、取締役会の承認の有無にかかわらず、競業取引に関して任務懈怠のある取締役は、会社に対して損害賠償責任を負うことがあると解されています。ただし、取締役会の承認を得た場合は、承認を得ない場合と違って、損害の推定規定（法423条2項）の適用がありません。

### 4　利益相反取引の制限

#### (1)　義務の概要

　取締役が、①自己もしくは第三者のために会社と取引しようとするとき、または、②会社が取締役の債務を保証することその他取締役以外の者との間において会社と当該取締役との利益が相反する取引をしようとするときは、取締役会において、当該取引について重要な事実を開示し、その承認を受けなければなりません（法356条1項2号・3号、365条1項）。これは執行役についても同様です（法419条2項）。一般的に、①が直接取引、②が間接取引と呼ばれます。

　一般に取引の当事者は、取引条件を自己に有利となるように定めようとするものですが、この点は、取締役が、個人的に会社との間で取引をする場合や、自身が代表者を務める別の会社が会社との間で取引をする場合においても同様です。したがって、このような取引において取締役に自由に取引条件を定めることを許すと、会社の利益を度外視して、一方的に自己や自己の会社の利益のみを追求するおそれがあります。しかし他方で、た

とえば中小企業においてオーナー社長が事業に不可欠な不動産を会社に賃貸する場合等、会社が取締役と取引することが必要となる場合も考えられます。

そこで、会社法は、利益相反取引を一切禁止するのではなく、競業取引の場合と同様に、取締役会の承認を受けなければならないとすることで、そのバランスを図っているのです。これによって取締役に対しては、不適切な利益相反取引を行わないように自己抑制作用が働くことになります。

(2) 直接取引と間接取引
　ア　直接取引

直接取引とは、取締役（A）が会社（X社）との間で行う取引のほか、取締役（A）自身が代表する第三者（Y社）が会社（X社）との間で行う取引を指します。後者の場合、AがY社を代表して取引する限り、X社を別の取締役（B）が代表してもX社において取締役会の承認が必要となります。これに対し、Y社を代表するのがAとは別の取締役（C）である場合は、A自身が第三者のために取引するものではないので、一般的には直接取引には該当しないと解されています。もっとも、この解釈には異論もあり、また過去の判例でも、AがX社とY社の両方の代表取締役を兼任している場合に、実際に誰がY社を代表したかを問うことなく、AがX社を代表したことのみをもって利益相反取引であることを認定したものが存在しますので（最判昭和39・8・28民集18巻7号1366頁等）、実務上は、このような場合でもX社において取締役会の承認決議を得ておくことが望ましいと考えられます（【図4－3－1】参照）。

## 【図4−3−1】 直接取引と取締役会の承認の要否

株式会社X
代表取締役（A）
代表取締役（B）

株式会社Y
代表取締役（A）
代表取締役（C）

Xにおいて取締役会の承認が必要か否か

|  | X社の取引相手 | | |
| --- | --- | --- | --- |
|  | A個人 | Y社 | |
|  |  | AがY社を代表する場合 | CがY社を代表する場合 |
| AがX社を代表する場合 | 必要 | 必要 | 不要（※） |
| BがX社を代表する場合 | 必要 | 必要 | 不要 |

（※）ただし、実務上は取締役会の承認を得ておくことが望ましいと考えられます。

　なお、直接取引に取締役会の承認を必要とする趣旨は、自己や第三者の利益が優先されて、結果として会社に損害を与えるおそれがあるためであることから、会社に損害が生じないことが明らかな取引については、承認は不要と考えられます。具体的には、会社が取締役から無利息・無担保の貸付けを受ける場合（最判昭和38・12・6民集17巻12号1664頁）、普通取引約款に基づく取引を行う場合（東京地判昭和57・2・24判タ474号138頁）等が挙げられます。また、この直接取引に承認が必要とされるのは株主の利益保護のためであることから、株主全員の同意がある取引（最判昭和49・9・26民集28巻6号1306頁）についても、承認が不要とされます。

　イ　間接取引

　間接取引とは、会社と取締役以外の第三者との間の取引であって、会社の利益を犠牲にして、取締役の利益が優先されるおそれのある取引を指します。具体的には、会社が取締役の債務を保証する場合や取締役の債務を引き受ける場合等がこれにあたります。このような間接取引についても、その取引をするにあたっては取締役会の承認が必要とされています。

(3) 取締役会の承認

　利益相反取引についての取締役会の承認手続は、競業取引における場合と同様です。すなわち、当該取引について重要な事実を取締役会に開示して承認を受けることになりますが、その承認は必ずしも個々の取引について個別的になされる必要はなく、同種の定型的な取引を反復して行う場合には、包括的に承認すればよいとされています。また、利益相反取引を承認する取締役会において、取引の当事者である取締役は、特別利害関係取締役に該当し、承認決議に加わることはできません（法369条2項。**第5章**2 Ⅱ 2(2)参照）。

　そして、取締役会の承認を受けた利益相反行為は有効であり、自己契約または双方代理になる場合であっても民法108条の適用はありません（法356条2項）。もっとも、競業取引における承認の場合と同様、取締役会の承認には責任を免除する効果はありません。

(4) 利益相反取引における任務懈怠の推定

　利益相反取引によって会社に損害が生じたとき、①当該取引において会社との間で利益が相反する取締役・執行役、②会社が当該取引をすることを決定した取締役・執行役、および、③当該取引に関する取締役会の承認決議に賛成した取締役は、それぞれ、その任務を怠ったものと推定されます（法423条3項）。なお、監査等委員会設置会社においては、①の取締役が当該取引について監査等委員会の承認を受けていた場合には、この任務懈怠の推定規定は適用されません（同条4項）。

　①のうち、自己のために直接取引を行った取締役・執行役についての責任は、無過失責任とされており、責任の一部免除も認められません（法428条1項・2項。**第8章**2 Ⅰ 5(3)参照）。その他の取締役・執行役に関しては、任務を怠ったことが自己の責めに帰すことができない事由によるものであること（会社の損害発生につき過失がないこと）を取締役・執行役の側において証明したときは、責任を免れることができます。

**5　報告義務・説明義務**

　取締役・執行役は、自己の職務執行等に関連して、以下のとおり、一定の事項を取締役会や監査役（会）等に対して報告する義務や、株主総会において説明する義務を負います。このように、自らの職務執行について報告ないし説明する義務を負うことにより、自らの職務執行に対して自己抑

制の作用が働くことになります。また、この報告義務・説明義務は、他の機関に対して牽制作用のための前提情報を提供するという意味で、それら牽制作用を実効的なものとするためにも重要な意味を持ちます。

(1) **取締役会への報告義務・説明義務**

業務執行者である取締役は、3ヶ月に1回以上、自己の職務執行の状況を取締役会に報告しなければなりません（法363条2項）。執行役も同様の義務を負います（法417条4項）。さらに執行役については、取締役会が求めた事項について取締役会に出席して説明する義務を負うほか（同条5項）、各委員会に対しても、当該委員会が求めた事項について当該委員会に出席して説明する義務（法411条3項）を負っています。

また、取締役会の承認を受けた競業取引および利益相反取引を行った取締役・執行役は、当該取引後、遅滞なく、当該取引の重要事実について取締役会に報告しなければなりません（法365条2項・419条2項）。

(2) **監査役（会）・監査等委員会・監査委員への報告義務**

業務執行者である取締役は、会社に著しい損害を及ぼすおそれのある事実があることを発見したときは、直ちに、当該事実を監査役（会）に報告しなければなりません（法357条1項・2項）。監査等委員会設置会社の場合における取締役の報告は、監査等委員会に対してするものとされています（同条3項）。また、執行役にも同様の義務がありますが、執行役の場合の報告先は監査委員になります（法419条1項）。

(3) **株主総会への報告義務・説明義務**

取締役・執行役は、株主総会において株主から特定の事項について説明を求められた場合には、当該事項について必要な説明をしなければなりません（法314条）。

また、業務執行者である取締役は、定時株主総会に提出または提供された事業報告の内容を定時株主総会に報告しなければならず（法438条3項）、会計監査人設置会社においては、取締役会の承認を受けた計算書類の報告もあわせて行うこととされています（法439条）。

## Ⅲ 業務執行者の会社に対する責任

### 1 会社に対する責任の概要

上記Ⅱでは、業務執行者（取締役・執行役）が会社に対して負う義務を

説明しました。業務執行者がこれらの義務に違反して会社に損害を与えた場合、当該業務執行者は、任務懈怠責任として、会社に対して損害を賠償する責任を負います（法423条）。そのため、業務執行者としては、このような責任を負うことのないよう、自己の職務執行に自己抑制を働かせることになります。

　また、この任務懈怠責任とは別に、会社に対して一定の金銭債務を負うこととなる業務執行者の責任として、利益供与に基づく責任（法120条）、現物出資財産の価値填補責任（法213条1項・286条1項）、仮装払込みに関与した場合の責任（法52条の2・103条・213条の3・286条の3）、剰余金の配当等にかかる分配可能額規制違反の責任（法462条・465条1項）、買取請求に応じた株式の取得についての分配可能額規制違反の責任（法464条1項）等があります。これらの責任についても、業務執行者の自らの職務執行への抑制作用を有するものとして、あわせて説明します。

## 2　任務懈怠責任
### (1)　責任の概要

　取締役は、その任務を怠ったときは、会社に対し、任務懈怠によって生じた損害を連帯して賠償する責任を負います（法423条1項・430条）。執行役の場合も同様です。ここでいう任務懈怠とは、会社に対する善管注意義務・忠実義務の違反をいいます。

### (2)　経営に関する任務懈怠責任（経営判断原則）

　たとえ経営判断に関することであっても、その判断に善管注意義務違反があれば、取締役は任務懈怠責任を問われることになります。しかし、実際の裁判では、一般的に経営の専門家である取締役に経営判断についての広い裁量が認められています（詳細はコラム⑦「経営判断原則」参照）。

### (3)　賠償すべき額
#### ア　原　則

　任務懈怠責任に基づき賠償すべき額は、その取締役の行為によって会社が被った損害額になります。

　取締役の任務懈怠行為等から会社が利益も受けていた場合には、損益相殺をすることもありえますが、損益の間の因果関係を取締役が立証することは困難な場合が多いと思われます。

　なお、取締役が会社に対して支払う損害賠償金に付すべき遅延損害金の

利率については、判例上、民法所定の年5分と解するのが相当であり、当該損害賠償債務は、期限の定めのない債務であって、履行の請求を受けた時に遅滞に陥ると解するのが相当とされています（最判平成26・1・30判時2213号123頁（福岡魚市場事件）。旧商法266条1項5号が適用される事案ですが、この趣旨は会社法423条1項に基づく損害賠償請求訴訟の場合にも妥当するものと解されます）。

　　イ　競業避止義務違反の場合
　取締役が競業避止義務（法356条1項1号）に違反して取締役会の承認を受けずに競業取引を行った場合は、当該取引によって当該取締役が得た利益が、損害の額と推定されます（法423条2項）。

　(4)　責任の減免
　任務懈怠行為があった場合に会社に対して損害賠償責任を負うことになるというルールは、取締役に対する自己抑制として機能する一方で、この自己抑制が強く働きすぎると、かえって取締役が萎縮する結果となり、機動的かつ効率的な企業運営をすることにより会社の利益を最大化させるという観点からは、必ずしも会社にとっては望ましくない場合もあります。
　そこで、会社法は、取締役の責任が成立する場合であっても、その責任や損害賠償額を減免する制度を用意しています。こちらについては、**第8章**②Ⅰ5において説明します。

　**3　任務懈怠責任以外の主な責任**
　取締役が会社に対して負う民事責任には、上記2で述べた任務懈怠責任以外にも、会社法が特に定める主なものとして、以下に述べるような責任があります。これらの責任の存在も、任務懈怠責任と同様、取締役による職務の執行の適正さを担保するための自己抑制作用を有しているものといえます。これら責任についても、執行役の場合も同様です。

　(1)　利益供与責任
　取締役が、自己または会社にとって都合のよい議案について賛成票を投じてもらうことを目的として、株主に対し利益を供与する場合、それは株主総会の本来あるべき意思決定プロセスを歪めることになるとともに、会社財産が散逸することを意味します。
　そこで、株主等（株主、適格旧株主、最終完全親会社等の株主を含む）の権利の行使に関し、会社および子会社の計算において財産上の利益を供与

したときは、当該利益供与に関与した取締役は、会社に対して、連帯して、供与した利益の価額に相当する額を支払う義務を負います（法120条1項・4項）。ただし、当該取締役（当該利益の供与をした取締役は除く）が、その職務を行うについて注意を怠らなかったことを証明した場合は、義務を免れます（同項ただし書）。

本条に基づく利益供与責任は、特別の支払責任であり、当該責任とは別に任務懈怠に基づく賠償責任も成立しうるとされています。

(2) 現物出資財産の価額填補責任

現物出資財産の価額が、募集事項として定められた財産の価額に著しく不足する場合には、当該募集に関する職務を行った取締役は、不足額を会社に支払う義務を負います（法213条1項）。ただし、現物出資財産について検査役の調査があった場合や当該取締役がその職務を行うについて注意を怠らなかったことを証明した場合には、取締役はこの責任を負いません（同条2項）。

新株予約権の行使による株式発行についても、これと同様の定めが設けられています（法286条1項）。

(3) 剰余金の配当等に関する分配可能額規制違反の責任

剰余金の配当等につき、分配可能額を超える金銭等の給付が行われた場合、①当該行為に関する職務を行った取締役、および、②株主総会または取締役会に当該配当議案を提案した取締役は、会社に対して、連帯して、株主が剰余金として受領した当該金銭等の帳簿価額に相当する金銭を支払う義務を負います（法462条1項）。

また、会社が剰余金の配当等を行い、その行為をした日の属する事業年度末にかかる計算書類において、欠損（分配可能額がマイナスになること）が生じた場合にも、その行為に関する職務を行った取締役は、会社に対して、連帯して、当該欠損額と当該行為により株主に対して交付した金銭等の帳簿価額の総額とのいずれか少ない額を支払う義務を負います（法465条1項本文）。

ただし、いずれの場合も、責任を負うとされる当該取締役がその職務を行うについて注意を怠らなかったことを証明したときは、この義務を負いません（法462条2項・465条1項ただし書）。

## (4) 買取請求に応じた株式の取得についての分配可能額規制違反の責任

会社が、株式買取請求（法116条1項・182条の4第1項）に応じて株式取得した場合に、当該株主に支払った金銭の額が、当該支払の日における分配可能額を超えたときは、株式取得に関する職務を行った取締役は、会社に対して、連帯して超過額を支払う義務を負います（法464条1項本文）。ただし、当該取締役がその職務を行うについて注意を怠らなかったことを証明したときは、この義務を負いません（同項ただし書）。

---

**改正ポイント！＜仮装払込みに関する取締役等の責任＞**

旧商法の下では、会社設立時に払込み・給付の未済な株式がある場合には発起人・設立時取締役が払込等担保責任を負うものとされ（旧商法192条2項）、出資の履行が仮装された場合にも当該規定が適用されていました。これに対し、2005年の会社法制定当時の会社法においては、引受人が払込みをしない場合には失権することとされたことに伴い、当該規定は削除されました。もっとも、これに対しては、募集株式の発行等の際の「見せ金」（本章 4 Ⅱ 4 参照）に対する規制が緩すぎるとの批判が生じていました。そこで、平成26年改正において、仮装払込みをした引受人およびそれに関与した取締役の支払義務の規定が整備されました。

具体的には、募集株式や新株予約権の発行時において引受人または新株予約権者が出資の履行を仮装した場合には、当該仮装に関与した取締役等として法務省令で定める者は、会社に対し、当該仮装払込みの引受人等と連帯して、仮装した払込金額の支払義務を負うこととされています（法52条の2第2項・3項、103条2項、213条の3第1項・2項、286条の3第1項・2項）。もっとも、当該取締役等は、自らが出資の履行を仮装した場合でない限り、「その職務を行うについて注意を怠らなかったこと」を証明した場合には、当該支払義務を免れることができるとされています（法52条の2第2項ただし書・103条2項ただし書・213条の3第1項ただし書・286条の3第1項ただし書）。

なお、上記の仮装払込みに関する取締役等の責任が規定されたことに伴い、以下の事項についても規定されました。

① 仮装払込みがされた株式については、上記支払義務のいずれかの履行がなされるまでは、株主の権利を行使することができないこと（法52条の2第4項・102条3項・209条2項・282条2項）。

② 当該株式についての権利を譲り受けた者については、悪意・重過失でない限り、当該支払義務の履行前でも設立時株主および株主の権利を行使することができること（法52条の2第5項・102条4項・

209条3項・282条3項)。
　また、上記改正は、平成26年改正法が施行される前に募集事項の決定がされたものについては適用されず、平成26年改正法施行後に募集事項の決定がされたものから適用されることになります（改正法附則12条）。

## IV　業務執行者の第三者に対する責任
### 1　第三者に対する責任の概要
　上記IIとIIIでは、業務執行者（取締役・執行役）が会社に対して負うこととなる義務・責任について述べましたが、ここでは、業務執行者が第三者に対して負う責任について説明します。
　会社に対して負う責任と同様、業務執行者としては、これらの責任を負うことがないよう、自己の職務執行に自己抑制を働かせることになります。業務執行者が第三者に対して負う責任については、任務懈怠責任と虚偽通知・記載等に基づく責任があります。

### 2　任務懈怠責任
　取締役が、その職務を行うについて悪意・重過失があったときは、当該取締役は、連帯して、これによって第三者に生じた損害を賠償する責任を負います（法429条1項・430条）。執行役の場合も同様です。
　取締役の第三者に対する責任については、取締役の任務懈怠から会社に損害が発生しているか否かによって、下記のとおり、①間接損害と②直接損害に分けて整理することが一般的です。

（1）　間接損害
　間接損害とは、取締役の会社に対する悪意・重過失による任務懈怠により会社に損害が発生し、その結果発生する第三者に対する損害をいいます。ここでいう「第三者」とは、会社債権者がその典型例になります。たとえば、取締役の放漫経営等により会社が倒産した場合に会社債権者が被る損害がこれにあたります（【図4−3−2】参照）。

（2）　直接損害
　直接損害とは、取締役の会社に対する悪意・重過失による任務懈怠により、会社に損害が生じることなく、直接第三者が被る損害のことをいいます。直接損害の例としては、会社が倒産に瀕した時期に取締役が返済見込みのない金銭借入をした場合における債権者の損害、会社債務の不履行の

場合における債権者の損害【図4-3-3】参照、建物を不法占拠した場合における建物所有者の損害、著作権侵害の場合における著作権者の損害、株主総会決議に反して退任取締役に退職慰労金を支給しなかった場合における退任取締役の損害等があります。

【図4-3-2】間接損害の例

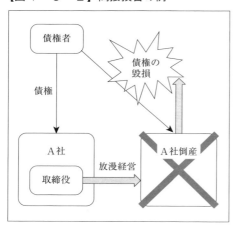

【図4-3-3】直接損害の例

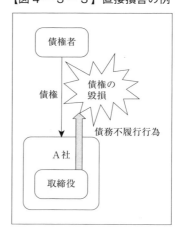

> **ワンポイント！＜不法行為責任との関係＞**
> 　取締役の第三者責任に関して、特に直接損害が問題となる事案においては、取締役には不法行為責任（民法709条）も成立しうると考えられます。もっとも、不法行為責任は第三者に対する加害についての取締役の故意・過失が必要ですが、取締役の第三者責任では、取締役の会社に対する任務懈怠の悪意・重過失が要件となる点で異なります。
> 　不法行為責任と取締役の第三者責任との関係については、色々な考え方がありますが、判例は、取締役の第三者責任は不法行為責任と別個の法定責任であり、両者は併存する関係にあるという考え方に立っています（最大判昭和44・11・26民集23巻11号2150頁参照）。

### 3　計算書類の虚偽記載等に基づく責任

　取締役は、計算書類に虚偽記載等を行った場合には、第三者に対し、連帯して、これによって第三者に生じた損害を賠償する責任を負います（法

429条2項・430条)。執行役の場合も同様です。具体的には、以下の①〜⑤の各行為を行った場合に、第三者に対する損害賠償責任を負います。

① 株式・新株予約権・社債・新株予約権付社債を引き受ける者の募集をする際に通知しなければならない重要な事項についての虚偽の通知
② ①の募集のための当該会社の事業その他の事項に関する説明に用いた資料についての虚偽記載・記録
③ 計算書類・事業報告もしくはこれらの附属明細書または臨時計算書類に記載・記録すべき重要な事項についての虚偽の記載・記録
④ 虚偽の登記
⑤ 虚偽の公告(法440条3項に規定する措置を含む)

　ここでいう虚偽記載とは、重要な事項につき積極的に虚偽の記載をすることのみならず、重要な事項を記載しないことも含まれます(大阪地判平成18・2・23判時1939号149頁)。また、「重要な事項」とは、会社と取引を行うか否か等の第三者の判断に影響を及ぼすと一般に認められる事項を指します。

　この責任は、上記2の任務懈怠責任の特則を定めるものであり、取締役が軽過失の場合であっても責任を負います。また、立証責任が転換されており、過失がないことを取締役の側で立証しなければ免責されません(法429条2項ただし書)。このように責任が加重されているのは、計算書類等の虚偽記載が第三者に与える損害が大きいことに鑑みてのものです。なお、不実開示がされた場合、金融商品取引法上の責任が発生する場合もあります。金融商品取引法における情報開示と会社法における情報開示の比較についてはコラム⑯「情報開示とコーポレート・ガバナンス」を参照してください。

## コラム⑦経営判断原則

### 1 経営判断原則とは

　経営判断原則とは、将来予測にわたる経営上の専門的判断については、経営の専門家である取締役の判断を尊重し、仮にその経営判断により会社が損害を被ったとしても、事後的・結果論的に取締役に法的な責任を負わせるべきではないとする考え方をいいます。

　現代における企業間の激しい競争に打ち勝ち、会社・株主の利益を最大化するためには、取締役は、ときにリスクを冒してでも競争に勝つべく大胆な経営判断をしなければなりません。それにもかかわらず、経営判断に失敗すれば直ちに法的責任が発生するというのであれば、取締役はリスクある経営政策を避けて保守的な判断を好むようになり、必要な判断を萎縮させるおそれがあります。このようなことでは、会社は他社との競争に打ち勝つことができず、会社の成長は期待できません。また、そもそも、経営の専門家である取締役による経営判断の妥当性について、裁判官が事後的に判断することは、必ずしも妥当でないと思われます。

　経営判断原則は、このような背景をもとに生まれた考え方です。

### 2 アメリカにおける経営判断原則との違い

　このような考え方は、一般的に、19世紀以降、アメリカにおいて判例法理として生成・発展してきたものといわれています。もっとも、アメリカにおける経営判断原則（business judgment rule）は、取締役と会社との間に利益相反がない場合において、取締役の意思決定過程に不合理な点がないかどうかを審査するものであり、多くの場合は裁判所が経営判断の内容の当否にまで立ち入ることはないとされているのに対し、日本では、下記のとおり、裁判所が判断の前提となる意思決定過程のみならず経営判断の内容にまで立ち入った審査をする点で、若干異なるとされています。

### 3 経営判断原則が適用されない場合

　会社の経営判断に関して取締役の法的責任が問われているケースにおいても、以下のような場合には、経営判断原則が適用されないことがあります。

　まず、経営判断の内容に法令違反がある場合には、経営判断原則の適用はないとされています。法令に違反するような経営判断は、取締役の裁量とはいえず、裁判所による判断にもなじむからです（大阪地判平成12・9・20判時1721号3頁等）。

　また、取締役と会社との間の利益相反取引に関しては、取締役が自己または第三者の利益を図る場面であって、取締役が会社の最善の利益のために行動するという場面ではなく、そもそも経営判断原則を適用する前提が欠けることから、経営判断原則は適用されないか、あるいは制限的に適用されると解されています。

## 4　経営判断原則の審査基準

　経営判断原則が適用される場合の審査基準について、従来、学説においては、裁判所が取締役の経営判断に介入する範囲を明確にするという観点から、判断の過程と内容という2つの場面に分け、判断過程の合理性を審査した上で、判断内容については著しく不合理でないかどうかを検討すべきとする、すなわち、過程については内容よりも厳格な基準により審査すべきとする見解が有力に主張されてきました。近時の裁判例も、このような立場と整合する判断基準を採用する傾向にあります。たとえば、東京地判平成17・3・3（判時1934号121頁）は、「当該判断をする前提となった事実の認識の過程（情報収集とその分析・検討）に不注意な誤りがあり合理性を欠いているか否か、その事実認識に基づく判断の推論過程及び内容が明らかに不合理なものであったか否かという観点から検討がなされるべきである」と判示しています。これに基づき、現在の裁判実務では、①経営判断の前提となる事実認識の過程（情報収集とその分析・検討）における不注意な誤りに起因する不合理さの有無、②事実認識に基づく意思決定の推論過程および内容の著しい不合理さの存否の2点を審査対象とする基準がほぼ確定しているとされています。

　このような中で、近時、民事事件において初めて経営判断原則の判断基準を明示した最高裁判決が出されました（最判平成22・7・15判時2091号90頁〔アパマンショップ・ホールディングス事件〕）。本判決は、「株式取得の方法や価格についても、取締役において、株式の評価額のほか、取得の必要性、参加人の財務上の負担、株式の取得を円滑に進める必要性の程度等をも総合考慮して決定することができ、その決定の過程、内容に著しく不合理な点がない限り、取締役としての善管注意義務に違反するものではないと解すべきである」と述べた上、経営会議における検討や弁護士意見の聴取といった手続を履践していることから「その決定過程にも、何ら不合理な点は見当たらない」としており、上記で述べたような従前の裁判例と同様の基準を採用したものと考えることができます。もっとも、本判決は「過程」という言葉を情報収集やその分析・検討の意味で用いているとして、本判決は判断内容だけでなく判断過程についても「著しく不合理」かどうかという緩やかな基準で審査すべき旨を示したものとする見解もあり、本判決についての見方は分かれています。

## 5　金融機関の取締役の責任と経営判断原則

　金融機関の取締役については、主に回収不能になった貸付けの判断をめぐって善管注意義務違反が問われることが多く、預金者の保護や業務の公共性等を理由に、一般の事業会社に比べて、より高度な注意義務が要求される傾向にあります。

　この点について、特別背任罪の成否が争われた刑事事件ではありますが、

最決平成 21・11・9（刑集 63 巻 9 号 1117 頁）は、「融資業務に際して要求される銀行の取締役の注意義務の程度は一般の株式会社取締役の場合に比べ高い水準のものであると解され、所論がいう経営判断の原則が適用される余地はそれだけ限定的なものにとどまるといわざるを得ない」と明示しています。ほかにも最判平成 20・1・28（判時 1997 号 143 頁）や最判平成 21・11・27（判時 2063 号 138 頁）等、銀行の取締役による融資判断について善管注意義務違反を認めた例は少なくありません。さらに、信用組合の理事の融資判断について、銀行の取締役と同様の判断基準によるとするものもあります（東京地判平成 18・7・6 判時 1949 号 154 頁）。

このように、取締役に要求される注意義務の水準は当該企業および取締役の属する業種によって異なり（東京地判平成 10・5・14 判時 1650 号 145 頁等は、「当該会社の属する業界における通常の経営者の有すべき知見及び経験を基準として」判断されるとしています）、さらに、その受け持つ担当業務や職歴等によっても異なるとされています。もっとも、上記判例（最決平成 21・11・9）は、金融機関の取締役であれば一律に高度な注意義務が課されるとしたわけではなく、あくまで金融機関の取締役が融資判断を行う際に課される注意義務について示したものであることに注意する必要があります。

＜主要参考文献＞
・近藤光男編『判例法理経営判断原則』（中央経済社、2014 年）
・メルビン・A・アイゼンバーグ（翻訳：松尾健一）「アメリカ会社法における注意義務〔Ⅱ〕」商事 1713 号（2004 年）4 頁
・神田秀樹『会社法〔第 17 版〕』（弘文堂、2015 年）
・東京地方裁判所商事研究会編『類型別会社訴訟Ⅰ〔第 3 版〕』（判例タイムズ社、2011 年）238 頁
・落合誠一「アパマンショップ株主代表訴訟最高裁判決の意義」商事 1913 号（2010 年）4 頁
・新田和憲「判解」『平成 22 年度主要民事判例解説（別冊判タ 32 号）』（判例タイムズ社、2011 年）206 頁
・北村雅史「非上場会社の株式の買取りと経営判断の原則」『平成 22 年度重要判例解説（ジュリ臨増 1420 号）』（有斐閣、2011 年）138 頁
・田中亘「経営判断と取締役の責任――アパマンショップ HD 株主代表訴訟事件」ジュリ 1442 号（2012 年）101 頁

## コラム⑧ MBO と取締役の善管注意義務

### 1　MBO とは

MBO（Management Buyout）とは、企業買収のうち、売却会社の事業

の全部または一部（または当該会社・子会社の株式）を、その会社の取締役等が、プライベートエクイティファンド等の投資ファンドや金融機関の協力を得るなどして買収する場合をいいます。現在のわが国の実務では、まず公開買付けにより当該会社の株式の多くを取得し、その後キャッシュ・アウト（少数株主に金銭を交付して株式を買い取る手続をいいます）等の手段を用いた完全子会社化を実施して、当該会社の100％株式の取得を行うことが一般的です。

## 2 「利益相反性」と「情報の非対称性」

取締役は、会社に対して善管注意義務を負い、企業価値の向上を通じて株主の利益を増大させる役割を担います。この点は、当該会社が、他者により買収される場面でも変わることはありません。しかしながら、MBOの場面においては、取締役が当該会社の株式を取得する立場となることから、本来は株主の利益を最大化すべく行動すべきであるにもかかわらず、買収価格である株価（すなわち、売り手である株主に対して支払われる対価）を低くしようとするインセンティブが働くことになります。このように、「取締役としての任務」と「自己の利益」が相反する構造になっています（利益相反性の問題）。さらに、MBOの場合、取締役は、当該会社に関する正確かつ豊富な情報を有していますが、他方で、売り手である株主はこういった情報を有していません。このように、売り手である株主と買い手である取締役の間に、情報の非対称性が生じるという問題もあります（情報の非対称性の問題）。

MBOは、この利益相反性の問題と情報の非対称性の問題により、売り手である株主と取締役の間で不合理な取引が行われ、株主の損失の下に取締役が不当に利益を享受するおそれがあるという問題が内在した取引ということができます。

## 3 MBOにおける取締役の善管注意義務

上記2において述べたMBOの特徴を踏まえると、MBOの場面においては、取締役としてどこまでの行為をした場合に善管注意義務を果たしたということができるのかが問題となります。

この点、MBOの件数が増加するとともに、少数株主の保護等の必要性等の問題点が指摘されたことから、2007年9月4日、経済産業省により「企業価値の向上および公正な手続確保のための経営者による企業買収（MBO）に関する指針」（以下「本指針」といいます）が公表されています。本指針においては、①株主の適切な判断機会の確保、②意思決定過程における恣意性の排除、③価格の適正性を担保する客観的状況の確保という枠組みで実務上の対応を検討することが重要と指摘されています。そして、①の観点から株主に対する説明の充実等、②の観点からMBOにおいて提示されている価格に関する独立した第三者評価機関からの算定書の取得

等、③の観点から、MBOに際して対抗的な買付けの機会を付与するために、公開買付け期間を比較的長期間に設定すること等が実務的な対応として考えられるとされています。

MBOと一口にいっても、対象会社と当該取締役の利害関係の程度は、事案ごとに、また取締役ごとに異なるため、一概に基準を述べることはできませんが、本指針が公表され、ある程度それに沿った実務が定着している現在においては、その内容への配慮が必要であると思われます。合理的な理由なく取締役が当該指針に記載されている対応を実施しない場合には、善管注意義務違反に問われる可能性があると考えられます。

### 4 レックス・ホールディングス事件判決

MBOにおける取締役の善管注意義務の問題について裁判所が一定の判断を示したのが、レックス・ホールディングス事件判決（東京地判平成23・2・18判時2190号118頁およびその控訴審である東京高判平成25・4・17判時2190号96頁）です。この事件は、本指針が発表される前に生じた事案ですが、東京高裁判決が、取締役について、会社の売却価格を最大限に高める注意義務（価格最大化義務）は否定したものの、取締役が株主間における公正な価値移転を図る注意義務（公正価値移転義務）と適切な情報を株主に提供する注意義務（適正情報提供義務）を認めた点が注目されます。しかしながら、MBOの際に取締役がどのような義務を負うか、また、具体的にどのような行動をとればこれらの義務に違反しないかについては、今後の実務に委ねられていると思われます。

### 5 新法における改正点と実務への影響

平成26年改正のうち、MBOに特に関係するのは、①全部取得条項付種類株式に関する規律に関する改正（法171条の2～173条の2）、②特別支配株主の株式等売渡請求権制度の新設（法179条～179条の10）、③株式併合に関する規律に関する改正（法180条～182条の6）です。これらの改正の概要についてはコラム③「その他の平成26年改正の概要」において説明します。

＜主要参考文献＞
・経済産業省「企業価値の向上及び公正な手続確保のための経営者による企業買収（MBO）に関する指針」（2007年9月4日）
・岡伸浩編『平成25年会社法改正法案の解説——企業統治・親子会社法制等の見直しと実務対応』（中央経済社、2014年）

## 4 業務執行者の刑事責任

### I 総論

　会社は、個人に比べて多数の利害関係人がおり、かつ会社の業務執行者（取締役・執行役）には広範な権限が与えられていることから、業務執行者がこれらの権限を恣意的に用いた場合には、会社だけでなく不特定多数の第三者に対して大きな損害を与えるおそれがあります。また、これらの権限を不当に利用して私的に大きな利益を上げるということも考えられます。このような行為に対しては、刑法上の背任罪（刑法247条）や業務上横領罪（同法253条）等の刑罰規定が存在しますが、会社法では、会社制度を悪用する各種の行為に対して、特別な刑事責任を規定しています。また、会社の影響力の大きさに鑑み、刑法の犯罪よりも刑罰を重くしているものもあります。このような会社法の定める刑事責任は、いうまでもなく業務執行者に対して自己抑制を促す効果があります。

　業務執行者の刑事責任には、その保護の目的から、大きく、①会社財産の保護を目的とする刑事責任と、②経営の公正の保護を目的とする刑事責任とに分けることができます。

　以下、業務執行者の刑事責任のうち代表的なものについて、概要を説明します。

### II 会社財産の保護を目的とする刑事責任

#### 1 概要

　会社財産の保護を目的として業務執行者に科せられる刑事責任としては、特別背任罪（法960条）、会社財産を危うくする罪（法963条）、預合いの罪（法965条）が挙げられます。

　以下、各罪について、概要を説明します。

#### 2 特別背任罪

　特別背任罪は、業務執行者が、①自己もしくは第三者の利益を図りまたは会社に損害を加える目的（図利加害目的）で、②その任務に背く行為（任務違背行為）をし、③当該会社に財産上の損害を加えたときには、当該業務執行者に、10年以下の懲役もしくは1000万円以下の罰金またはその両方が科せられます（法960条1項）。

この特別背任罪は、業務執行者の任務違背行為について、会社の業務執行者の与える影響を考慮して、刑法の背任罪が「5年以下の懲役又は50万円以下の罰金」とされていることに比べ、はるかに重い責任を規定したものとなっています。

実際に特別背任罪が問題となるのは、回収困難と思われる貸付けや担保不十分な貸付け等の不正融資・不良貸付け事案です。ここでは任務違背行為の判断の前提として、業務執行者の善管注意義務・忠実義務違反が問題となり、そこでは経営判断原則（本章3Ⅲ2(2)参照）適用の問題が生じます。

なお、本罪については、未遂罪も罰せられます（法962条）。

### 3　会社財産を危うくする罪

会社法963条が規定する会社財産を危うくする罪は、任務違背行為の典型例となる類型を規定したもので、特別背任罪の補充規定として設けられたものです。同条においては、「会社財産を危うくする罪」として、1項から4項において虚偽申述等の罪が、5項において違法自己株式取得罪（1号）、違法配当罪（2号）、投機取引罪（3号）が規定されています。

これらの罪は、一定の行為を規制することによって、出資の履行や配当等に関する会社法上の規制の実効性を確保することを目的にするものです。

各罪の概要は【表4－4－1】のとおりです。

【表4－4－1】会社財産を危うくする罪

| | 刑罰の内容 | 行為 |
| --- | --- | --- |
| 虚偽申述等の罪 | 5年以下の懲役または／および500万円以下の罰金 | 裁判所、株主総会、種類株主総会等で虚偽申述または事実隠ぺい |
| 違法自己株式取得罪 | | 会社の計算において、当該会社の株式を不正に取得 |
| 違法配当罪 | | 法令または定款の規定に違反して剰余金を配当 |
| 投機取引罪 | | 会社の目的の範囲外で投機取引のために会社の財産を処分 |

### 4 預合いの罪

「預合い」とは、業務執行者が株式発行にかかる払込みの際に、払込取扱機関の役職員と通謀して、払込取扱機関から借入をしてそれを払込みに充てる一方、借入を返済するまでは預金を引き出さないことを約束する行為をいい、本罪は、このような行為を取り締まるものです（法965条）。主に設立時の発起人による実態の伴わない仮装払込みの一形態を取り締まるものですが、必ずしも設立時に限られるものではありません。

なお、仮装払込みという点で預合いと類似する行為として「見せ金」があります。「見せ金」とは、発起人または取締役が払込取扱銀行以外の銀行等から借入を行い、これをもって株式払込みに充て、会社設立登記後短期間に払込銀行から引き出して、これを借入先に返済する仮装払込行為です。見せ金は、預合いとは行為態様が異なることから、本罪では罰せられませんが、無効な払込みであると解されているため、それを前提とする資本金の額や発行済株式総数を登記した場合に、公正証書原本不実記載等罪（刑法157条）が成立します。

## III 経営の公正の確保を目的とする刑事責任

### 1 概　要

会社の業務執行者の職務や株主等の権利の行使が、一定の公共的な性格を持つことから、会社法は、その公正を確保するために罰則規定を設けています。このような経営の公正の確保を目的とする規定としては、①虚偽文書行使等の罪（法964条）、②贈収賄罪（法967条・968条）、③株主等の権利の行使に関する利益供与の罪（法970条）、④株式の超過発行の罪（法966条）等が定められています。

以下、①〜④の罪について、概要を説明します。

### 2 虚偽文書行使等の罪

虚偽文書行使等の罪は、たとえば株式等を発行する際に作成される目論見書に不実記載を行った場合等に成立する罪です（法964条）。刑法では、私文書の偽造については、原則として、作成名義を偽る場合（「有形偽造」といいます）は罰せられますが、記載内容のみを偽る場合（「無形偽造」といいます）は罰せられません。しかし、会社の株式等の引受の募集等については、その社会的影響力の大きさに鑑み、無形偽造の場合もその「行

使」がされた場合には罰せられることとされています。ここで、「行使」とは、方法のいかんを問わず、虚偽の記録・記載を相手方が認識しうる状態に置くことをいいます。

虚偽文書行使等の罪の概要は【表4－4－2】のとおりです。

【表4－4－2】虚偽文書行使等の罪

| 行為 | 刑罰の内容 |
| --- | --- |
| ①株式、新株予約権、社債または新株予約権付社債について募集または売出しを行う場合に<br>②重要な事項について虚偽の記載のある、会社の事業等の説明資料、募集広告その他の関係文書（電磁的記録を含む）を行使したとき | 5年以下の懲役または／および500万円以下の罰金 |

### 3　贈収賄罪

　会社法が規定する業務執行者の贈収賄罪には、業務執行者の職務に関するものと、株主の権利の行使に関するものがあります。業務執行者にとって主に問題になるのは、前者については収賄罪であり、後者については贈賄罪の場合が多いと思われます。

(1)　業務執行者の職務に関する贈収賄罪

　業務執行者については、その職務が一定の公共的な性格を有することから、その職務の公正を保護するため、【表4－4－3】のとおり、贈収賄罪が規定されています（法967条）。同表のとおり、会社法上の贈収賄罪は、刑法上の公務員に関する贈収賄罪に比べると要件も限定的で法定刑も低いものとなっています。

【表4-4-3】業務執行者の職務に関する贈収賄罪

| 行為 | 刑罰の内容 | 刑法上の公務員の贈収賄罪との比較 |
|---|---|---|
| ①その職務に関し<br>②不正の請託を受けて<br>③財産上の利益を収受し、またはその要求もしくは約束をしたとき | 5年以下の懲役または500万円以下の罰金 | ①「不正」の請託を受ける場合に限定され、刑法上の受託収賄罪よりも収賄の類型が少ない<br>②刑法上の受託収賄の法定刑は7年以下の懲役であるのに対し、本罪は懲役刑については5年以下であり、また罰金刑がある |
| 利益を供与し、またはその申込みもしくは約束をした場合 | 3年以下の懲役または300万円以下の罰金 | ①贈賄罪につき、受託収賄の贈賄のみに限定されている<br>②法定刑は罰金が250万円ではなく300万円とされている分、会社法のほうが重い |

### (2) 株主等の権利の行使に関する贈収賄罪

　本罪は、株主等（株主、適格旧株主、最終完全親会社の株主を含む）の権利行使が一定の公共的な性格を有することに鑑み、株主等の権利行使の公正を図ることを目的としたもので、会社がいわゆる総会屋に対し、一般株主の発言を威迫によって妨げることを依頼し、その対価として金銭を交付することを防ぐことを念頭に置いたものです（法968条）。

　本罪における「不正の請託」は、一般株主の質問権の行使を妨害することや威迫的言動等により株主の議決権行使に不当な影響力を与えることを依頼することを指し、単に議事進行や会社提案の可決への協力を依頼すること自体は「不正の請託」にはあたらないと考えられています。後者のような場合には、下記で述べる株主等の権利の行使に関する利益供与の罪の適用が検討されることとなります。

【表4－4－4】株主等の権利の行使に関する贈収賄罪

| 主体 | 株主等の<br>権利行使の内容 | 刑罰の<br>内容 |
|---|---|---|
| (1) 収賄罪<br>①右記の事項に関し<br>②不正の請託を受けて<br>③財産上の利益を収受し、またはその要求もしくは約束をした者<br><br>(2) 贈賄罪<br>上記(1)③の利益を供与し、またはその申込みもしくは約束をした者 | 株主総会等における発言または議決権の行使 | 5年以下の懲役<br>または<br>500万円以下の罰金 |
| | 株式発行差止請求権、株主総会招集請求権、株主提案権、取締役に対する行為差止請求権、会計帳簿閲覧等請求権の行使等 | |
| | 社債の総額（償還済みの額を除く）の10分の1以上にあたる社債を有する社債権者の権利の行使 | |
| | 会社の組織や株主総会決議の無効の訴え、新株発行等や株主総会決議の不存在の確認の訴え、責任追及等の訴え、役員解任の訴え等の提起 | |

## 4　株主等の権利の行使に関する利益供与の罪

　本罪は、上記3(2)で述べた会社法における贈収賄罪では捕捉できない、「不正の請託」がない態様での株主に対する利益供与も会社経営の公正を害する場合があることに鑑み、会社またはその子会社の計算において株主等（株主、適格旧株主、最終完全親会社等の株主を含む）に対し財産上の利益供与がなされた場合に、刑事責任を認め、もって会社経営の公正を確保することを目的とするものです（法970条）。ここで、同条の定める「株式会社またはその子会社の計算において」とは、「利益供与の実質的な資金源が当該株式会社またはその子会社」であることをいいます。

【表4－4－5】株主等の権利の行使に関する利益供与の罪

| 行為 | 刑罰の内容 |
|---|---|
| 株主等の権利の行使に関し、当該会社またはその子会社の計算において財産上の利益を供与 | 3年以下の懲役または／および300万円以下の罰金 |
| 株主等の権利の行使に関し、当該会社またはその子会社の計算において財産上の利益の供与を受け、または第三者にこれを供与 | 3年以下の懲役または／および300万円以下の罰金（実行に際し威迫したときは5年以下の懲役または／および500万円以下の罰金） |
| 株主等の権利の行使に関し、当該会社またはその子会社の計算において財産上の利益を自己または第三者に供与することを取締役等に要求 | |

### 5　株式の超過発行の罪

本罪は、業務執行者が、会社が発行することができる株式の総数を超えて株式を発行する罪であり、刑罰の内容は5年以下の懲役または500万円以下の罰金です（法966条）。

「発行することができる株式の総数」とは、定款で定められた発行可能株式総数のことをいいます。

## Ⅳ　過料に処すべき行為

刑事責任ではありませんが、業務執行者が、登記や公告等、会社法に定める一定の義務を果たさなかった場合、行政罰として過料に処せられる場合があります（法976条）。こちらについても、刑事責任と同様、業務執行者に対する抑制として働くものになります。

# 第5章

取締役会・監査役（会）
設置会社における
他機関による牽制

## 1 総　論

　取締役会・監査役（会）設置会社では、取締役会によって選定される代表取締役と業務執行取締役が会社の業務執行を行います。これに対し、取締役会は、直接、または個々の取締役を通じ、代表取締役らの職務執行を監督することによって一定の牽制を加えるほか、業務執行の決定や代表取締役らの選定・解職を通じて牽制するという役割を担っています。

　また、こうした取締役および取締役会による監督に加え、監査役（会）設置会社では、独任制の機関であり業務執行者からの独立性も高い監査役（会）が、監査を通じて業務執行者に対する牽制を行っています。さらに、会計監査人設置会社では、会計監査に関して、会計監査人からの牽制も働くことになります。

　取締役会・監査役（会）設置会社における他機関による主な牽制を簡単にまとめると、【図５－１－１】のようになります。なお、株主総会も機関の１つですが、株主総会による牽制については、**第８章**において説明します。

【図５－１－１】他の機関による主な牽制

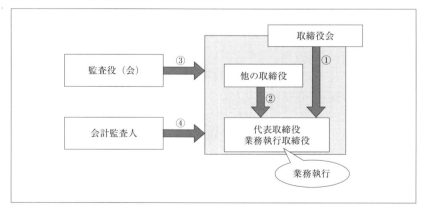

| 取締役会による牽制 | 取締役会による直接の牽制（①） | 重要な業務執行の決定、職務執行の監督、代表取締役・業務執行取締役の選定・解職 |
|---|---|---|
| | 個々の取締役による牽制（②） | 職務執行の監督 |
| 監査役（会）による牽制（③） | | 職務執行の監査、違法行為の差止め |
| 会計監査人による牽制（④） | | 会計監査 |

## 2　取締役・取締役会による牽制

### I　取締役会による牽制の具体的な方法

#### 1　牽制の概要

　取締役会の行う職務として、会社法は、①業務執行の決定、②取締役の職務執行の監督、ならびに、③代表取締役の選定および解職を定めており（法362条2項）、これらの職務が、取締役会による業務執行者に対する牽制として中心的な役割を果たすものになります。

　まず、業務執行の決定については、原則として業務執行者ではなく取締役会により行われるとすることで（①）、いわば業務執行行為の前段階で業務執行者に対する牽制を働かせています。また、実際になされる業務執行行為についても、取締役会に業務執行者の職務執行の監督権限（②）、業務執行者の選定・解職権限（③）を与えることで、適切性を確保しようとしています。加えて、取締役会は内部統制システムを構築することにより、業務執行者に対する効率的・実効的な牽制を実現しようとしています。

#### 2　重要な業務執行の決定

(1)　原則（取締役会による決定）

　取締役会設置会社における業務執行の決定は、取締役全員によって構成される取締役会により行われます（法362条2項1号）。

　業務執行の適切さを確保するためには、まず、執行される業務の決定が適切にされることが重要になります。

　そこで、法は、会社の業務執行の決定について、業務執行者その他の個

人の独断ではなく、取締役会における議論および多数決による決定に委ねることとし（その決定方法については下記Ⅱ2において説明します）、これにより業務執行の決定が適切にされることを担保しています。

(2) 例外（取締役への委任）

ただし、機動的・効率的な意思決定を実現するため、取締役会は、一定の事項を除き、代表取締役や業務執行取締役等の一部の取締役に業務執行の決定を委任することができるとされています。

もっとも、その場合であっても、会社にとって重要な業務執行にあたる事項やその他法令に列挙された事項（【表5－2－1】）については取締役会に決定権限を留保することにより、取締役による個別具体的な業務執行に対し一定の歯止めをかけています。

【表5－2－1】取締役に執行を委任することができない事項

① 会社法362条4項列挙事項

| | |
|---|---|
| (1) | 重要な財産の処分および譲受け |
| (2) | 多額の借財 |
| (3) | 支配人その他の重要な使用人の選任および解任 |
| (4) | 支店その他の重要な組織の設置、変更および廃止 |
| (5) | 社債を引き受ける者の募集に関する重要事項 |
| (6) | 内部統制システム体制の整備（施行規則100条1項。監査役による監査が実効的に行われることを確保するための体制を含む（同条3項））<br>(i) 当該会社の取締役の職務の執行にかかる情報の保存および管理に関する体制<br>(ii) 当該会社の損失の危険の管理に関する規程その他の体制<br>(iii) 当該会社の取締役の職務の執行が効率的に行われることを確保するための体制<br>(iv) 当該会社の使用人の職務の執行が法令および定款に適合することを確保するための体制<br>(v) 以下の体制その他当該会社ならびにその親会社および子会社からなる企業集団における業務の適正を確保するための体制<br>・子会社の取締役や執行役等の職務執行にかかる事項の当該会社への報告に関する体制<br>・子会社の損失の危険の管理に関する規程その他の体制 |

| | |
|---|---|
| | ・子会社の取締役等の職務の執行が効率的に行われることを確保するための体制 |
| | ・子会社の取締役等および使用人の職務執行が法令・定款に適合することを確保するための体制 |
| (7) | 役員等の会社に対する責任の取締役会による免除 |
| (8) | 以上と同等の「その他の重要な業務執行の決定」 |

② その他法令に列挙されている事項

| 株主の権利の帰属・株主の権利の内容に関する事項 | a. 要綱を定款で定めた種類株式の内容の決定（法108条3項） |
|---|---|
| | b. 譲渡制限株式・譲渡制限新株予約権の譲渡承認請求に対する承認の可否の決定および指定買取人の指定（法139条1項・140条5項・265条1項） |
| | c. 自己株式の取得価格等の決定・子会社からの取得・市場取引等による取得・消却（法157条2項・163条・165条2項・178条2項） |
| | d. 取得条項付株式の取得（法168条1項） |
| | e. 特別支配株主の株式等売渡請求の承認等（法179条の3第3項・179条の6第2項） |
| | f. 株式の分割・無償割当て（法183条2項かっこ書・186条3項かっこ書） |
| | g. 所在不明株主の株式の競売等（法197条4項） |
| | h. 公開会社における募集株式・新株予約権の募集事項の決定等（法201条1項、202条3項2号・3号、204条2項、240条1項、241条3項2号・3号、243条2項） |
| | i. 株式を振替制度の取扱対象とすることへの同意（振替法128条2項） |
| 株主総会に関する事項 | j. 株主総会の招集の決定（法298条4項・325条） |
| 取締役会内部の事項 | k. 代表取締役の選定・解職（法362条2項3号・3項） |
| | l. 取締役の競業取引および利益相反取引の承認（法365条1項） |

| その他 | m. 監査役設置会社以外における取締役・会社間の訴訟の会社代表者の決定（法364条） |
|---|---|
| | n. 計算書類、臨時計算書類、連結計算書類、事業報告およびこれらの付属明細書の承認（法436条3項・441条3項・444条5項） |
| | o. 株式の発行と同時に行う資本金・準備金の額の減少（法447条3項かっこ書・448条3項かっこ書） |
| | p. 中間配当における配当に関する事項の決定（法454条5項） |
| | q. 会計監査人設置会社・取締役の任期が1年等の要件を満たす会社における剰余金の配当（法459条1項） |

### (3) 特別取締役

取締役会の決議によって、①重要な財産の処分および譲受け、ならびに②多額の借財については、取締役の中からあらかじめ選定した3人以上の取締役（特別取締役）により決定するという仕組みを導入することもできます。その結果、この①と②については機動的な意思決定を実現することができます。

もっとも、取締役会によって業務執行者に対する監督を行うという本来の趣旨から乖離しないよう、特別取締役による決議を行うためには、取締役の数が6名以上で、かつそのうち1名以上が社外取締役である会社であって、取締役会において、特別取締役による決議を行う旨の決定がなされる必要があります（法373条1項）。

【表5－2－2】監査役（会）設置会社における業務執行の決定の主体

| 取締役会決議 | | ①：会社法または定款において株主総会が決議すると定められた事項以外の業務 |
|---|---|---|
| | 特別取締役による決議 | ①のうち、<br>・重要な財産の処分および譲受け<br>・多額の借財 |

| 業務執行の決定の委任を受けた取締役 | ①のうち、一定の委任できない業務を除いて、委任を受けた業務 |
|---|---|

## 3　取締役の職務の執行の監督

　取締役会の2つ目の役割である、取締役の職務の執行の監督も、業務執行の適正さを確保するための業務執行者に対する抑制作用として、重要な役割を担うものです（法362条2項2号）。

(1)　職務の執行の監督

　業務執行の決定が取締役会により適切になされたとしても、その執行行為が適切になされない可能性もあります。

　そこで、実際に業務執行者により行われる業務執行行為が適切かどうかについて、チェックする必要があります。そのようなチェックを行うことにより、下記(2)に述べる是正措置を講じることができますし、また、業務執行者がそのようなチェックの存在を認識することで、将来の業務執行行為に対する牽制効果も期待できます。

　そして、このチェックの対象は、「職務」の執行とされ、「業務」の執行に限られるものではないため、取締役会は、広くそれぞれの取締役の職務行為全般を監督することが必要になります。また、この監督は、違法性のみならず職務執行の妥当性についてまで当然に及ぶものとされています。この点は、監査役の「監査」が違法性の監査を意味し、妥当性については及ばないとされる点と対比されます（本章3 I 2(1)参照）。

　なお、取締役会の構成員たる個々の取締役も、他の取締役の職務の執行を監視する義務を負っています。この点については下記Ⅲにおいて述べます。

(2)　監督是正権

　取締役の職務執行の監督の結果、業務執行者の不適切な行為を発見したとしても、何の対応もとることができないのでは取締役会による監督権の意義は失われます。そこで、取締役会としては、当該業務執行者の解職や（下記4および6(1)参照）、株主総会を招集して解任決議を諮る（下記6(2)参照）といった是正措置をとることができます。

## 4　代表取締役の選定・解職

　取締役会の3つ目の役割として、取締役会は、取締役の中から代表取

締役を選定する権限と、その裏返しとして、代表取締役を解職する権限を有しています（法362条2項3号）。

代表取締役は、対内的な業務執行権に加え、対外的業務執行権というべき会社の代表権を有する者です。そこで、取締役会としては、この代表取締役を選定・解職する権限により直接その人事をコントロールすることで、その対内的・対外的な業務執行に対する牽制を及ぼしています。

なお、代表取締役の解職は、代表取締役としての地位を解くのみであって、取締役としての地位を奪うものではありません。取締役の地位を解く（解任する）ためには、株主総会決議によらなければなりません（**第8章2Ⅰ3参照**）。

### 5 内部統制システムの構築に関する事項の決定

ある程度の規模以上の会社においては、会社の事業活動が広範囲にわたり、業務執行者の担当業務も専門化されているため、業務執行者が自己の担当以外の分野について他の取締役の業務執行状況を常に監督をするというのは、事実上不可能といえます。そこで、代表取締役や業務執行取締役は、リスク管理のために内部統制システムを構築し、各取締役は、当該内部統制システムに基づき個々の取締役の職務執行を監督（監視）する義務を負います。大会社においては、取締役の職務の執行が法令・定款に適合することを確保するための体制その他会社の業務ならびに当該株式会社およびその子会社から成る企業集団の業務の適正を確保するための体制の整備、すなわち内部統制システムの整備に関する事項を決議しなければなりません（法362条4項6号・5項、施行規則100条1項・3項。内部統制システムに関する平成26年改正については**第2章3Ⅴ3参照**）。

具体的にいかなる内部統制システムを構築し、実際に機能させる義務があるかについて、法は特段の定めを用意しておらず、善管注意義務の一環として判断されることになります。そこで、どの程度の水準の内部統制システムを構築する義務があるかについては、経営判断原則（**第4章3Ⅲ2(2)参照**）との関係が問題になります（下記**「ワンポイント！」参照**）。

このように、取締役会は、業務執行者による適切な業務執行を確保することを目的とする内部統制システムの構築を通じて、業務執行者へ牽制作用を働かせています。

### ワンポイント！＜内部統制システムを設けない旨の決定＞

　大会社における内部統制システムの構築に関する事項の決定について、会社法362条5項は、内部統制システムを「構築する義務」ではなく、構築に関する事項を「決定する義務」を定めています。したがって、たとえば、内部統制システムを設けない旨の決定をしたとしても、内部統制システムの構築に関する決定は行っていることから、本条項には違反しないといわれることがあります。

　しかし、それは、あくまでも内部統制システムの構築については経営者の裁量的判断の入る余地が大きく（経営判断原則）、経営判断として適切である限りは違法とはならないということであると考えられます。したがって、たとえば大会社については、その活動が社会に与える影響が大きく、その活動の適正さが確保されることが重要であることに鑑みれば、内部統制システムを設けない旨の決定は、場合によって、その裁量を逸脱したとして、取締役の忠実義務違反や善管注意義務違反を構成しうると考えられています（江頭憲治郎＝中村直人編著『論点体系会社法(3)』（第一法規、2012年）77頁）。また、内部統制システムの構築義務それ自体に経営判断の原則を適用することは適切ではなく、構築すべき最低水準のシステムを前提とした上で、その具体的な手段の選択とその最低水準を超えてどこまで充実させるかという点に経営者の裁量が働くべきとする考え方もあります（野村修也「内部統制システム」江頭憲治郎ほか編『会社法判例百選〔第2版〕（別冊ジュリ205号）』（有斐閣、2011年）113頁）。

### ワンポイント！＜善管注意義務に関する裁判例＞

　善管注意義務の一環として内部統制システム構築義務につき判示した主な裁判例として、以下の2つを紹介します。

#### 1　大和銀行事件判決（大阪地判平成12・9・20判時1721号3頁）

　この事件は、日本の銀行の米国支店において、行員が無断かつ簿外の取引によって約11億ドルの損失を出し、当該損失を埋めるために顧客および同行所有の証券を無断かつ簿外で売却して会社に損害を与えたこと等について、当時取締役および監査役の地位にあった者に対し、同行に対する損害賠償を求めた株主代表訴訟です。

　この判決は、取締役の善管注意義務違反の有無について、以下のような枠組みを前提に判断したものとされています。

① 健全な会社経営を行うためには、会社が営む事業の規模、特性等に応じたリスク管理体制（いわゆる内部統制システム）を整備することが必要である。

② リスク管理体制の大綱（基本方針）については、取締役会で決定することを要する。
　③ 代表取締役と業務担当取締役は、取締役会で決定された大綱（基本方針）を踏まえ、担当する部門におけるリスク管理体制を具体的に決定する義務を負う。
　④ したがって、取締役は、取締役会の構成員として、また、代表取締役や業務担当取締役として、リスク管理体制を構築すべき義務を負い、さらに、代表取締役と業務担当取締役がリスク管理体制を構築すべき義務を履行しているか否かを監視する善管注意義務および忠実義務を負う。
　⑤ どのようなリスク管理体制を整備すべきかは経営判断の問題であり、会社経営の専門家である取締役に、広い裁量が与えられている。内部統制システムの大綱（基本方針）と具体的な内部統制システムが一応構築されている場合、取締役は、各業務担当取締役にその担当業務の遂行を委ねることが許され、各業務担当取締役の業務執行の内容について疑念を差し挟むべき特段の事情がない限り、監視義務懈怠の責任を負うことはない。

## 2 日本システム技術事件判決（最判平成21・7・9判時2055号147頁）

　この事件は、会社の従業員らが営業成績を上げる目的で架空の売上げを計上したため有価証券報告書に不実の記載がなされ、その後当該事実が公表されて会社の株価が下落したことについて、公表前に株式を取得した株主が、会社の代表取締役に従業員らの不正行為を防止するためのリスク管理体制構築義務違反があったとして、会社の損害賠償責任（法350条）を追及した事案です。

　第1審と原審が、会社の内部統制システムには上層部が企図すれば容易に不正行為が行えるような欠陥があったものと認定したのに対し、最高裁は、①本件不正行為当時、会社の通常想定される架空売上げの計上等の不正行為を防止しうる程度の管理体制は構築されていたこと、②本件不正行為は、通常容易に想定し難い方法によるものであったこと、③以前に同様の手法による不正行為が行われたことがあった等、本件不正行為の発生を予見すべきであったという特別な事情も見当たらないこと等を理由に、代表取締役がリスク管理体制構築義務に違反したとはいえないとしました。

## 6 取締役会によるその他の牽制方法について

### (1) 代表取締役以外の業務執行取締役の選定・解職

　対外的業務執行権たる代表権を有するのは代表取締役ですが、対内的な業務執行権を有する取締役は代表取締役に限られず、「取締役会の決議に

よって取締役会設置会社の業務を執行する取締役として選定されたもの」も対内的な業務執行を行うことになります（法363条1項2号）。取締役会は、この代表取締役以外の業務執行取締役に対しても、選定・解職権を通じたコントロールにより牽制を働かせています。

(2) 株主総会の招集・議案等の決定

株主総会の招集権者は原則として取締役ですが、その日時や場所、議題や議案等については取締役会が決定します（法298条1項・4項、施行規則63条）。そこで、取締役会としては、業務執行者にふさわしくないと考える取締役の再任議案を提出しないまたは解任議案を提出するといった牽制を行うことができます。

(3) 競業取引・利益相反取引の承認

取締役が競業取引または利益相反取引をする際、取締役会において、当該取引について重要な事実を開示し、その承認を受けなければなりません（**第4章**3Ⅱ3および4参照）。これらの取引について取締役会の承認を必要とすることにより、業務執行者である取締役がこれらの取引を通じて会社の利益を犠牲にし、自己または第三者の利益を図ることを防止しようとしています。

## Ⅱ 取締役会による牽制の実効性を担保する仕組み

上述のように取締役会による牽制手段が制度として用意されていたとしても、それらが十分に機能しなければ意味がありません。そこで、会社法は、このような牽制の実効性を担保する仕組みを用意しています。その主なものとして、以下、社外取締役の存在や取締役会の運営方法等について説明します。

### 1 社外取締役

社外取締役とは、その名のとおり社外から登用され、会社の業務執行自体は自ら行わず、他の取締役が行った業務執行の監督のみを担う取締役のことをいいます（社外取締役は、平成26年改正の主要な改正点の1つであり、その該当要件や主要な改正のポイントについては、**第2章**2参照）。

社外取締役も取締役である以上、取締役としての義務と責任を負います（**第4章**3参照）。しかしながら、社外取締役は、他の取締役、特に業務執行を行う他の取締役と比べ、会社内部の余計なしがらみや上下関係、会社

との利害関係等を離れて、客観的・中立的な立場で行動することができます。そして、社外取締役が有するこの特性は、上記Ⅰにおいて述べた取締役会による牽制の実効性を担保するものといえます。

　まず、取締役会による業務執行の決定という場面において、社外取締役は、社内の取締役とは異なった客観的・中立的な視点から意見を提供することができます。たとえば、社内の取締役では気づきにくい（または社内事情等により指摘しにくい）事業上のリスクを取締役会に提示することができます。これにより、取締役会では当該リスクを踏まえた上で議論がなされ、結果としてより慎重な業務執行の決定がなされることにつながります。

　また、取締役会による取締役の職務執行の監督の場面においても、社外取締役は重要な役割を果たします。取締役会が業務執行者に対する監督機能を果たす上で、業務執行者に対する仲間意識または会社内部の上下関係といった事情は考慮されるべきではありません。しかしながら、取締役会が社内の取締役のみで構成される場合、このような事情により、業務執行者への監督が不十分なものとなるおそれがあります。そこで、このようなしがらみのない社外取締役には、客観的・中立的な立場から業務執行者の職務執行を監督し取締役会による監督機能が適切に発揮されるようにすることが期待されるのです。

### 2　取締役会の運営

　取締役会による牽制作用を実効的なものにするためには、取締役会が適切に運営されることが重要です。そこで、会社法においては取締役会の招集や決議方法といった運営方法について定められており、取締役会の運営が適切にされることが担保されています。

#### (1)　招集手続

　取締役会の適切な運営のためには、第1に、取締役会が適切に招集され、取締役および監査役の出席の機会が確保されていることが必要です。その招集手続は【図5－2－3】のとおりです。

【図5−2−3】取締役会の招集

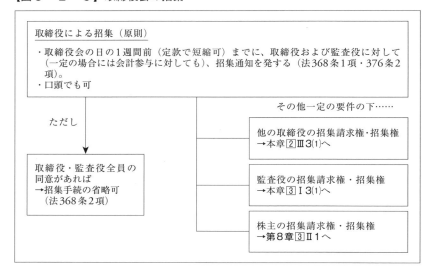

(2) 取締役会決議

取締役会の招集手続が適切にとられても、肝心の取締役会決議が一部の取締役の意向のみを反映したものであるような場合には、取締役会による業務執行者に対する牽制という機能は十分に果たされません。そこで、取締役会決議の決議要件や議決権行使についても、会社法は以下のような定めを用意しています。

ア 定足数・決議要件

取締役会の決議は、議決に加わることができる取締役の過半数が出席し、その過半数の賛成をもって行われます（法369条1項）。定足数と決議要件は、定款で加重することができます。

イ 議決権行使に関する制限

取締役会決議に際しては、各取締役がそれぞれ1票の議決権を有することが前提ですが、その議決権行使に関しては、適切な決議がされることを担保するため、以下のような制限が設けられています。

(ア) 代理人による議決権行使の禁止

株主総会における議決権行使の場合と異なり（**第8章**[2]Ⅱ 2(2)参照）、取締役会において、取締役の代理人による議決権行使は認められないと考え

られています。取締役は、その属人的な能力を期待されて株主に選任された者ですので、その取締役以外の者により議決権を行使することができるとすべきではないからです。

　(イ)　特別利害関係取締役による議決権行使の禁止

　取締役会決議により個人的な利益を得られる取締役が決議に参加できるとすれば、当該取締役は、会社の利益ではなく、個人の利益を優先して議決権の行使をするおそれがあります。そこで、決議について特別の利害関係を有する取締役（特別利害関係取締役）は議決に加わることができません（法369条2項）。特別利害関係取締役の例としては、競業取引・利益相反取引の承認決議、会社に対する責任の一部免除等の決議、代表取締役の解職決議等の場合における当事者が挙げられます。

　ウ　取締役会決議の省略

　業務執行の決定が慎重になされるためには、当然、取締役が実際に議論を交わした結果、取締役会決議がなされることが望ましいです。そのため、取締役会決議は、現実の会議を開催し、定められた決議要件に従って行われるのが原則です。しかし、取締役の全員が同意する場合や、昨今増えている海外在住の取締役がいる場合等、常に取締役会を開催して決議を得る必要があるというのでは、機動的な意思決定をすることができず、かえって会社の利益にならない場合も考えられます。そこで、例外として、【表5－2－4】の要件を満たす場合には、現実の会議を開催せずとも取締役会の決議（書面決議）があったものとみなされます（法370条）。

【表5－2－4】書面決議の要件

| ① | 書面決議を行うことができる旨を定款で定めておくこと |
|---|---|
| ② | 議決に加わることのできる取締役全員が同意の意思表示をすること |
| ③ | 監査役が異議を述べていないこと |

　エ　取締役会議事録

　取締役会が適切に運営されることを担保する上で、その議事が事後的にチェックを受ける仕組みが用意されていることが重要になります。そこで、取締役会の議事については、議事録の作成義務・備置義務が定められてお

り（法369条3項・371条1項）、また、一定の利害関係を有する者に閲覧・謄写請求権が認められています（法371条2項～5項。株主による議事録の閲覧・謄写請求については**第8章3Ⅲ4**参照）。

【図5－2－5】取締役会議事録とその閲覧・謄写請求権

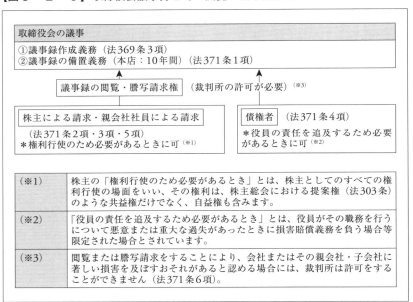

## 3 牽制の実効性を担保するその他の仕組み

### (1) 取締役の行為の適切さを担保するための仕組み

取締役会を構成する各取締役の職務執行の適切さを担保することは、取締役会による牽制の実効性を担保することにつながります。

この点、**第4章**で説明した業務執行者の自己抑制の仕組みの多くは、業務執行者である取締役以外の取締役についても当てはまるものであり、それら仕組みによって個々の取締役の職務執行の適切性が担保されます。

### (2) 内部統制システム

内部統制システムには、当該会社における取締役の職務の執行にかかる情報の保存・管理に関する体制（施行規則100条1項1号）、取締役の職務執行が効率的に行われることを確保するための体制（同項3号）およびグ

ループ会社における業務の適正を確保するための体制（同項5号）等が含まれており、この体制の構築は、取締役会が業務執行に対する牽制を実効的に行う上で必要となるものです。したがって、適切な内部統制システムの構築は取締役会の牽制機能を担保するものでもあります。

(3) 取締役会への報告義務

取締役は、取締役会の承認を受けた競業取引および利益相反取引について、当該取引後、遅滞なく、当該取引の重要事実を取締役会に報告しなければなりません（法365条2項・356条1項）。また、代表取締役と業務執行取締役は3ヶ月に1回以上、自己の職務執行の状況を取締役会に報告しなければなりません（法363条2項。**第4章3Ⅱ5(1)参照**）。

監査役も、取締役が不正の行為をした事実を認めた場合等には、遅滞なく、取締役会に報告しなければなりません（法382条。本章3Ⅰ3(1)参照）。

このような取締役会への報告は、取締役会による牽制作用、特に監督権や業務執行者の選定・解職権を行使する端緒となるものです。

## Ⅲ　取締役による牽制

### 1　牽制の概要

**第4章**において、業務執行者（取締役・執行役）による自身の業務執行への自己抑制、そして、上記ⅠおよびⅡにおいて、取締役会による業務執行者の業務執行への牽制方法について説明しました。

これらに加えて、個々の取締役も、取締役会を通じて上記ⅠおよびⅡにおいて述べたような牽制作用を働かせるだけではなく、取締役会とは別個に、業務執行者による業務執行に対する牽制作用を働かせています。以下、この牽制作用について説明します。

取締役による牽制方法は、【表5-2-6】のとおり、大きく、業務執行者に対する直接の牽制になるものと、他の機関による牽制の実効性を担保する役割を果たすものの2種類に分けられます。

【表５－２－６】取締役による牽制
① 業務執行に対する直接の牽制になるもの

| | 牽制の内容 | 牽制の主体 | 条文 |
|---|---|---|---|
| (1) | 他の取締役の職務執行の監督 | 各取締役 | ― |
| (2) | 組織に関する行為の無効の訴え等の提起権 | 各取締役 | 法828条・831条 |

② 他の機関による牽制の実効性を担保する役割を果たすもの

| | 牽制の内容 | 牽制の主体 | 条文 |
|---|---|---|---|
| (1) | 取締役会の招集請求権・招集権 | 各取締役 | 法366条 |
| (2) | 監査役（会）に対する報告義務および株主総会に対する説明義務 | 各取締役 | 法357条（報告義務）<br>法314条（説明義務） |

## 2　業務執行者に対する直接の牽制になるもの

### (1)　取締役の監視義務

　取締役会の役割として、取締役の職務執行の監督が挙げられることは上記Ⅰ３において述べたとおりです。そして、個々の取締役も、取締役会の構成員として、他の取締役の職務の執行を監視する義務を負います。この監視義務を通じて、取締役は業務執行者に対し牽制を及ぼしています。

　この監視義務の対象は、取締役会に上程された事項に限られるものではなく、職務上知りうる事項、さらにはたまたま知るに至った事項についても監視義務を負うことになります（最判昭和48・5・22民集27巻5号655頁参照）。

　また、取締役は、監視義務の内容として、不適切な業務執行を是正する義務も負います。この是正義務の履行方法としては、対象となる業務執行の内容や性質、個々の取締役の能力等により違いはありうるものの、取締役会における発言や、監査役への報告といった行為が考えられます。

> **ワンポイント！＜信頼の権利＞**
> 　特に大規模な会社においては、内部組織は相当複雑であり、また効率的な業務運営のためには、それぞれ担当の部署において分業することが必要になります。そこで、自らが担当していない事項について、各取締役に自ら情報を収集・分析し内容を検討する義務を課すことは、効率的な会社運営の実現にとって好ましくなく、また現実的でもありません。
> 　そこで、適切な内部統制システムが構築され、それに基づき監督が行われている場合には（内部統制システムの構築については上記Ⅰ5参照）、個々の取締役の職務執行が違法であることを疑わせる特段の事情が存しない限り、取締役は、個々の取締役や使用人の職務執行を信頼することができ（信頼の権利）、監督（監視）義務違反の問題は生じないと考えられています（岩原紳作「大和銀行代表訴訟事件1審判決と代表訴訟制度改正問題〔上〕」商事1576号（2000年）4頁、ヤクルト事件・東京地判平成16・12・16判時1888号3頁、東京高判平成20・5・21判タ1281号274頁）。

(2) 組織に関する行為の無効の訴え等の提訴権

　個々の取締役は、株主や監査役と同様に、組織に関する行為の無効の訴え（法828条1項）や、株主総会等決議取消訴訟（法831条1項）の提訴権者でもあります。実際に、個々の取締役がこれらの提訴権を行使することは稀ですが、個々の取締役はこれらの提訴権を行使することで業務執行者に対する牽制を働かせることができます（監査役について本章③Ⅰ2(7)、株主について第8章③Ⅲ1参照）。

### 3　他の機関による牽制の実効性を担保する役割を果たすもの

(1) 取締役会の招集請求権・招集権

　それぞれの取締役は、取締役会を招集することができます（法366条1項。取締役会の招集については上記Ⅱ2(1)参照）。ただし、取締役会を招集する取締役が定款または取締役会で定められている場合には、招集権は当該取締役にあります。また、その他の取締役も、当該取締役に対して招集を請求することができ（法366条1項ただし書・2項）、招集を請求したにもかかわらず取締役会が招集されない場合には自ら招集することができます（同条3項）。

(2) 取締役の報告義務・説明義務

　個々の取締役は、一定の自己の職務等について、監査役（会）に報告す

る義務があり、また、株主に対しては、株主総会における説明義務を負います（第4章3 II 5(2)および(3)においては、業務執行者である取締役に関し、同義務の内容について記載しましたが、これらは業務執行者である取締役以外の取締役にも当てはまります）。

これらの報告義務および説明義務については、監査役（会）、株主総会といった機関が業務執行者に対する牽制作用を働かせる前提となる情報を提供する役割を持ちますので、その意味で取締役による牽制作用として働くものといえます。

### 4 取締役の牽制の実効性を担保する仕組み

上記で述べた取締役による牽制の実効性を担保する仕組みについては、取締役会の牽制の実効性を担保する仕組みのところで述べた取締役の行為の適切さを担保するための仕組みが同様に当てはまりますので、上記 II 3 を参照してください。

---

### コラム⑨ 外国人取締役と女性取締役

#### 1 女性取締役について

**(1) 現 状**

取締役に対する多様性（ダイバーシティ）の社会的要請が高まる中、企業における女性取締役の登用が注目されており、上場企業において、女性取締役を登用するというニュースもよく目にするようになりました（たとえば、2013年6月には、日本航空において客室乗務員出身の女性取締役が誕生したほか、パナソニック、三菱UFJフィナンシャルグループ、丸紅、オリンパス等においても女性取締役が選任されています）。

もっとも、内閣府男女共同参画局が行った調査によれば、2013年12月末時点で、上場会社2995社のうち、取締役に女性がいる旨の記載があったのは、124社とわずか4.1％にとどまっています。その内訳をみても、委員会設置会社（当時）においては、28.8％と比較的高いようにも思われますが、日本の上場会社の大部分を占める監査役（会）設置会社（全体の約98％）では3.7％となっています。

**(2) 外国との比較**

この点について、GMIレーティングス（アメリカの調査・コンサルティング会社）は、2013年4月に、世界45か国の企業における女性役員比率を調査した結果を発表しました。日本では447社が調査対象とされましたが、その女性役員比率は1.1％と、モロッコの0.0％に次ぐ低さであること

がわかります。先進国では平均して11.8％、新興国でも平均して7.4％であり、日本の比率はこれらを大きく下回る結果となっています。

【表】各国の女性役員比率ランキングと推移（％）

| 順 | 国 | 2013年1月 | 2011年4月 | 2010年4月 | 2009年4月 |
|---|---|---|---|---|---|
| 1 | ノルウェー | 36.1 | 36.3 | 34.8 | 35.7 |
| 2 | スウェーデン | 27.0 | 26.4 | 27.5 | 23.8 |
| 3 | フィンランド | 26.8 | 26.4 | 24.2 | 23.5 |
| … | … | … | … | … | … |
| 44 | 日本 | 1.1 | 1.1 | 0.9 | 0.9 |
| 45 | モロッコ | 0.0 | 0.0 | 0.0 | 0.0 |

(3) 最近の動き——政府・企業について

しかし、グローバル化に対応するためには、組織としてのダイバーシティを高めていく必要があります。そして、女性の役員を登用することは、①女性の視点・センスを活かしたイノベーション、②外的評価の向上による人材確保の優位性、③モチベーション向上等の職場内の効果といった多面的な経営効果をもたらす可能性があるとされています。

安倍政権は、成長戦略の重要なカギとして「女性の活躍推進」を位置づけ、その目標の1つとして、「2020年までに指導的地位の女性比率を30％以上」とすることを掲げています。上記で述べたように、役員の女性の割合は、先進国の平均が約12％となっているのに対し、日本の上場企業についてはわずか1％程度と、世界的にみてもかなり低いことがその背景にあるようです。

また、2014年6月24日に閣議決定された成長戦略（「『日本再興戦略』改訂2014—未来への挑戦—」）の中で、企業に女性の登用をよりいっそう促すため、上場企業等に対して、役員に占める女性の割合の有価証券報告書への記載を義務づけることが、今後講ずべき具体的施策の1つに挙げられました。同様に、上場企業が金融商品取引所に提出するコーポレート・ガバナンスに関する報告書にも、役員や管理職への女性の登用状況や登用促進への企業の取組みを記載するよう各金融商品取引所に働きかけることとなっています。さらに、コーポレートガバナンス・コードにおいても、多様な視点や価値観が会社の持続的な成長を確保する上での強みになりうるとして、その一例として女性の活躍促進に言及されています（**第9章3**Ⅱ3参照）。

なお、現在、欧州連合（EU）において、2020年までに社外取締役の40％を女性にすべきとする指令案を導入すべきかどうか、議論がされてい

ます。EUにおいて、このようなクオータ制が導入されることになった場合、法制上は欧州市場に上場している日本企業にしか影響はないものと思われます。しかしながら、間接的には、日本への波及効果があるといわれていますので、今後の動向に注視する必要がありそうです。

## 2 外国人取締役について

取締役会のダイバーシティに関しては、女性取締役の登用と同様に、外国人取締役の登用にも注目が集まっています。例としては、日産自動車のカルロス・ゴーン社長やソニーのハワード・ストリンガー元社長が有名です。もっとも、外国人取締役については、女性取締役よりもさらにその割合は少なく、経済産業研究所の「企業経営と経済政策に関するアンケート調査」(2012年)によれば、外国人取締役を登用している企業は3392社中43社のみで、全体のわずか0.3％にとどまっています。

しかしながら、外国でビジネスをする際には、その国に適したやり方が重要とされていますので、現地の事情を知る外国人が役員にいることでより効果的な経営が可能になるとも期待されています。また、取締役会を社内昇進者である取締役で構成する日本企業の体質が、これまで様々な不祥事を起こしてきた原因であるとも指摘されているところ、外国人取締役の登用は、この観点からコーポレート・ガバナンスの強化につながるともいわれています。

このような効果が期待されるにもかかわらず外国人取締役の登用がそれほど進まない理由としては、言葉の問題が大きいほか、外資系企業であればともかく、一般の国内企業にとっては、適切な候補者を見つけることが容易でない場合も多いということが考えられます。

＜主要参考文献＞
・内閣府男女共同参画局「『コーポレート・ガバナンスに関する報告書』における女性の活躍状況の開示状況と好事例」(2014年2月6日)
・企業活力とダイバーシティ推進に関する研究会「ダイバーシティと女性活躍の推進——グローバル化時代の人材戦略」(2012年2月)
・経済産業研究所「企業経営と経済政策に関するアンケート調査」(2012年)
・太田洋＝森本大介「社外取締役の選任に関する最新動向と留意点——日本取締役協会『独立取締役選任基準モデル』の改訂を踏まえて」商事2027号(2014年)11頁

## コラム⑩ 会社法と金融商品取引法の内部統制システムの比較

### 1 内部統制システムとは

内部統制とは、Internal Controlの直訳で、もともとは会計分野において、財務報告の信頼性確保を目的とする言葉として使われていました。しかし、1980年代、アメリカで企業不祥事が相次ぎ、内部統制はより広く企業の不祥事防止等のリスク管理の概念として新しい意味を持つようになりました。このような流れの中で、1992年にアメリカのトレッドウェイ委員会支援組織委員会（COSO）が内部統制の枠組みを提示する報告書（以下「COSO報告書」といいます）を発表しました。COSO報告書は、内部統制を実施するにあたりガイドとすべき世界標準となっており、日本における内部統制にも大きな影響を与えています。

なお、内部統制とコーポレート・ガバナンスの関係については、内部統制は、経営者による社内のリスク管理であるのに対し、コーポレート・ガバナンスは、経営者に対する牽制という形のリスク管理である点において、両者は異なります。

### 2 2つの内部統制システム

#### (1) 会社法と金融商品取引法

日本においては、会社法における内部統制システムと、主に上場企業を規律する金融商品取引法における内部統制システムの2つの内部統制システムの定めがあります。

内部統制の目的は、一般的に、①業務の有効性および効率性、②財務報告の信頼性、③事業活動に関わる法令等の遵守、④資産の保全の4つとされていますが、会社法における内部統制システムと金融商品取引法における内部統制システムは、これらのうち対象とする目的が異なっています。以下、その目的の違いを中心に、それぞれについて説明します。

#### (2) 会社法における内部統制システム

本章②Ⅰ5、第6章②Ⅰ5(1)、第7章②Ⅰ5(1)で述べたとおり、ある程度の規模以上の会社においては、経営者が直接に個々の従業員やその職務執行のすべてを監視することは現実的に不可能です。このような会社では、会社の計算や業務執行が適切に行われていることを確保するため、取締役が業務執行の手順を合理的に設定するとともに、不祥事の兆候を早期に発見し是正できるようなシステムをつくることで、間接的に監視を行うことが一般的であり、現実的でもあります。そこで、会社法は、一定の規模の会社に対して、このような内部統制システムの整備を決定することを義務づけています。

会社法における内部統制システムはこのような趣旨に基づく制度ですので、その対象とする目的も広く、上記①から④のすべてを目的としています。

構築すべき内部統制システムの内容は、会社法施行規則100条等に定められてはいるものの、いずれも抽象的な内容にとどまり、実際にどのような内部統制システムを構築するかは、取締役会の裁量に委ねられています。

### (3) 金融商品取引法における内部統制システム

金融商品取引法において主に上場企業が提出義務を負う有価証券報告書およびそれに含まれる財務情報は、投資家にとって投資判断の重要な材料です。この有価証券報告書等の記載内容に対する外部監査人による監査に加えて、財務報告の作成プロセスについても外部監査人の監査の対象としようとしたものが内部統制報告書になります。

内部統制報告書は、財務報告の適正性を確保するために必要な体制（内部統制システム）についての経営者の評価を記載した報告書であって、外部監査人の監査を受けなければなりません。その結果、財務情報については、以下の表に記載のとおり、経営者自身と外部監査人による4つのチェックを受けたものになるということができます。

金融商品取引法における内部統制は、このような趣旨に基づく制度ですので、会社法における内部統制システムと異なり、上記②の財務報告の信頼性のみを目的とするものです。

そして、その具体的な水準については、金融庁企業会計審議会「財務報告に係る内部統制の評価及び監査の基準」（以下「本基準」といいます）と、同基準の適用指針である「財務報告に係る内部統制の評価及び監査の実施基準」（以下「実施基準」といいます）に示された内容に依拠することになります。

|  | 経営者が作成 | 外部監査人が作成 |
|---|---|---|
| 有価証券報告書（含財務情報）の記載内容について | 確認書 | 監査報告書 |
| 財務報告の作成プロセスについて | 内部統制報告書 | 内部統制監査報告書 |

### 3 2つの内部統制システムの比較

会社法における内部統制システムと金融商品取引法における内部統制システムにつき、上記1および2において述べた点も含めて比較すると、以下の表のとおりとなります。

|  | 会社法上の内部統制 | 金融商品取引法上の内部統制 |
|---|---|---|
| 目的 | ① 業務の有効性および効率性 | 財務報告の信頼性 |

| 目的 | ② 財務報告の信頼性<br>③ 事業活動に関わる法令等の遵守<br>④ 資産の保全 | |
|---|---|---|
| 義務の内容 | 大会社、指名委員会等設置会社、監査等委員会設置会社の取締役会は、会社（およびその子会社から成る企業集団）の業務の適性を確保するための体制の整備を決定しなければならない（法362条5項・416条2項・399条の13第2項）。 | 上場会社等は、事業年度ごとに、企業集団および当該会社にかかる財務情報の適正性を確保するための体制を評価した内部統制報告書を内閣総理大臣に提出しなければならない（金商法24条の4の4第1項）。 |
| 内部統制システムの具体的内容 | 会社法施行規則に抽象的な規定がある（施行規則100条・112条）が、具体的内容については各社の取締役会、担当取締役の裁量に委ねられる。 | 明文規定はない。<br>もっとも、外部監査人から無限定適正意見を得るためには、実質的に本基準および実施基準の内容に従うこととなる。 |
| 内部統制システムに対する監査 | 内部統制システムの整備・運用は取締役の善管注意義務の一環であり、監査役による業務監査の対象となる（法381条1項）。 | 公認会計士または監査法人による監査証明が必要となる（金商法193条の2第2項）。 |
| 内部統制システムの開示制度 | 内部統制システムの整備についての決定・決議の内容の概要および当該内部統制システムの運用状況の概要は、事業報告の内容となる（施行規則118条2号）。 | 内部統制報告書に財務情報の適正性に関する内部統制システムの内容が記載される（金商法24条の4の4第1項）。 |
| 責任、罰則 | ① 内部統制システムの整備・運用は取締役の善管注意義務の一 | 内部統制報告書の不提出者・虚偽記載者は、5年以下の懲役もしくは500 |

| | | 環であるため、同違反に基づく任務懈怠責任を負いうる。<br>② 取締役等が事業報告の不記載や虚偽記載をしたときは、損害賠償責任を負うほか（法429条2項1号ロ）、100万円以下の過料に処される（法976条7号）。 | 万円以下の罰金に処され、またはその両方が科される（金商法197条の2第5号・6号）。 |
|---|---|---|---|

＜主要参考文献＞
・國廣正＝小澤徹夫＝五味祐子『内部統制とは、こういうことだったのか──会社法と金融商品取引法が求めるもの』（日本経済新聞出版社、2007年）
・八田進二ほか著・国際会計教育協会編『内部統制の要点』（第一法規、2006年）
・経済産業省企業行動課編『コーポレート・ガバナンスと内部統制──信頼される経営のために』（経済産業調査会、2007年）
・鈴木克昌＝浜口厚子＝児島幸良『会社法・金商法下の内部統制と開示』（商事法務、2007年）

## ③ 監査役（会）による牽制

### I 監査役（会）による牽制の具体的方法
#### 1 監査役（会）による牽制の特色・概要
(1) 牽制の特色

取締役会・取締役による牽制と比較した場合、監査役（会）による牽制については次のような特色があります。

① 監査役は取締役会の外に置かれた、取締役会から独立した機関であること
② 監査役は独任制の機関であり、各自が単独でその権限を行使できること
③ 組織的かつ効率的な監査を実現するため、監査役会が設置される場合があること（監査役会の役割については、下記Ⅱ④参照）、また、監査役会が設置された場合であっても、監査役は独任制の機関であり、各自が単独でその権限を行使できること

(2) 牽制の概要

監査役会または個々の監査役による牽制方法は、【表5−3−1】のとおり、大きく、業務執行者に対する直接の牽制になるものと、他の機関による牽制の実効性を担保する役割を果たすものの2種類に分けられます。

【表5−3−1】監査役（会）による牽制
① 業務執行者に対する直接の牽制になるもの

|     | 牽制の内容 | 牽制の主体 | 条文 |
| --- | --- | --- | --- |
| (1) | 業務執行者の職務執行の監査および監査報告の作成 | 監査役 | 法381条1項 |
|     |                                          | 監査役会 | 法390条2項1号 |
| (2) | 業務執行に対する調査権限 | 監査役 | 法381条2項等 |
| (3) | 違法行為の差止権限 | 監査役 | 法385条1項 |
| (4) | 会社との訴え等における会社の代表権限・会社による補助参加への同意権限 | 監査役 | 法386条・849条3項 |
| (5) | 取締役会等への出席・意見申述権限 | 監査役 | 法383条1項等 |
| (6) | 取締役の免責等に関する同意 | 監査役 | 法425条3項1号等 |
| (7) | 組織に関する行為の無効の訴え等の提起権 | 監査役 | 法828条・831条等 |

② 他の機関による牽制の実効性を担保する役割を果たすもの

|     | 牽制の内容 | 牽制の主体 | 条文 |
| --- | --- | --- | --- |
| (1) | 取締役会への報告義務・取締役会の招集請求権 | 監査役 | 法382条・383条2項 |
| (2) | 株主総会に対する報告・説明義務 | 監査役 | 法384条等 |
| (3) | 会計監査人に対する監督等 | 監査役 | 法340条・344条等 |

> **ワンポイント！＜監査役の就任状況（コーポレート・ガバナンス白書)＞**
> 2014年7月14日時点の調査によれば、東証に上場する監査役設置会社の1社あたりの監査役の平均人数は3.59名であり、うち68.8％を占める2.47名が社外監査役となっています。

## 2 業務執行者に対する直接の牽制になるもの

### (1) 職務執行の監査および監査報告の作成

監査役は、取締役の職務執行を監査することにより、業務執行者に対する牽制作用を働かせることになります。

#### ア 監査の対象

監査役は、取締役の「業務」の執行に限らず、「職務」の執行を監査します。したがって、監査役の監査の対象は、取締役が作成する会計帳簿や計算関係書類に対する監査（会計監査）、代表取締役や業務執行取締役が行う会社の運営だけでなく、取締役会全体の「職務」行為としての取締役会の決議、個々の取締役による取締役会への出席・意見申述等の行為、他の取締役に対する監視行為等も含めた広い範囲に及ぶこととなります。

#### イ 適法性監査と妥当性監査

監査は、適法性監査と妥当性監査（【表５－３－２】参照）に分けられます。

【表５－３－２】適法性監査と妥当性監査

| | |
|---|---|
| 適法性監査 | 取締役の職務執行が法令・定款に適合しているか否かのチェック |
| 妥当性監査 | 取締役の職務執行がビジネス上妥当か否かのチェック |

監査役の監査権限の範囲については、妥当性監査には及ばず、適法性監査にのみ及ぶと考えられています。この点は、業務執行者の職務執行の妥当性についてもチェックする機能を有する取締役会による監督と対比されます。

もっとも、業務執行者の善管注意義務違反の有無を監査する上で、業務執行者の職務執行に不当な点がないかどうかという点の監査は避けられま

せん。また、株主総会への提出書類の調査および内部統制システムに関する決議の監査に関しては、監査役は、相当でない事項または著しく不当な事項を指摘する権限を有していることから（法384条、施行規則129条1項5号・130条2項2号）、これらの点については、監査役も妥当性に対する監査権限を有しているといえます。

　　ウ　業務監査と会計監査

　監査には、適法性監査と妥当性監査の区別のほか、業務監査と会計監査の2種類があります。監査役は、原則として業務監査と会計監査の両方を行います。

【表5－3－3】業務監査と会計監査

| 業務監査 | 企業の会計業務以外の業務活動、および組織・制度等に対する監査 |
|---|---|
| 会計監査 | 企業の会計面に関する監査<br>主な場面としては、取締役が定時株主総会に提出する計算書類について、定時株主総会前に行われる監査 |

---

**ワンポイント！＜監査役の権限の限定＞**

　非公開会社においては、定款で、監査役による監査を会計監査に限定する旨を定めることができます（法389条1項）。

　非公開会社においては、所有者である株主自身が経営に参加するのが一般的であり、また株主構成の変動も少なく、株主自身による業務の監査がある程度期待できると考えられるからです。

　ただ、非公開会社であっても、監査役会設置会社および会計監査人設置会社においては、監査役の権限を会計監査に限定することはできません（法389条1項かっこ書）。監査役会設置会社においては、監査役の半数以上は社外監査役であるので（法335条3項）、業務監査権限を有しない監査役を認めるのが妥当ではなく、また、会計監査人設置会社においては、会計監査人の独立性を確保するため業務監査権限を有する監査役の存在が制度上不可欠だからです。

> **改正ポイント！＜監査範囲限定登記＞**
> 　旧会社法911条3項17号では、監査役の監査の範囲を会計監査に限定した場合であっても、その旨の定款の定めの有無を登記することは求められていませんでした。
> 　しかし、監査役の監査の範囲が会計監査に限定されるか否かにより、会社法2条9号の「監査役設置会社」にあたるかどうかが左右され、法律の適用が異なる場合があることから（法357条・386条等）、この点について定款の定めがある場合には、その旨を登記上も明確にすることが相当であると考えられました。
> 　そこで、平成26年改正により、監査役の監査の範囲を会計監査に限定する旨の定款の定めも登記されることとなりました（法911条3項17号イ）。
> 　なお、この定款の定めがある会社は中小企業が多いことに考慮し、これについての登記は、改正会社法施行後最初に監査役が就任し、または退任するまでの間は行うことを要しないとされています（改正法附則22条1項、第22回議事録29頁参照）。

　エ　監査報告の作成

　監査役は、事業年度ごとに監査報告を作成します（法381条1項、施行規則129条、計算規則122条・127条）。監査役会設置会社の場合には、監査役会が、各監査役の監査報告に基づき、監査報告を作成します（法390条2項1号、施行規則130条1項・3項、計算規則123条・128条）。この監査報告を取締役および株主総会に提供することにより、業務執行に対する牽制を行うことが予定されています（法437条、施行規則133条、計算規則133条等）。

(2)　業務執行等に対する調査権限

　監査役の調査権限は、報告請求・業務財産調査権と、子会社調査権に分けることができます。監査役による調査は、下記(3)に述べる差止権限の行使の前提でもあり、また調査権限の存在そのものが業務執行者に対する抑止力を及ぼすものということができます。

　ア　報告請求・業務財産調査権

　監査役は、いつでも、取締役・会計参与・使用人に対して会社の事業全般に関する報告を求め、または会社の業務および財産の状況を調査することができます（法381条2項）。監査役の報告徴収、調査の人的・物的な

対象は広範囲にわたり、かつ、その権限行使の時期、方法は監査役の裁量に委ねられることとなります。

また、監査役は、会計監査人に対しても、職務を行うため必要があるときは、会計監査人の監査に関する報告を求めることができます（法397条2項）。会計監査を担う会計監査人からの情報を活用することにより、監査役の監査（会計監査）を充実させることが期待されます。もっとも、会計監査人が独立した立場で会計監査を担うことに鑑み、会計監査人に対する報告請求権については、取締役等に対する報告請求と異なり、「職務を行うため必要があるとき」に限定されます。

　　イ　子会社調査権

監査役は、会社の監査を行うため必要があるときは、子会社に対し事業の報告を求め、または子会社の業務・財産の状況を調査することができます（法381条3項）。

これまで、粉飾決算、自己株式取得規制違反等の違法行為について子会社を利用した例が少なくないこと、親会社が子会社の支配・管理を目的とする持株会社である場合には子会社側の情報が不可欠であること等から、この子会社調査権は監査役による牽制方法として重要な意味を有します。

ただし、監査役の調査の方法によっては、子会社の独立性が侵害され、その利益が損なわれるおそれも否定できないので、子会社は、「正当な理由」がある場合には、本項の報告または調査を拒否することができます（法381条4項）。同項の「正当な理由」としては、たとえば、事業上の機密の保持の必要性があるといった場合が考えられます。

(3)　違法行為の差止権限

監査役は、取締役が法令・定款違反の行為をし、またはこれらの行為をするおそれがあり、これによって会社に著しい損害が生ずるおそれがある場合には、その取締役に対して、その行為の差止めを請求することができます（法385条1項）。なお、株主が有する差止権限との比較については、第8章③Ⅲ2の【表8－3－6】を参照してください。

　　ア　「著しい損害が生ずるおそれ」

この差止請求の要件として、取締役による法令・定款違反行為に加えて、会社に著しい損害が生ずるおそれがあることを要求しているのは、業務執行権限は取締役にあり、監査役が取締役の業務執行を不当に干渉しないよ

うにする必要があるためです。「著しい損害」とは、その損害の量および質において著しいことを意味し、損害回復がされたかどうかは問題とならないと解されています。

> **ワンポイント！＜会社法における「損害」＞**
> 　会社法において、損害という用語は、以下の3類型が用いられています。
> ①　「損害」（法12条2項・423条1項等）
> ②　「著しい損害」（法357条1項・360条1項等）
> ③　「回復することができない損害」（法360条3項・422条1項）
> 　概念上、②「著しい損害」は、①「損害」と③「回復することができない損害」の間に位置するものとされます（法360条3項参照）。もっとも、その具体的な判断は容易ではないことも多いと考えられます。

　イ　差止請求権の行使方法

　この差止請求権の具体的な行使方法について制限は設けられていません。監査役は、問題の取締役に対して書面または口頭で違反行為をやめることを請求できるほか、取締役会に報告して（法382条）、取締役会や他の取締役を通じて、当該行為を差し止めてもらうこともできます。

　また、当該取締役が監査役等からの差止請求に応じない可能性もありますが、その場合、監査役は、当該取締役を相手として違法行為差止めの仮処分を申し立てて、裁判所による仮処分決定をもって、当該違法行為を差し止めることもできます。

(4)　会社との訴え等における会社の代表権限・会社による補助参加への同意権限

　ア　会社との訴え等における代表権限

　会社の代表権は代表取締役が有していますが、会社と取締役との間の訴えについて代表取締役がそのまま会社を代表すると、取締役同士のなれ合いが生じる可能性があるため、適当ではありません。代表取締役自身が訴訟の当事者となる場合には、なおさらです。

　そこで、監査役（会）設置会社においては、監査役が会社と取締役（取締役であった者も含む）との間の訴えについて、会社を代表します（法386条1項1号）。監査役は、取締役から独立した地位を有するため、なれ合

い訴訟によって会社の利益を害するおそれがないと考えられているからです。

この代表権限に基づき、監査役は、会社と取締役との間の訴えに関するすべての訴訟手続上の行為（訴訟追行、和解、訴えの取下げ、上訴等）だけでなく、会社として取締役に対して訴えを提起するか否かについても決定する権限も有していると解されています。また、これに関係して、各監査役は、株主から株主代表訴訟の提起前の提訴請求を受ける権限、株主代表訴訟の提起について訴訟告知を受ける権限、株主代表訴訟の和解について裁判所から通知・催告を受ける権限等を有しています（法386条2項）。

> **改正ポイント！＜監査役による会社の代表＞**
> 平成26年改正により、旧株主による代表訴訟、および最終完全親会社等の株主による特定責任追及の訴え（いわゆる多重代表訴訟）が認められるようになりましたが（**第2章3**参照）、これらの訴えにおいても、なれ合いを防止すべきという要請が妥当します。そこで、次の訴訟についても、監査役が会社を代表して訴訟に関する権限を行使するように新たに定められました。
> ① 株式交換等が行われた結果、完全親会社となった監査役（会）設置会社による、株式交換等の結果、完全子会社となった株式会社の取締役等に対する責任追及訴訟（法386条1項2号・2項3号）
> ② 最終完全親会社等（監査役（会）設置会社）による完全子会社等である株式会社の取締役等に対する特定責任追及の訴え（法386条1項3号・2項4号）

　　イ　株主代表訴訟への補助参加への同意

株主代表訴訟は、取締役の責任について、株主が会社に代わって追及する訴訟です（**第8章3Ⅲ3**参照）。代表訴訟において、会社が、どのような事案であってもいたずらに取締役側に補助参加することを防止するため、補助参加の申出をなす場合には、各監査役の同意が必要とされています（法849条3項1号）。

(5)　取締役会等への出席・意見申述権限

監査役は、取締役会への出席および必要があると認めるときの意見の申述を義務として負っていますが（法383条1項）、これは監査役の義務で

あると同時に、監査役が取締役に対して有する権限の1つということができます。すなわち、監査役は、取締役会に出席することにより、取締役の報告を聞き、質問をし、説明を求め、あるいは意見を述べることができます。これによって、法令・定款違反の決議や著しく不当な決議が行われることを事前に防止するとともに、より一般的に、取締役の職務執行の適正化を促すことができます。

なお、取締役会における意見申述の範囲については何らの限定もないため、監査役は、会社の業務執行の決定を行う場面のみならず、その決定に至る過程での種々の意見交換の場面や、代表取締役による各種の報告とそれに対する質疑応答の場面等において、幅広く意見を述べることができます。さらに、取締役会に限らず、調査の必要がある会議のすべてに出席し、質問し、説明を求め、あるいは意見を述べることができるとともに、そのように行動すべき義務を負っていると考えられます。

(6) 取締役の免責等に関する同意

取締役の会社に対する損害賠償責任については、①株主総会の特別決議、または、②定款の定めに基づく取締役会決議により、一部免除することができますが（法425条・426条。**第8章2Ⅰ5(3)参照**）、それぞれ一部免除に至る過程で、監査役全員の同意が要求され、これにより、監査役による牽制作用が働いています。

また、業務を執行しない取締役については、これらに加えて一部免除のための責任限定契約制度がありますが（法427条。**第8章2Ⅰ5(4)「ワンポイント！＜責任限定契約＞」参照**）、これに対しても監査役による牽制が働いています（同条3項・425条3項1号）。

これらの内容は【表5-3-4】のとおりです。

【表5-3-4】取締役の責任の一部免除の際の監査役の同意

| 株主総会の特別決議による一部免除 | 一部免除に関する議案を株主総会に提出する時点（法425条3項1号） |
|---|---|
| 定款の定めに基づく一部免除 | ① 一部免除に関する定款の定めを設ける定款変更議案を株主総会に提出する時点<br>② 同定款に基づき、一部免除に関する議案を取締役会に提出する時点（法426条2項） |

| 責任限定契約 | 責任限定契約制度を導入するための定款変更の議案を株主総会に提出する時点（法427条3項） |

(7) 組織に関する行為の無効の訴え等の提起権

監査役は、株主や取締役と同様に、組織に関する行為の無効の訴え（法828条1項）や、株主総会等決議取消訴訟（法831条1項）の提訴権者であり、これらの提訴権を行使することで業務執行者に対する牽制を働かせることができます（取締役による提訴権については本章**2**Ⅲ**2**(2)、株主による提訴権については**第8章3Ⅲ7**参照）。

## 3 他の機関による牽制の実効性を担保する役割を果たすもの

(1) 取締役会への報告義務、取締役会の招集請求権・招集権

監査役は、取締役の不正行為やそのおそれがあると認めるとき等は、遅滞なく、その旨を取締役会に報告しなければなりません（法382条）。これは、取締役会の業務執行者への牽制を働かせる端緒となるものであって、業務執行者への牽制作用として重要な意味を有します。

そして、このような報告義務が用意されていても、取締役会が適時に開催されないと、取締役会による牽制作用を働かせることができず、このような報告義務を定めた意義が損なわれるおそれがあります。そこで、監査役は、招集権を有する取締役に対して、取締役会の招集を請求することができ（法383条2項）、さらに、招集を請求したにもかかわらず、取締役会の招集手続がされない場合には、監査役自身が取締役会を招集することができます（同条3項）。

(2) 株主総会に対する報告義務・説明義務

監査役は、以下に述べるとおり、株主総会において報告・説明する義務を負っています。これらの報告・説明義務は、株主や株主総会が業務執行者に対して牽制を行使する前提となる情報を提供するものであって、その実効性を担保する役割を果たしています。

ア 株主総会提出議案等の調査・報告

監査役は、取締役が株主総会に提出しようとする議案、書類、電磁的記録その他の資料を調査しなければなりません（法384条前段、施行規則106条）。ここでいう「書類」とは、株主総会に提出される計算書類および事業報告（法438条）のほか、株主総会にその判断の対象または資料と

して提出するすべての書類を指します。

　そして、取締役が株主総会に提出しようとする議案や書類等を調査した監査役は、当該議案や書類等において、法令・定款に違反し、または著しく不当な事項があると認めるときは、その調査の結果を株主総会に報告しなければなりません（法384条後段）。

　　イ　株主総会における説明

　監査役は、株主総会において特定の事項について説明を求められた場合、当該事項について必要な説明をしなければなりません（法314条）。これも株主に対する情報提供の1つであり、株主や株主総会による牽制の実効性を担保する役割を果たしています。

(3)　会計監査人に対する監督等を通じた牽制

　本章④において述べる会計監査人による監査を実効的なものにするためには、会計監査人の地位が取締役から独立していることが重要です。また、会計監査人と監査役の協力関係を築くことも重要になります。そこで、監査役（会）は、【表5－3－5】のとおり、会計監査人の選任に関する議案の提出権や解任権等、会計監査人に対して一定程度の影響力を有しています。

【表5－3－5】会計監査人に対する監督等を通じた牽制

| 牽制方法 | 内容・ポイント |
| --- | --- |
| 会計監査人に関する議案等の株主総会への提出 | 株主総会に提出する会計監査人の選任および解任、ならびに会計監査人を再任しないことに関する議案の内容は、監査役の過半数（監査役会設置会社においては監査役会）により決定されます（法344条）。 |

| | |
|---|---|
| 会計監査人の解任 | 監査役（会）は、会計監査人が職務上の義務に違反した場合や、会計監査人としてふさわしくない非行があった場合等、会社法340条1項に列挙する事由が生じた場合には、監査役の全員の同意により、会計監査人を解任することができます（法340条）。<br>この解任権は、株主総会による解任とは別に（**第8章②Ⅰ3(3)参照**）、監査役（会）の独自の権限として認められたものです。 |
| 会計監査人の報酬 | 取締役が会計監査人の報酬を定める場合には、監査役の過半数（監査役会設置会社においては監査役会）の同意を得なければなりません（法399条1項・2項）。 |
| 会計監査人の監査の方法または結果の相当性についての監査 | 監査役は、会計監査人による監査に関し、当該監査の方法または結果の相当性についての監査を行います（計算規則127条2号）。 |

### 改正ポイント！＜監査役（会）による会計監査人に対する監査等＞

平成26年改正前においては、監査役（会）による会計監査人に対する監督等の権限としては、①会計監査人の選任に関する議案の提出および解任・不再任に関する議題の提案に対する同意権（旧法344条1項）、②会計監査人の選任に関する議案の提出請求権および選任・解任・不再任に関する議題の提案請求権（同条2項）、③会計監査人の報酬に対する同意権（法399条1項）のみが認められていました。これに対し、指名委員会等設置会社（平成26年改正前の委員会設置会社）においては、会計監査人の選解任・不再任議案の決定権は監査委員会にありましたが（法404条2項2号）、報酬決定権については監査役（会）と同様、監査委員会には同意権のみが付与されていました（法399条3項・1項）。

2005年の会社法成立後に、大型粉飾決算が相次いで発覚したことから、公認会計士法の改正等の方法により、企業会計における粉飾を防止する立場にある公認会計士・監査法人の規律の強化が図られました。その過程において、監査される立場にある会社の経営者である取締役が株主総会に提出する会計監査人選任議案を決定し、また会計監査人の報酬を決定していることが、会計監査人の経営者（取締役）に対する立場を弱め、会計監査人が粉飾決算を防ぐことができない原因になっているとされ、会計監査人の選解任等の議案の決定権や報酬の決定権を、取締役ではなく監査役や監

査委員会が有するよう、会社法を改正することが強く主張されました。

その結果、平成26年改正において、監査役が会計監査人の選任・解任・不再任に関する議案の内容を決定することができるようになりました（法344条1項）。これにより、監査役は自らがリードして会計監査人の候補者の選択をしなければならないこととなるため、監査役を支える事務局となる社内体制を整備する必要が生じるという実務的な影響がありうるし、監査役の側としても、会計監査人の選解任等にかかる善管注意義務の内容が変化するのではないか、という指摘があります（岩原紳作ほか「＜座談会＞改正会社法の意義と今後の課題〔上〕」商事2040号（2014年）27頁〔岩原発言〕）。この点に関しては経過措置が設けられており、改正法の施行日前に会計監査人の選解任等に関する決議をするための株主総会の招集手続が開始された場合における会計監査人の選解任等にかかる手続については、手続をやり直す必要がないとされています（改正法附則15条）。ここにいう「株主総会の招集手続が開始された場合」とは、株主総会の招集の決定（法298条）がされた場合をいうとされています。

他方で、平成26年改正後も、会計監査人の報酬の決定については、監査役には、旧法と変わらず同意権のみが認められています。このことは、会計監査人の報酬の決定という問題が、その選解任等の問題と比べると、より経営判断・政策的判断の要素が強く、会社の会計部門や内部統制部門との関係等、現在の監査役の会社内部における立場を特に考慮すると、まだ決定権まで付与する態勢が十分には整っていないと判断されたからだといわれています（岩原紳作「『会社法制の見直しに関する要綱案』の解説〔II〕」商事1976号（2012年）4頁）。この点については、会計監査人候補者の選択が監査役の職務とされ、これを決めるにあたっては、当該候補者が、会計監査業務を適正に行うだけの能力があるかどうかのみならず、報酬額とのバランスも当然考えなければならないところ、監査役としては、その報酬に関する情報を当該監査法人や会社内の経理部門から入手するなどして、同意権をより実効的に行使することが可能となったのではないか、との指摘もあります（坂本三郎「解説会 会社法の改正について――監査の視点から」月刊監査役631号（2014年）103頁）。

## II　監査役（会）による牽制の実効性を担保する仕組み

取締役会および取締役による牽制の場合と同様、会社法は、業務執行者による業務執行の牽制の実効性を確保するために、以下のような仕組みを用意しています。

## 1　監査役の欠格事由・兼任禁止

### (1)　監査役の資格

　監査役については、取締役と同様の欠格事由（**第4章2Ⅰ参照**）が定められています（法335条1項・331条1項）。したがって、法人や、成年被後見人・被保佐人、会社法等に定める罪を犯して刑に処せられた者で一定期間を経過しない者については、監査役になることができません。このように、類型的に監査役としての職務を行うことがふさわしくないと考えられる者を排除することにより、監査役による牽制の実効性を確保しようとしています。

### (2)　監査役の兼任禁止

　**第4章2Ⅱ**において述べたように、業務執行者と、業務執行者を監査する者である監査役とを同一人物が兼ねることになった場合、当該監査役による業務執行者に対する十分な監査は期待することができません。

　そこで、そのような事態を避け、監査役による業務執行者に対する牽制の形骸化を防ぐため、監査役については、当該会社またはその子会社の取締役になることが禁止されています（法335条2項）。これと同じ趣旨から、同一の会社またはその子会社の監査役は、会計参与となることができず（法333条3項1号）、同一の会社またはその親会社もしくは子会社の監査役は、会計監査人となることができないとされています（法337条3項1号、公認会計士法24条1項・2項、同法施行令7条1項1号・8号・9号）。詳しくは、【表5－3－6】のとおりです。

【表5－3－6】監査役と他機関の兼任の可否

|  | A社の親会社 | 自己の所属する会社（A社） | A社の子会社 |
|---|---|---|---|
| 取締役 | ○ | ×（法335条2項） | ×（法335条2項） |
| 監査役 | ○ |  | ○ |
| 会計参与 | ×（法333条3項1号） | ×（法333条3項1号） | ×（法335条2項） |
| 会計監査人 | ×（法337条3項1号） | ×（法337条3項1号） | ×（法337条3項1号） |
| 執行役 | ○ | －(※) | ×（法335条2項） |

| 使用人 | ○ | ×(法335条2項) | ×(法335条2項) |

○・・・兼任可、×・・・兼任不可
(※) 指名委員会等設置会社は監査役を置くことができないため(法327条4項)、同一会社内において監査役と執行役の兼任が問題となることはありません。

## 2 監査役の身分保障

　監査役による業務執行者への牽制を実効的なものとするためには、監査役が、業務執行者や取締役から独立し、その地位に関して不当な干渉を受けることのないようにすることが重要です。そこで、会社法は、監査役の地位に関して、以下のような規定を置いています。

### (1) 監査役の選任

　監査役は、株主総会の決議によって選任されます(法329条1項)。その決議要件が原則として普通決議であること(法341条)といった点は取締役と同様ですが、以下の点において取締役と異なっています。

① 累積投票制度(法342条)が存在しない点
② 監査役の選任に関する議案を株主総会に提出するには、監査役の過半数(監査役会設置会社の場合は監査役会)の同意を得なければならない点(法343条1項・3項)
③ 監査役(会)は、取締役に対し、監査役の選任を株主総会の目的(議題)とすること、または監査役の選任に関する議案を株主総会に提出することを請求することができる点(法343条2項・3項)
④ 監査役は、株主総会において、監査役の選任(自己の再任も含む)について意見を述べることができる点(法345条4項・1項)

　特に上記②ないし④は、いずれも、監査役の選任手続に関して監査役自身に一定の権限を付与するものであり、これによって監査役の地位の強化が図られています。たとえば、取締役が不適切な監査役の選任議案を提出しようとしている場合には、監査役はこれに同意せずに議案の提出を阻むことができ(②)、またこれと同時に、別の候補者を監査役とする内容の監査役の選任議案を株主総会に提出するよう、取締役に請求することができるのです(③)。

【図5－3－7】監査役の選任

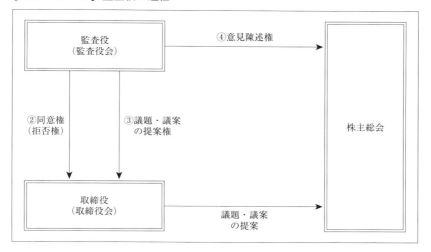

(2) 監査役の任期

監査役の任期は、原則として選任後4年以内に終了する事業年度のうち最終のものに関する定時株主総会の終結の時までとされており（法336条1項）、取締役の任期（原則2年間。**第4章②Ⅲ参照**）よりも長くなっています。さらに、この監査役の任期は、取締役と異なり、原則として定款によって短縮することはできません。

このように、監査役については、取締役と比べて、その地位の安定が図られています。この点については、監査役の地位を安定させる目的のほか、会社の経営を担う取締役と比べて、株主に対して短期間で信任を問う必要性が低いということも理由に挙げることができます。

なお、非公開会社においては、定款によって、選任後10年以内に終了する事業年度のうち最終のものに関する定時株主総会の終結の時まで伸長することができます（法336条2項）。

(3) 監査役の解任

監査役の解任についても、取締役の場合とは異なり（**第8章②Ⅰ3参照**）、監査役の地位の独立性に配慮された規律がなされています。

監査役は、取締役と同様、株主総会の決議によっていつでも解任することができますが（法339条1項）、この場合の決議要件は、取締役の解任

と違って普通決議ではなく、特別決議が必要とされています（法343条4項・309条2項7号）。

　また、監査役は、株主総会において、監査役の解任について意見を述べることができます（法345条4項・1項）。これにより、監査役は、他の監査役の解任について意見を述べることも、（自らが監査役の地位にある限り）自らの解任について意見を述べることもできます。

(4)　監査役の報酬

　監査役の報酬も、取締役の報酬と同様、株主総会の決議によって定めることとされています（法387条1項）。もっとも、監査役は、株主総会において、監査役の報酬等について意見を述べることができます（同条3項）。これにより、監査役の報酬等に関する議案提出権を有する取締役会に対する牽制機能を働かせることができます。

　なお、各監査役の報酬等について定款の定めまたは株主総会の決議がないときは、定款または株主総会の決議によって定められた報酬等の総額の範囲内において、監査役の協議（全員一致）によって配分を定めます（法387条2項）。この点、監査役全員一致の決定によって特定の監査役に報酬額の配分を一任することは許されますが、取締役または取締役会に対して配分を一任することは、監査役の独立性を保障するという上記の趣旨に反するため許されません。

## 3　監査役の責任

　取締役と同様、監査役は、その義務に違反して会社または第三者に損害を負わせた場合、当該損害を賠償する責任を負います（取締役の責任につき**第4章3**参照）。また、刑事責任を負うこともあります。これらの責任の存在により、監査役としての職務執行を適切にするよう動機づけられることになります。

(1)　会社に対する責任

　取締役と同様、その任務を怠ったときは、会社に対して、これによって生じた損害を連帯して賠償する責任を負います（法423条1項・430条）。

(2)　第三者に対する責任

　第三者に対する責任についても、取締役と同様、監査役がその職務を行うにつき悪意・重過失があったときは、これによって第三者に生じた損害を連帯して賠償する責任を負います（法429条1項・430条）。

また、監査役は、監査報告に記載・記録すべき重要な事項について虚偽の記載・記録をしたときは、その行為をすることにつき注意を怠らなかったことを証明しない限り、第三者に対し連帯して損害を賠償する責任を負います（法429条2項3号・430条）。

(3) 監査役の刑事責任

監査役についても、取締役と同様、会社財産の保護を目的とする刑事責任、経営の公正の確保を目的とする刑事責任を負うことがあります。監査役の刑事責任については、その職務の性質上、取締役の刑事責任とは異なる部分もありますが、基本的には取締役の刑事責任と同様です（第4章④参照）。

### 4 監査役会の活動

(1) 概　要

監査役会は、監査役による監査に関する情報交換、協議、決議の場です。その職務の内容として、①監査報告の作成、②常勤監査役の選定および解職、③監査役の職務の執行に関する事項の決定が定められています（法390条2項）。監査役会は、そのほかにも、監査役や会計監査人の人事に関する事項について権限を有します（法343条3項・1項、344条3項・1項）。

監査役会設置義務を負う公開会社かつ大会社（下記(2)参照）といった、比較的規模の大きい会社においては、監査役による牽制の実効性を高めるため、組織的かつ効率的な監査を実現する要請が高いといえます。監査役会による、監査の方針や各監査役の業務の分担の決定を通じて（上記③）、各監査役による重複した監査の無駄を省き、組織的かつ効率的な監査の実現が図られることになります。

なお、監査役会が設置されている場合においても、監査役は独任制の機関ですので、上記③の決定により監査役の職務の分担が定められた場合においても、分担外の事項について監査役としての権限の行使を妨げることはできません（法390条2項ただし書）。

(2) 監査役会の設置義務

公開会社かつ大会社である会社では、監査役会を設置しなければなりません（法328条1項）。監査役会設置会社においては、監査役は3人以上で、そのうち半数以上は社外監査役でなければなりません（法335条3項）。社外監査役による監査が行われることで、さらに業務執行者に対する牽制

の実効性が高められています（下記**5**参照）。

### (3) 監査役会の運営

監査役会による機能が十分に発揮されるためには、監査役会が適切に運営される必要があります。そこで、会社法は、監査役会の運営について以下のような定めを用意しています。

#### ア　招集手続

監査役会の適切な運営の前提として、適切な招集手続がとられる必要がある点は、取締役会の招集手続の場合と同様です。

各監査役が監査役会の招集権限を有し（法391条）、監査役会を招集する監査役は、監査役会の1週間前（定款により短縮可）までに各監査役に招集通知を発します（法392条1項）。この招集通知について、口頭による通知も認められること、監査役全員の同意がある場合には、招集の手続を省略できること（同条2項）は、取締役会の招集の場合と同様です（本章2Ⅱ2(1)参照）。

#### イ　定足数・決議要件

監査役会の決議は、監査役の過半数をもって行います（法393条1項）。ただし、この監査役会の決議については、株主総会（法309条1項・2項）や取締役会（法369条1項）とは異なり、定足数の定めはないので、現実に出席している監査役の数に関わりなく、監査役全員の過半数をもって決議が成立します。

なお、取締役会決議と異なり（法370条）、決議の省略（書面決議）をすることはできません。監査役会の決議事項はそれほど多くないこともあり、決議の省略を認めては、独任制の機関である監査役について、密な情報共有による組織的・効率的な監査を行うことを目的として設けられた監査役会制度の意味が乏しくなると考えられたからです。

---

**ワンポイント！＜監査役全員の同意と監査役会決議＞**

監査役全員の同意が必要な事項として、以下の3つが定められています。
① 会計監査人の解任（法340条2項・4項）
② 取締役の会社に対する責任の一部免除等の議案の提出（法425条3項1号・426条2項・427条3項）
③ 株主代表訴訟等につき会社が被告側に補助参加する申出をすること

(法849条3項1号)
　これらについて監査役の全員から同意をとるにあたっては、監査役会を開催する必要はないと考えられています。社外監査役が監査役の半数以上を占めることから、緊急の必要性があっても、物理的に監査役会を開催することが困難な場合があることに配慮したものです。

　　ウ　監査役会議事録
　取締役会の場合と同様、監査役会の適切な運営を促進するためには、当該議事の内容が記録され、事後的にチェックされる仕組みを有していることが重要になります。
　そこで、監査役会の議事について議事録を作成し、監査役会の日から10年間はこれを本店に備置しなければなりません（法393条2項・394条1項）。そして、監査役会議事録については、一定の利害関係を有する者に閲覧・謄写請求権が認められています（同条2項・3項）。その要件については取締役会議事録と同様ですので、**本章2Ⅱ2(2)エ**を参照してください（株主による議事録の閲覧・謄写請求については**第8章3Ⅲ4**参照）。
　(4)　監査役会への報告
　各監査役は、監査役会の求めがあるときは、いつでもその職務の執行の状況を監査役会に報告しなければなりません（法390条4項）。この監査役による報告義務により、監査役間で効率的な情報共有をすることが可能となり、監査の実効性に資することになります。
　**5　社外監査役**
　社外監査役とは、社外から登用された監査役のことです。監査役会設置会社においては、3人以上の監査役のうち、半数以上は社外監査役でなければなりません（法335条3項）。したがって、監査役会設置会社では社外監査役を最低2人は選任する必要があります。
　監査役会設置会社においては、常勤監査役による監査と社外監査役による監査の両方が行われることになります。社外監査役は、社外取締役と同様、会社内部の余計なしがらみや上下関係、会社との利害関係等を離れて客観的・中立的な立場で行動することができます。監査役会の設置が強制される公開会社かつ大会社である会社といった、比較的規模の大きい会社においては、利害関係者が多く存し、監査の実効性を確保する必要性が特

に高いことから、会社から独立性の高い社外監査役による監査を、社内情報に通じた常勤監査役による監査とあわせて行うことで、業務執行者に対する牽制の実効性を高めることができると考えられます。

　社外監査役に関する規律は、平成26年改正における主要な改正点の1つであり、その要件を含む規律の詳細については、**第2章2**を参照してください。

### 6　牽制の実効性を担保するその他の仕組み

　以上で述べたほかにも、業務執行者に対する牽制の実効性を担保する仕組みが用意されています。

#### (1) 取締役・会計監査人等からの報告

　取締役は、会社に著しい損害を及ぼすおそれのある事実があることを発見した場合には、直ちに当該事実を監査役（会）に報告しなければなりません（法357条。**第4章3Ⅱ5(2)**参照）。また、会計監査人も、取締役の職務の執行に関し不正の行為または法令もしくは定款に違反する重大な事実があることを発見したときは、遅滞なく、監査役（監査役会設置会社においては監査役会）に報告しなければなりません（法397条。**本章4Ⅰ3**参照）。

　これら監査役（会）に対する報告は、監査役による監査に必要な情報を提供するとともに、特に監査役による差止請求権（法385条。**本章4Ⅰ2(3)**参照）を行使する前提となる事実を提供するものであって、監査役による牽制作用をより実効的なものにする役割を果たしています。

#### (2) 他の取締役等との意思疎通および情報交換

　監査役は、会社の取締役、会計参与および使用人、さらに子会社の取締役、会計参与等と意思疎通を図り、情報収集や監査環境の整備に努める義務を負います。そして、取締役または取締役会は監査役の職務の執行のための必要な体制の整備に留意しなければなりません（施行規則105条2項）。また、監査役は、必要に応じ、他の監査役や、親会社および子会社の監査役等と意思疎通および情報交換に努めなければなりません（同条4項）。

　これらは、監査役による監査、特に調査権限の実効性を担保するものといえます。

#### (3) 計算書類等の備置または閲覧・謄写

　監査役が監査した計算書類等は、一定期間、本店（支店には写し）に備え置かなければならず、株主等による閲覧・謄写請求の対象となります

（法442条。**第8章**3Ⅱ4参照）。このように、監査した計算書類等が株主等にオープンになることによって、監査役としては不適切な監査を行わないように動機づけが働くため、監査の正確性・実効性を担保することにつながっています。

(4) 内部統制システム

監査役（会）設置会社では、大会社でない場合を除き、内部統制システムの一環として、監査役の監査が実効的に行われることを確保するための体制について決定しなければならないことになっています（法362条4項6号、施行規則100条3項等）。監査役による監査は、この内部統制システムが機能することにより、実効性が確保されているといえます。

---

**ワンポイント！＜セイクレスト事件判決（大阪高判平成27・5・21、原審：大阪地判平成25・12・26判時2220号109頁）＞**

近時、監査役の善管注意義務違反が認められた裁判例が出ましたので、簡単に紹介します。

本事件の内容は、財政状態が逼迫している会社において、代表取締役Aが、返済見込みのない貸付け、取締役会の承認を経ない事業への出資、過大な現物出資といった行動をとった上、8000万円を第三者に交付した（以下「本件金員交付」といいます）というものです。本事件の争点は多岐にわたりますが、監査役の善管注意義務に関する主な争点として、①監査役Bについての、本件金員交付にかかる善管注意義務違反の有無、②仮に監査役Bに善管注意義務違反があったとして、損害とされる本件金員交付により流出した8000万円との因果関係の有無、という2点について説明します。

本判決では、本件金員交付がAの善管注意義務違反を構成するとした上で、①については、Aが本件金員交付を行う可能性があることは具体的に予見可能であったこと、取締役らはこのような事態の発生を防止するための内部統制システムを取締役会において整備すべき義務を怠っていたこと、Bは取締役会への出席を通じてAの任務懈怠行為の内容を熟知していたといった状況の下、Bには、取締役会に対し、会社の資金を、定められた使途に反して合理的な理由なく不当に流出させるといった行為に対処するための内部統制システムを構築するよう助言また勧告すべき義務の違反があった旨が判示されています。加えて、Bには、取締役または取締役会に対し、Aを代表取締役から解職すべきである旨を助言または勧告すべき義務の違反があったとも判示されています。他方、これらの助言等によりかなりの効果が期待できることから、Bには会社法385条1項に基づき、Aによる一定

の債務負担行為または弁済行為を禁ずる仮処分命令の申立てをする義務までは負わないとしています（なお、責任限定契約の適用に関して、一定程度の監査は行っていたこと、内部統制システムの整備がまったく行われていなかったわけではないことといった事情から、Bの重過失は否定されています）。続いて、②につき、本件金員交付により会社に 8000 万円の損害が発生したとした上で、Bの助言等に基づき内部統制システムが構築されていれば、本件金員交付を防止することも可能であり、また、Aの解職についても助言等されていれば、Aが解職されていた、または解職に至らずとも本件金員交付を思いとどまった可能性もあったとして、Bの任務懈怠と損害との間の因果関係を認めています。

## 4 会計監査人による牽制

### I 会計監査人による牽制の具体的方法

#### 1 牽制の概要

会計監査人による牽制についても、取締役（会）や監査役（会）による牽制と同様、業務執行者に対する直接の牽制になるものと、他の機関による牽制の実効性を担保する役割を果たすものの2種類に分けて説明します。

【表5－4－1】会計監査人による牽制

① 業務執行に対する直接の牽制になるもの

| 牽制の内容 | 条文 |
| --- | --- |
| 会計監査および会計監査報告の作成 | 法396条1項 |
| 会計帳簿・資料の閲覧・謄写権限 | 法396条2項 |
| 取締役等に対する報告請求権限 | 法396条2項柱書 |
| 業務・財産状況の調査権限 | 法396条3項 |

② 他の機関による牽制の実効性を担保する役割を果たすもの

| 牽制の内容 | 条文 |
| --- | --- |
| 監査役（会）に対する報告 | 法397条1項 |
| 監査役会または監査役と意見を異にする場合の株主総会における意見申述 | 法398条1項 |

## 2　業務執行者に対する直接の牽制になるもの

(1)　会計監査および会計監査報告の作成

　会計監査人の職務は会計監査を行うことであり、この会計監査、すなわち、会社の計算書類等を監査することによって、業務執行者の業務執行を牽制します。

　会計監査人は、事業年度ごとに会計監査報告を作成します（法396条1項、計算規則126条）。この監査報告を、監査役、取締役および株主総会に提供することにより、業務執行に対する牽制を行うことが予定されています（法437条、計算規則130条）。

(2)　会計帳簿・資料の閲覧・謄写権限

　会計監査人は、いつでも、会計帳簿およびこれに関する資料の閲覧・謄写をすることができます（法396条2項）。

　計算書類等の監査が会計監査人による牽制の本質的内容であることから、この権限は、下記(4)の業務・財産状況の調査や子会社の調査と異なり、「その職務を行うため必要があるとき」との限定が付されておらず、「いつでも」行使できるものとされています。

(3)　取締役等に対する報告請求権限

　会計監査人は、いつでも、取締役・会計参与・支配人その他の使用人に対し、会計に関する報告を求めることができます（法396条2項柱書）。

　この報告請求も、上記(2)と同様、「いつでも」行使可能とされています。

(4)　業務・財産状況の調査権限

　会計監査人は、その職務を行うため必要があるときは、会社の業務および財産の状況を調査し、また、子会社に対して会計に関する報告を求め、また、子会社の業務・財産の状況を調査することができます（法396条3項）。ただし、子会社は正当な理由があるときは、報告請求や業務・財産の状況調査を拒否することができます（同条4項）。

## 3　他の機関による牽制の実効性を担保する役割を果たすもの

(1)　監査役に対する報告

　会計監査人は、その職務を行うに際して、取締役の職務の執行に関し不正な行為または法令もしくは定款に違反する重大な事実があることを発見した場合には、遅滞なく、当該事実を監査役に報告しなければなりません（法397条1項）。

会計監査人は、監査役と異なり、違法行為の差止権限（法385条。本章③Ⅰ2⑶参照）を有しておらず、取締役の不正行為等を発見した場合であっても、適時に適切な対応をとることができません。そこで、この報告義務を通じ、監査役による牽制作用の発動を促そうとしています。

なお、会計監査人の役割は会計監査ではありますが、この報告の対象となる取締役の不正行為等は、会計に関する事項に限られません。

⑵　株主総会における意見申述

会計監査人が、会計監査の結果について監査役会または監査役と意見を異にする場合には、定時株主総会に出席して意見を述べることができます（法398条1項）。この会計監査人による意見申述により、株主に対して、計算書類の承認審議のために必要な情報を提供することができます。

## Ⅱ　会計監査人による牽制の実効性を担保する仕組み

### 1　会計監査人の資格・兼任禁止

⑴　会計監査人の資格

会計監査人は公認会計士または監査法人である必要があります（法337条1項）。会計監査人の資格をこのような会計に関する専門性を有する者に限定することにより、会計監査人による牽制の質を担保しているといえます。また、公認会計士については、公認会計士法4条において欠格事由が定められており、取締役や監査役と同様、未成年者、成年後見人または被保佐人、会社法等の罪を犯して刑に処せられた者で一定期間を経過しない者といった者については、公認会計士になることができません。

⑵　会計監査人の兼任禁止

会計監査人の職務の公正な遂行を確保し牽制の実効性を確保するため、会計監査人は、会計監査の対象となる会社の業務執行者その他これに近い地位にある者の立場を兼任することができません。具体的には、同一の会社またはその親会社もしくは子会社における取締役、監査役、会計参与、執行役（および過去1年以内または監査対象期間およびその終了後3ヶ月間の期間内にこれらの地位にあった者）、使用人（および同一の会社において過去1年以内にその地位にあった者）は、会計監査人となることができません（法337条3項1号、公認会計士法24条1項・2項、同法施行令7条1項1号・8号・9号）。

また、監査法人については、その社員の中に、監査対象会社またはその親会社もしくは子会社における取締役、監査役、会計参与、執行役、使用人がいる場合には、会計監査人になることができません（法337条3項1号、公認会計士法34条の11第1項・2項、同法施行令15条4号・4号の2）。監査法人の社員の中に、過去1年以内に、監査対象会社の取締役、監査役、会計参与、執行役、財務関係の責任者の地位にあった者がいる場合も同様です（公認会計士法34条の11第1項2号・24条1項1号）。

【表5－4－2】会計監査人と他機関の兼任の可否

|  | A社の親会社 | 自己の所属する会社（A社） | A社の子会社 |
|---|---|---|---|
| 取締役 | ×（法337条3項1号） | ×（法337条3項1号） | ×（法337条3項1号） |
| 監査役 | ×（法337条3項1号） | ×（法337条3項1号） | ×（法337条3項1号） |
| 会計参与 | ×（法337条3項1号） | ×（法337条3項1号） | ×（法337条3項1号） |
| 会計監査人 | ○ |  | ○ |
| 執行役 | ×（法337条3項1号） | ×（法337条3項1号） | ×（法337条3項1号） |
| 使用人 | ×（法337条3項1号） | ×（法337条3項1号） | ×（法337条3項1号） |

○・・・兼任可、×・・・兼任不可

## 2　会計監査人の身分保障

　会計監査人による業務執行者に対する牽制の実効性を確保するためには、会計監査人の地位が、業務執行者からの不当な干渉を受けないことが重要になります。そこで、会社法は、会計監査人の地位に関して、以下のような規定を置いています。

(1) 会計監査人の選任

　会計監査人は、株主総会の決議によって選任されます（法329条1項）。その決議要件が原則として普通決議であることは取締役と同様ですが（ただし、法341条かっこ書に規定する定足数や決議要件の定款による緩和の制限は適用されません）、会計監査人の選任については、以下のような特徴があります。

　① 累積投票制度（法342条）が存在しない点

② 種類株主総会による選任ができない点
③ 会計監査人の選任に関する議案の内容は、監査役の過半数（監査役会設置会社の場合は監査役会）が決定する点（法344条1項）
④ 会計監査人は、株主総会において会計監査人の選任について意見を述べることができる点（法345条5項・1項）

特に上記③および④は、会計監査人の選任に関して、業務執行者とは独立した監査役、または会計監査人自身の関与を認めるもので、会計監査人の業務執行者からの独立性を確保する規定ということができます。

【図5－4－3】会計監査人の選任

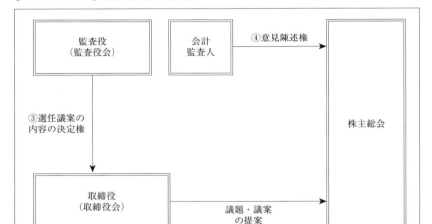

(2) 会計監査人の任期

会計監査人の任期は、選任後1年以内に終了する事業年度のうち最終のものに関する定時株主総会の終結の時までとされています（法338条1項）。しかし、定時株主総会において別段の決議がされなかったときは、当該定時株主総会において再任されたものとみなされるため（同条2項）、会計監査人を任期満了で退任させるには、定時株主総会において不再任の決議をする必要があります。

この点、株主総会に提出する会計監査人を再任しないことに関する議案の内容は、監査役の過半数（監査役会設置会社の場合は監査役会）が決定す

るものとされています（法344条。本章3 I 3(3)参照）。これも、会計監査人の地位の独立性に資するものということができます。また、会計監査人は、会計監査人の不再任について、株主総会に出席して意見を述べることができます（法345条5項・1項）。

(3) 会計監査人の解任

　ア　株主総会による解任決議

　会計監査人は、取締役と同様、株主総会の普通決議によっていつでも解任することができますが（法339条1項）、上記(2)の不再任の場合と同じく、監査役の過半数（監査役会設置会社の場合は監査役会）が決定し（法344条。本章3 I 3(3)参照）、また、会計監査人は、株主総会に出席して意見を述べることにより（法345条5項・1項）、業務執行者からの独立性に配慮した規律がなされています。

　イ　監査役による解任権

　監査役（会）には、会計監査人が職務上の義務に違反した等の一定の場合に、監査役全員の同意により、これを解任することのできる独自の権利が認められています（法340条4項・1項。本章3 I 3(3)参照）。

　万が一、会計監査人への信頼が失われるような異常な事態が生じた場合、会計監査人による牽制の実効性を維持するためには、当該会計監査人を適時に解任することが重要です。しかしながら、上場会社等においては、会計監査人の解任のための臨時株主総会の招集が容易ではないことが多いため、株主総会決議なくして会計監査人の解任を迅速に行うことを可能とすべく、このような監査役による解任制度が設けられています。

　なお、解任後最初に招集される株主総会に対して、監査役は、解任した旨と解任の理由について報告することとされていますが（法340条3項）、会計監査人の身分保障の趣旨から、この株主総会には、解任された会計監査人も出席して、解任についての意見を述べることができます（法345条5項・2項）。

(4) 会計監査人の報酬

　監査役の報酬と同様、業務執行者に対して牽制作用を働かせる会計監査人の報酬について、業務執行者を含む取締役が決定できるとした場合、会計監査人による適切な牽制作用を期待することができません。取締役としては、会計監査人の報酬を低く設定することにより、会計監査人が十分な

質と量を伴った会計監査を実施することを困難にしようとするインセンティブが働きかねませんし、他方で、この報酬が高すぎる場合には会計監査人と取締役間に不当な癒着が生じかねないからです。

そこで、取締役は、会計監査人の職務を行うべき者の報酬等を定める場合には、監査役の過半数（監査役会設置会社の場合は監査役会）の同意を得なければなりません（法399条1項・2項）。また、会計監査人と取締役間の癒着を防止するためにも、公開会社において、会計監査人の報酬等の額および監査役（会）が同意した理由は、非監査業務の内容とともに、事業報告の内容として開示対象とし（施行規則126条2号・3号）、会計監査人と取締役との癒着の防止を図っています。

### 3　会計監査人の責任

取締役や監査役と同様、会計監査人は、その義務に違反して会社または第三者に損害を負わせた場合、当該損害を賠償する責任を負います（取締役につき**第4章**③ⅢおよびⅣ、本章②Ⅱ3(1)、監査役につき本章③Ⅱ3参照）。また、刑事責任を負うこともあります。

そこで会計監査人としては、これらの責任を負わないよう、会計監査人としての職務を執行することが動機づけられることになります。

(1)　会社に対する責任

取締役および監査役と同様、会計監査人は、その任務を怠ったときは、会社に対して、これによって生じた損害を連帯して賠償する責任を負います（法423条1項・430条）。

(2)　第三者に対する責任

第三者に対する責任についても、取締役および監査役と同様、会計監査人がその職務を行うにつき悪意・重過失があったときは、その会計監査人は、これによって第三者に生じた損害を連帯して賠償する責任を負います（法429条1項・430条）。

また、会計監査人は、会計監査報告に記載・記録すべき重要な事項について虚偽の記載・記録をしたときは、その行為をすることにつき注意を怠らなかったことを証明しない限り、第三者に対して連帯して損害賠償する責任を負います（法429条2項4号・430条）。

(3)　刑事責任

会計監査人は、取締役や監査役と異なり、会社財産の保護を目的とする

刑事責任を負うとの規定はありませんが、経営の公正の確保を目的とする刑事責任を負うことがあります（取締役の刑事責任については**第4章**4参照）。

### 4 その他の牽制の実効性を担保する仕組み

#### (1) 計算書類等の備置または閲覧・謄写

会計監査人の監査した計算書類は、一定期間、本店（支店には写し）に備え置かなければならず、株主等による閲覧・謄写請求の対象となります（法442条）。このように、監査した計算書類が株主等に開示されることによって、会計監査人としては不適切な監査を行わないように動機づけがされ、監査の正確性・実効性を担保することにつながっています。

#### (2) 公認会計士法による規律

会計監査人による牽制（会計監査）の実効性を担保する仕組みとしては、公認会計士法に規定される規律も重要な意義を有します。たとえば、会計監査人となる公認会計士・監査法人は、会社との間で記帳代行やビジネスにかかる相談業務（非監査業務）を行い、経営判断に関与することがあります。この場合、自己監査を防ぐという観点から、一定の規模の会社等について、監査と同時にこれらのサービスを提供することは禁止されています（公認会計士法24条の2、同法施行規則6条）。その他、退職後にすぐに被監査会社の役員等に就職することを原則として禁ずる規定（公認会計士法28条の2）や、連続して一定期間以上監査を行った場合には、一定期間監査を行ってはならないとする規定（同法24条の3）等が存在します。

---

### コラム⑪ 反社会的勢力の排除

#### 1 反社会的勢力の意義および排除の必要性

「反社会的勢力」とは、暴力、威力と詐欺的手法を駆使して経済的利益を追求する集団または個人をいうとされています。その典型例は暴力団といわれる組織ですが、具体的な該当性判断にあたっては、属性要件（暴力団、暴力団関係企業、総会屋等の組織に属しているかどうか）のみならず行為要件（暴力的な要求行為、法的な責任を超えた不当要求等の行為があるかどうか）も検討することが適切であると考えられています。

反社会的勢力を、その資金源を絶つことによって社会から排除していくことは、治安対策上、極めて重要な課題であり、企業にとっても、社会的責任を果たす観点から非常に重要となっています。近時は、特に企業にお

けるコンプライアンス重視の流れが強く、反社会的勢力に屈することなく法令を遵守して対応することや資金提供を行わないこと等は、コーポレート・ガバナンスのあり方として極めて重要といえます。

## 2 反社会的勢力の排除に関する法制

反社会的勢力の排除に関する主な法制を時系列順に挙げると、次のようなものがあります。

### (1) 暴力団員による不当な行為の防止等に関する法律（1991年）

この法律は、暴力団を初めて法的規制の対象としてとらえ、その活動を規制する手法を導入したものです。これまで複数回の改正を経ていますが、2008年の改正では、国・地方公共団体は、暴力団による不当な行為を防止し、これにより事業活動または市民生活に生じた不当な影響を排除するための事業者や国民等の活動を促進するような必要な施策を講ずるものとされました（同法32条3項）。

### (2) 「企業が反社会的勢力による被害を防止するための指針」（2007年）

反社会的勢力による企業への接近、攻撃、癒着の方法が巧妙になってきたことから、政府が企業と反社会的勢力の関係遮断に乗り出し、策定に至ったものです。同指針では、「反社会的勢力による被害の防止は、業務の適正を確保するために必要な法令等遵守・リスク管理事項として、内部統制システムに明確に位置付けることが必要」と明記されました。もっとも、これはあくまで指針であって法規範ではないため、仮に違反したとしても制裁を伴わないという限界がありました。

### (3) 暴力団排除条例（2009年～）

暴力団の排除に関する規制を各都道府県が制定する条例によって定めたものです。2009年に福岡県で暴力団排除条例が制定されたのを皮切りに、2011年までに全国すべての都道府県において制定されました。

たとえば、東京都暴力団排除条例においては、事業者に対して、取引の相手方が暴力団関係者でないことを確認するよう努める義務や（同条例18条1項）、書面によって契約を締結する場合において暴力団排除条項を規定するよう努める義務等が定められています（同条2項）。もっとも、これらは、いずれも努力義務であり、違反をしても行政処分や刑事罰は科せられません（もっとも、相手方が「規制対象者」（同条例2条5号）に該当する場合には、事業者が利益供与を受け、または利益供与をすることが禁止され（同条例24条）、これに違反すれば、勧告、公表、命令および罰則の対象となります）。

## 3 反社会的勢力の排除とコーポレート・ガバナンス

反社会的勢力による活動（不当要求等）は、企業の経営者のみならず、従業員・派遣社員等の個人や関係会社等を含めて標的とするものもあります。したがって、反社会的勢力の問題は、経営者だけが気をつけていれば

済むものではありません。また、過去の事例をみればわかるように、社内で反社会的勢力との関係に起因する不祥事が生じた場合には、外部への発覚を恐れて、関係者限りで事実を隠ぺいしようとする力が社内で働きかねません。

こうしたことから、反社会的勢力を排除するには、コーポレート・ガバナンスとして、会社全体（グループ会社も含めて）による対処が必要と考えられます。具体的には、会社組織を挙げて反社会的勢力との関係を徹底的に排除するシステムや、万が一接触等があったときには警察や弁護士をはじめとする外部専門機関と連携して対応することが可能なシステムを、内部統制システムの一環としてあらかじめ整備することが不可欠と考えられます。たとえば、①新規取引先と取引する場合には事前に必ず反社会的勢力の関係者でないことを確認する手続を定めること、②反社会的勢力の排除に対応する担当部署と担当役員を指名すること、③万が一反社会的勢力から接触があった場合における対応プロセス等を定めること、等が考えられます。

＜主要参考文献＞
・犯罪対策閣僚会議幹事会申合せ「企業が反社会的勢力による被害を防止するための指針」（2007年6月19日）
・内閣官房副長官補付「企業が反社会的勢力による被害を防止するための指針に関する解説」（2007年6月19日）
・犬塚浩＝加藤公司＝尾﨑毅編著『暴力団排除条例と実務対応——東京都暴力団排除条例と業界別実践指針』（青林書院、2014年）
・愛知県弁護士会民事介入暴力対策特別委員会編『Q&A 誰でもわかる暴力団対策関係法の解説——反社会的勢力に対する実践的対応策』（民事法研究会、2010年）

## コラム⑫企業の社会的責任（CSR）

### 1　はじめに

近年、「企業の社会的責任」（Corporate Social Responsibility：CSR）が注目されています。会社法には直接的に規定されてはいませんが、CSRへの配慮・取組みは国際的にみて急速に浸透してきており、日本でも、ますます多くの企業が、自社のウェブサイト等において、CSR活動を報告するようになっています。

### 2　CSRの背景

日本においては、高度経済成長の中で公害問題が多発し、大きな社会的被害をもたらした1970年代に、初めてCSRが注目されるようになりまし

た。その後、2000年代に入り、食中毒事件や偽装問題等、企業の信頼性を根底から揺るがす事件が続発したことから、CSRに関する問題が再び大きく取り上げられることとなりました。

　国際的にも、相次ぐ企業不祥事や環境問題の深刻化、所得格差の拡大等を背景に、「企業は利益を追求するだけでなく、事業活動が社会に与える影響に責任を持ち、社会問題の解決に役割を果たすべき」との考え方が浸透してきました。特に、2001年に米国のエンロン社が不正な経理操作の事件を起こしたことをきっかけとして、世界的に、コーポレート・ガバナンスを重視した経営を求める機運が高まり、その1つとして、CSRが強く意識されるようになりました。

　このように、CSRは、最近新たに出てきた概念ではなく、歴史的背景を踏まえてますます注目されるようになってきた、企業にとっての重要な課題であるといえます。

### 3　CSRの内容

　CSRには明確な定義はなく、様々な用いられ方をされています。実際に、CSRに関する国際指針・国際規格は複数あり、たとえば、OECD多国籍企業行動指針、ISO26000、多国籍企業および社会政策に関する原則、ILO三者宣言等が挙げられます。もっとも、共通していえることは、CSRは、企業の行動や果たすべき機能として、利益の極大化、顧客の満足、株主価値の拡大にとどまらず、広くステークホルダーとの関係を重視しながら、社会的公正性を保つことや、環境対策を施すこと等、社会に対する責任や貢献に配慮することによって、長期にわたって持続的に成長することをめざす社会的存在としての企業の役割を強調するものということができます。

　CSRの具体的な内容について、日本企業においてよく参照されている国際規格であるISO26000では、7つの原則（①説明責任、②透明性、③倫理的な行動、④ステークホルダーの利害の尊重、⑤法の支配の尊重、⑥国際行動規範の尊重、⑦人権の尊重）が提示されています。この7つの原則は、大きく分けると、組織の行動様式にかかる3原則（①②③）、ステークホルダーとの関係にかかる原則（④）、法規範の尊重に関する3原則（⑤⑥⑦）に分けることができます。そして、日本を代表する大企業と業界団体により構成される経団連においては、CSRへの取組みの一環として、1991年以降、「企業行動憲章」およびその「実行の手引き」を定めています。

### 4　CSRのメリット

　社会的責任を果たす最大のメリットは、①社会からの信頼を得ることにあります。そのほか、①に関連しますが、②法令違反等社会の期待に反する行為によって事業継続が困難になることの回避、③組織の評判、知名度およびブランドの向上、④従業員の採用・定着、士気向上、健全な労使関係への効果、⑤消費者とのトラブルの防止・削減やその他ステークホル

ダーとの関係向上、⑥資金調達の円滑化、販路拡大、安定的な原材料調達等の効果が期待できるといわれています。

### 5 社会的責任投資

CSRに似た概念として、社会的責任投資（Socially Responsible Investment：SRI）というものがあります。CSRは、企業の側からの社会的責任についてのものですが、SRIは、投資家の側からの社会的責任のことをいいます。近年においては、投資家においても、企業への投資選択にあたって、ROI（投資資本利益率）、ROE（株主資本利益率）、ROA（総資本利益率）等のような経済的・財務的指標のみならず、社会的・環境的指標も重視・考慮した上で投資することが求められるようになっています。

### 6 今 後

このように、コーポレート・ガバナンスの重要性が注目される中、企業にとっては、CSRへの配慮・取組みが必要不可欠な課題となってきています。

コーポレートガバナンス・コードにおいても、環境問題や社会問題などのサステナビリティー（持続可能性）に関する課題への対応が会社にとっての重要なリスク管理の一部であるとされており、積極的・能動的に取り組むべきとされており（**第9章3Ⅱ3参照**）、CSRの重要性について着目されています。

また、これまでは、大企業を中心にCSRに対する取組みが進んできたというのが現状でしたが、今後は、大企業がその取引先である中小企業に対してCSRへの取組みに対する期待・要請を強めること等により、CSRが中小企業にとってもますます身近な課題になる可能性があるといわれています。

＜主要参考文献＞
・経済産業省「グローバル企業が直面する企業の社会的責任の課題」（2014年）
・一般社団法人日本経済団体連合会「企業行動憲章 実行の手引き（第6版）」（2010年）
・橘髙研二「企業の社会的責任（CSR）について——思想・理論の展開と今日的なあり方」農林金融2006年9月号（2006年）
・萩原愛一「企業の社会的責任（CSR）——背景と取り組み」国立国会図書館・調査と情報476号（2005年）

# 第6章
# 指名委員会等設置会社における他機関による牽制

# 1 総　論

　指名委員会等設置会社では、取締役会によって選任される執行役が、広範な業務執行の決定および執行を行うことが予定されていますが（法416条4項・418条）、これに対して取締役会は、執行役による業務執行に対し、直接または個々の取締役を通じて一定の牽制を加えるほか、取締役から構成される指名委員会・監査委員会・報酬委員会という3つの委員会を通じて牽制するという役割を担っています。こうすることによって、執行役による迅速かつ機動的な業務執行の意思決定と、取締役会の牽制を通した株主意思の反映が期待されているのです。また、指名委員会等設置会社では会計監査人の設置が強制されており、常に会計監査人による会計監査が行われます。

　指名委員会等設置会社における他機関による牽制を簡単にまとめると、以下のようになります。なお、株主総会も機関の1つですが、株主総会による牽制については、**第8章**において説明します。

【図6－1－1】他の機関による主な牽制

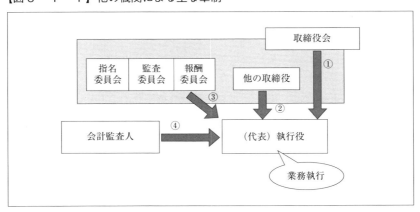

| 取締役会による牽制 | 取締役会による直接の牽制（①） | 重要な業務執行の決定、職務執行の監督、執行役の選任・解任 |
|---|---|---|
| | 個々の取締役による牽制（②） | 職務執行の監督 |

| | 各委員会を通した牽制（③） | 指名委員会による取締役の選任・解任議案の内容の決定<br>監査委員会による職務執行の監査<br>報酬委員会による報酬の決定 |
|---|---|---|
| 会計監査人による牽制（④） | | 会計監査 |

## 2 取締役・取締役会による牽制

### I 取締役会による牽制の具体的な方法

#### 1 牽制の概要

本章1で述べたような指名委員会等設置会社のシステムを実効性のあるものとするために、指名委員会等設置会社における取締役会は、監査役（会）設置会社におけるそれとは以下の点で異なっています。

① 迅速かつ機動的な意思決定を確保すべく、執行役に対して業務執行の決定を委任できる範囲が拡大されていること
② 執行役による迅速かつ機動的な意思決定の確保およびその公正さの確保のため、取締役会は主に執行役に対する監督機能を担い、取締役会の中に設置されている各委員会に強い監督権限が与えられていること
③ 社内の人間関係に束縛されず相互に監視作用が働くようにするため、社外取締役の選任が義務づけられていること
④ 個々の取締役は、原則として業務執行権限を有しないこと

以下、これらの特徴を踏まえて、取締役会による業務執行の牽制方法について説明します。

#### 2 重要な業務執行の決定

(1) 原則（取締役会による決定）

監査役（会）設置会社における取締役会と同様、取締役会は業務執行を決定する権限を有しています。業務執行の決定について、業務執行者である執行役自身ではなく、取締役会が行うとすることで、執行役による個別具体的な業務執行に対して一定の歯止めをかけるという効果があります。

もっとも、指名委員会等設置会社においては、下記(2)に述べるとおり、監査役（会）設置会社における取締役会と異なり、執行役に対して広く業

務執行の決定の委任をすることができます。
  (2) 例外（執行役への広範な委任）
　監査役（会）設置会社においては、会社法362条4項に例示されている事項をはじめとする「重要な業務執行の決定」については、取締役に委任することができません（**第5章2 I 2(2)参照**）。他方で、指名委員会等設置会社においては、業務執行の決定はすべて執行役に委任できることを原則としつつ、会社法416条4項ただし書に列挙されている事項については委任ができないとの規定となっています（また、同条2項の事項についても委任できないと解されています）。指名委員会等設置会社においては、執行役へ業務執行の決定の委任を行うことを前提に、最低限取締役会に留保しておくべき権限が定められているといえます。
　このように、業務執行の決定権限の留保による牽制という観点からみれば、指名委員会等設置会社における取締役会の牽制機能は、監査役（会）設置会社の場合と比べると弱いということができます。もっとも、この点については、執行役への委任により迅速な意思決定を可能にするという機関設計の目的に加え、社外取締役を中心とした各委員会による牽制や取締役会によるその他の監督機能により十分な牽制が可能となるという説明がされています。
  (3) 委任することのできない業務執行の決定
　執行役に広く業務執行の決定権限が委任されるとしても、次の事項については委任することはできません。
　まず、指名委員会等設置会社において、取締役会は、【表6－2－1】②に記載する事項について決定しなければなりません（法416条2項・1項1号イ～ホ）。これらは、会社経営の基本方針や業務執行の体制を定める、会社の基本的な事項であり、取締役会がこれらの事項を決定することで、個別具体的な業務執行を担う執行役に対する牽制となっています。そして、取締役会は、これらの事項の決定を個々の取締役および執行役に委任することはできません（同条3項）。
　また、①株主の権利の帰属・内容に関する事項、②株主総会に関する事項、③取締役会内部の事項、④委員会・執行役等の人事に関する事項、⑤会社の組織変更に関する事項等一定の重要な事項の決定については、執行役に対する委任が許されず、取締役会において決定されなければならない

とされています（法416条4項ただし書等。【表6－2－1】①参照）。これらの事項は、その性質上、会社に与える影響が大きく、迅速かつ効率的な判断よりも慎重かつ適切な判断が要請されるため、執行役の決定に任せることはせず、必ず取締役会による決定を必要としたものです。

**【表6－2－1】執行役に決定を委任することができない事項**
① 会社法416条4項ただし書列挙事由等

| 株主の権利の帰属・株主の権利の内容に関する事項 | a. 譲渡制限株式の譲渡承認の可否の決定および指定買取人の指定（法416条4項1号・136条・137条1項・140条4項）<br>b. 市場取引等による自己株式取得における取得株式数等の決定（法416条4項2号・165条3項・156条1項）<br>c. 譲渡制限新株予約権に対する譲渡承認の可否の決定（法416条4項3号・262条・263条1項） |
|---|---|
| 株主総会に関する事項 | d. 株主総会の招集事項の決定（法416条4項4号・298条1項）<br>e. 株主総会に提出する議案の内容の決定（取締役、会計参与および会計監査人の選任・解任・不再任に関するものを除く。法416条4項5号） |
| 取締役会内部の事項 | f. 取締役・執行役の競業取引・利益相反取引の承認（法416条4項6号・365条1項・356条1項・419条2項）<br>g. 取締役会を招集する取締役の決定（法416条4項7号・366条1項ただし書） |
| 委員会・執行役等の人事に関する事項 | h. 各委員会の委員の選定・解職（法416条4項8号・400条2項・401条1項）<br>i. 執行役の選任・解任（法416条4項9号・402条2項・403条1項）<br>j. 代表執行役の選定・解職（法416条4項11号・420条1項・2項） |

| 会社の組織変更に関する事項 | k. 事業譲渡等の承認（当該会社の株主総会の決議による承認を要しないものを除く。以下 l. ないし o. においても同様）（法416条4項15号・467条1項各号）<br>l. 合併契約の内容の決定（法416条4項16号）<br>m. 吸収分割契約の内容の決定（法416条4項17号）<br>n. 新設分割計画の内容の決定（法416条4項18号）<br>o. 株式交換契約の内容の決定（法416条4項19号）<br>p. 株式移転計画の内容の決定（法416条4項20号） |
|---|---|
| その他 | q. 執行役または取締役を訴訟の当事者とする訴えにおける会社の代表者の決定（法416条4項10号・408条1項1号）<br>r. 会社法426条1項の規定による定款の定めに基づく会社法423条1項の責任の免除（法416条4項12号）<br>s. 計算書類、臨時計算書類、連結計算書類、事業報告およびこれらの付属明細書の承認（法416条4項13号・436条3項・441条3項・444条5項）<br>t. 中間配当における配当に関する事項の決定（法416条4項14号・454条5項・1項） |

② 会社法416条1項1号列挙事由

| ア | 経営の基本方針 |
|---|---|
| イ | 監査委員会の職務の執行のため必要なものとして法務省令で定める事項（下記のとおり。施行規則112条1項）<br>(i) 当該会社の監査委員会の職務を補助すべき取締役および使用人に関する事項<br>(ii) (i)の取締役および使用人の当該会社の執行役からの独立性に関する事項<br>(iii) (i)の取締役および使用人に対する指示の実効性の確保に関する事項<br>(iv) 以下の体制その他の当該会社の監査委員会への報告に関する体制<br>　・当該会社の取締役（監査委員である取締役を除く）、執行役および会計参与ならびに使用人が監査委員会に報告をするための体制<br>　・当該会社の子会社の取締役、会計参与、監査役、執行役、業務を執行する社員、使用人等およびこれらの者から報告を受けた者が監査委員会に報告するための体制<br>(v) (iv)の報告をした者が当該報告をしたことを理由として不利な取扱いを受けないことを確保するための体制 |

| | |
|---|---|
| | (vi) 当該会社の監査委員の職務の執行について生ずる費用の前払または償還の手続その他の当該職務の執行について生ずる費用または債務の処理にかかる方針に関する事項<br>(vii) その他当該会社の監査委員会の監査が実効的に行われることを確保するための体制 |
| ウ | 執行役が2人以上ある場合における執行役の職務の分掌および指揮命令の関係その他の執行役相互の関係に関する事項 |
| エ | 執行役による取締役会の招集の請求を受ける取締役 |
| オ | 内部統制システムに関する事項（下記のとおり。施行規則112条2項）<br>(i) 当該会社の執行役の職務の執行にかかる情報の保存および管理に関する体制<br>(ii) 当該会社の損失の危険の管理に関する規程その他の体制<br>(iii) 当該会社の執行役の職務の執行が効率的に行われることを確保するための体制<br>(iv) 当該会社の使用人の職務の執行が法令・定款に適合することを確保するための体制<br>(v) 以下の体制その他の当該会社およびその親会社・子会社からなる企業集団における業務の適正を確保するための体制<br>・子会社の取締役や執行役等の職務執行にかかる事項の当該会社への報告に関する体制<br>・子会社の損失の危険の管理に関する規程その他の体制<br>・子会社の取締役等の職務の執行が効率的に行われることを確保するための体制<br>・子会社の取締役等および使用人の職務執行が法令・定款に適合することを確保するための体制 |

### (4) 特別取締役制度の不存在

なお、指名委員会等設置会社では、監査役（会）設置会社（**第5章**2 I 2(3)参照）や監査等委員会設置会社（**第7章**2 I 2(3)参照）と異なり、特別取締役制度を導入することはできません（法373条1項）。指名委員会等設置会社においては、取締役会は執行役に業務執行の決定を広く委任することができるためです。

### 3 執行役および取締役の職務の執行の監督

指名委員会等設置会社における取締役会は、監査役（会）設置会社における取締役の職務執行の監督と同様、執行役および取締役の職務執行の監

督を行います（法416条1項2号）。

　指名委員会等設置会社の業務執行は執行役・代表執行役により行われ、また業務執行の決定についても執行役に広く委任することが予定されていますので、指名委員会等設置会社における取締役会の役割としては、業務執行の決定よりも監督機能に重点が置かれることになります。そのため、この執行役の職務執行の監督という取締役会の役割は、取締役会による牽制機能の中でも中心的な役割を担うものになります。

### 4　執行役の選任・解任および代表執行役の選定・解職

#### (1)　概　要

　取締役会は、業務執行者たる執行役の選任・解任権限を有しており、また代表執行役の選定・解職権限も有しています。このように取締役会は、人事を直接コントロールすることを通じ、執行役・代表執行役に対する牽制を行っています。

#### (2)　執行役の選任・解任

　取締役会は、その決議によって執行役を選任し（法402条2項）、またその決議によって、いつでも執行役を解任できます（法403条1項）。

　このように、「いつでも」解任できるという強力な権限を取締役会に付与することにより、執行役に対する効果的な牽制を行っています（ただし、解任について正当な理由がない場合には、会社は、執行役に対して解任によって生じた損害を賠償しなければなりません（法403条2項））。

#### (3)　代表執行役の選定・解職

　取締役会は、代表執行役についても、執行役の中から選定する権限を有しており（法420条1項）、また、取締役会の決定によっていつでも解職することができます（同条2項）。会社の業務に関する一切の代表権が集中することになる代表執行役の人選は、会社の適切な業務執行を確保する上で重要な意義を有しており、それに対する人事権を取締役会がコントロールすることで、業務執行の適正さを確保しているということができます。

### 5　取締役会によるその他の牽制方法について

#### (1)　内部統制システムの構築に関する事項の決定

　指名委員会等設置会社では、監査委員会が内部統制部門を通じて取締役および執行役の職務の執行の監査を行います。そのため取締役会は、いわ

ゆる内部統制システムの整備に関する事項を決議しなければなりません（法416条1項1号ロ・ホ、施行規則112条1項・2項。なお、内部統制システムに関する平成26年改正については**第2章3V3**参照）。この内部統制システムが機能することにより、執行役に対する牽制となるほか、監査委員会による牽制の実効性が確保されます。具体的にいかなる内部統制システムを構築し、実際に機能させる義務があるかについては、監査役（会）設置会社と同様と考えられます（**第5章2Ⅰ5**参照）。

(2) 株主総会の招集・議案等の決定

株主総会の招集権者は原則として取締役ですが、その日時や場所、議題や議案等については取締役会が決定します（法298条1項・4項、施行規則63条）。これにより、取締役会としては、たとえば、業務執行者にふさわしくないと考える取締役の再任議案を提出しない、または解任議案を提出する、といった牽制を行うことができます。

(3) 競業取引・利益相反取引の承認

取締役または執行役が競業取引・利益相反取引をする際、取締役会において、当該取引について重要な事実を開示し、その承認を受けなければなりません（法365条・356条1項・419条2項・416条4項6号参照。**第4章3Ⅱ3および4**参照）。このような承認を必要とすることによって、業務執行者たる執行役が、会社の利益を犠牲にして、不適切な競業取引や利益相反取引を行わないように牽制しているといえます。

### 6　個々の取締役による牽制

取締役会を構成する個々の取締役も、監査役（会）設置会社における取締役と同様に、業務執行者に対する牽制機能を有します。業務執行者に対する直接の牽制となる主なものとしては、取締役および執行役の職務執行の監督や各訴訟の提訴権があり、他の機関による牽制の実効性を担保する役割を果たす主なものとしては、取締役会の招集請求権・招集権や株主総会における説明義務といったものが挙げられます。これらについては、監査役（会）設置会社の場合とほぼ同様ですので、**第5章2Ⅲ**を参照してください。また、各委員会の委員としての取締役による牽制については、本章3Ⅰを参照してください。

## Ⅱ 取締役会による牽制の実効性を担保する仕組み

取締役・取締役会による牽制の実効性を担保する仕組みとしては、監査役（会）設置会社の場合とほぼ同じものが用意されていますが（第5章②ⅡおよびⅢ4参照）、以下では、監査役（会）設置会社の場合と異なる点を中心に述べます。

### 1 社外取締役

指名委員会等設置会社に設置する各委員会の委員は3人以上の取締役で構成されますが、その過半数は社外取締役でなければならないとされています（法400条1項〜3項）。したがって、指名委員会等設置会社では、最低2人の社外取締役が選任されます。このように2人以上の社外取締役がいることで、取締役会における社外取締役の存在感が増しますので、客観的・中立的な立場からの監督機能という社外取締役としての役割が強化されることになります。もちろん監査役（会）設置会社においても任意に社外取締役を2人以上選任することはできますが、指名委員会等設置会社では、それが会社法の定める制度として担保されているという点に違いがあります。

### 2 取締役会の運営

取締役会の運営方法は、基本的に監査役（会）設置会社の場合と同じですが、取締役会の招集に関しては、定款または取締役会で招集権者を定めた場合であっても、委員会がその委員の中から選定する者は、取締役会を招集することができるとされています（法417条1項）。これは、委員会が取締役の職務執行を牽制する立場にあることから認められたものと考えられます。また、執行役には、取締役会の招集請求権・招集権が認められています（同条2項）。

### 3 取締役会への報告義務・説明義務

指名委員会等設置会社においては、取締役会による牽制作用を効果的なものにするため、委員や執行役に以下のような報告義務が課せられています。

委員会がその委員の中から選定する者は、遅滞なく、当該委員会の職務の執行の状況を取締役会に報告しなければなりません（法417条3項）。さらに監査委員については、執行役・取締役の不正行為やそのおそれ、法令・定款に違反する事実や著しく不当な事実があると認めるときは、遅滞

なく、その旨を取締役会に報告することが義務づけられています（法406条）。

執行役については、3ヶ月に1回以上、自己の職務の執行の状況を取締役会に報告する義務があります（法417条4項）。この報告は、他の執行役を代理人として行うことができますが（同項後段）、報告自体を省略することはできません（法372条3項）。また、執行役は、取締役会の要求があったときは、取締役会に出席し、取締役会が求めた事項について説明をしなければなりません（法417条5項）。

## 3 各委員会による牽制

### I 各委員会の概要

指名委員会等設置会社では、経営者からの影響を排除して、業務執行の公正中立な監督を行うという観点から、社外取締役を活用して各委員会に取締役の選任・解任議案や取締役・執行役等の報酬の決定という人事権やその前提となる監査機能を与え、監督の実効性を確保することを企図しています。

各委員会の主な権限は【表6－3－1】のとおりです（法404条）。

【表6－3－1】各委員会の主な権限

| 指名委員会 | 株主総会に提出する取締役・会計参与の選任・解任に関する議案の内容の決定等 |
|---|---|
| 監査委員会 | 執行役・取締役・会計参与の職務の執行の監査および監査報告の作成、株主総会に提出する会計監査人の選任・解任等に関する議案の内容の決定等 |
| 報酬委員会 | 取締役・執行役・会計参与の個人別の報酬等の内容の決定等 |

---

ワンポイント！＜各委員会の構成員の状況（コーポレート・ガバナンス白書）＞

2014年7月14日時点の調査によれば、東証に上場する委員会設置会社（現在の指名委員会等設置会社）の各委員会の人数の平均は、指名委員会が4.00名、報酬委員会が3.79名、監査委員会が3.56名となっており、全体

として取締役3名で構成する会社が最も多くなっています。
　常勤委員の割合についてみると、監査委員会では20.7%、報酬委員会では13.0%、指名委員会では12.3%となっています。
　各委員会の委員長の属性については、社外取締役が委員長を務める比率は、監査委員会で68.4%、報酬委員会で61.4%、指名委員会で54.4%となっています。

## Ⅱ　指名委員会による牽制

　指名委員会は、株主総会に提出する取締役・会計参与の選任・解任に関する議案の内容を決定します（法404条1項）。

　指名委員会が取締役等の選任・解任の議案の内容を決定する趣旨は、社外取締役が過半数を占める指名委員会の決定を経ることにより、執行役に対する監督機能を適切に発揮できる取締役候補者を指名するということにあります。指名委員会等設置会社においては、執行役と取締役の兼任が許されており、かつ、取締役会には社外取締役が過半数であることは要求されていないので、取締役の選任・解任に関する議案の内容の決定権を取締役会に与えた場合には、監督権限を適切に行使できない人材が取締役として選任されるおそれがあるため、社外取締役が過半数を占める指名委員会に取締役の選任・解任の決定権を与えたのです。

## Ⅲ　監査委員会による牽制

### 1　牽制の概要

　監査委員会または個々の監査委員による牽制方法は、【表6－3－2】のとおり、大きく、業務執行者に対する直接の牽制になるものと、他の機関による牽制の実効性を担保する役割を果たすものの2種類に分けられます。これらは、監査役（会）に認められた権限とほぼ同様の内容となっています。

【表6－3－2】監査委員会による牽制
① 業務執行者に対する直接の牽制になるもの

| | 牽制の内容 | 牽制の主体 | 条文 |
|---|---|---|---|
| (1) | 執行役・取締役・会計参与の職務執行の監査および監査報告の作成 | 監査委員会 | 法404条2項1号 |
| (2) | 職務執行に対する調査権限 | 監査委員会が選定する監査委員 | 法405条 |
| (3) | 違法行為の差止権限 | 各監査委員 | 法407条 |
| (4) | 会社との訴え等における会社の代表権限・会社による補助参加への同意権限 | 監査委員会が選定する監査委員 | 法408条・849条3項3号 |
| (5) | 執行役・取締役の免責等に関する同意 | 各監査委員 | 法425条3項3号等 |

② 他の機関による牽制の実効性を担保する役割を果たすもの

| | 牽制の内容 | 牽制の主体 | 条文 |
|---|---|---|---|
| (1) | 取締役会への報告義務 | 各監査委員 | 法406条 |
| (2) | 会計監査人の選任・解任・不再任に関する株主総会議案の内容の決定 | 監査委員会 | 法404条2項2号 |

## 2 業務執行者に対する直接の牽制になるもの

(1) 職務執行の監査および監査報告の作成

　監査委員会は、監査役（会）設置会社における監査役（会）と同様に、業務執行者による職務執行に対する監査を行います。

　監査委員会は、会社の業務執行の妥当性を監督する取締役会の構成員である取締役により構成されていることから、監査委員会による監査は、適法性監査のみならず、妥当性監査や効率性監査も含むとされています。

　そして、独任制の機関であって各自が監査を行うことが一般的である監査役と異なり、監査委員会による監査は、内部統制部門を通じて監査を行うことが予定されています。そのために必要な監査体制の整備は、内部統

制システムの一環として、取締役会が決定します（法416条1項1号ロ。本章②Ⅰ5⑴参照）。

また、監査委員会は、事業年度ごとに監査報告を作成します（法404条2項1号、施行規則131条、計算規則129条）。この監査報告を取締役および株主総会に提供することにより、業務執行に対する牽制を行うことが予定されています（法437条、施行規則133条、計算規則133条等）。

⑵　職務執行に対する調査権限

監査委員会が選定する監査委員は、いつでも、執行役・取締役・会計参与・使用人に対し、その職務の執行に関する事項の報告を求め、または、会社の業務・財産状況の調査をすることができ（法405条1項）、さらに必要があるときは子会社に対して事業の報告を求めることや、子会社の業務・財産状況の調査を行うことができます（同条2項）。これは、監査委員会による監査を効果的に行うことを可能にするため、特定の監査委員に対して調査権限を与えたもので、その内容は監査役の調査権限（法381条）と同様のものです（**第5章③Ⅰ2⑵参照**）。

なお、監査委員会によって選定された監査委員は、このような報告の徴収や調査に関する事項について監査委員会の決議があるときは、決議に従わなければなりません（法405条4項）。

⑶　違法行為の差止権限

各監査委員は、執行役・取締役が会社の目的の範囲外の行為その他法令・定款に違反する行為をした場合や、そのような行為をするおそれがある場合において、これによって会社に著しい損害が生ずるおそれがあるときは、執行役・取締役に対して、当該行為の差止めを請求する権限を有しています（法407条1項）。これは、監査役（会）設置会社において監査役に認められた権限と同様です（法385条。**第5章③Ⅰ2⑶参照**）。

⑷　会社との訴え等における会社の代表権限・会社による補助参加への同意権限

指名委員会等設置会社において、会社が監査委員以外の取締役や執行役に対して訴えを提起し、または反対に監査委員以外の取締役や執行役が会社に対して訴えを提起した場合、監査役（会）設置会社における監査役と同様に、監査委員会が選定した監査委員が会社を代表します（法408条1項2号）。これに関係して、各監査委員は、株主から株主代表訴訟の提起

前の提訴請求を受ける権限、株主代表訴訟の提起について訴訟告知を受ける権限、株主代表訴訟の和解について裁判所から通知・催告を受ける権限等を有しています（法408条5項）。また、株主代表訴訟において会社が監査委員を除く取締役を補助するために訴訟に参加する場合には、各監査委員の同意を得なければならないとされている点（法849条3項3号）も監査役（会）設置会社における監査役と同様です（**第5章**3 I 2(4)参照）。

一方、会社が監査委員に対して訴えを提起する場合は、監査委員同士によるなれ合いを防ぐため、取締役会または株主総会が会社を代表する者を定めるとされています（法408条1項1号）。

(5) 執行役等の免責等に関する同意

執行役・取締役（監査委員は除きます）の会社に対する責任に関し、その一部免除に関する議案を株主総会に提出する場合（法425条3項3号）、取締役会の決議によって一部免除ができる旨の定款変更をする等の場合（法426条2項）、責任限定契約を締結することができる旨の定款変更をする場合（法427条3項）には、それぞれ監査委員全員の同意が必要とされています。これらは、監査役に認められた牽制と同様のものです（**第5章**3 I 2(6)参照）。

## 3 他の機関による牽制の実効性を担保する役割を果たすもの

(1) 取締役会への報告義務

各監査委員は、執行役・取締役の不正行為またはそのおそれ、法令・定款に違反する事実または著しく不当な事実があると認めるときは、遅滞なく、その旨を取締役会に報告することが義務づけられています（法406条）。これは、監査役に認められた義務と同様の内容です（法382条。**第5章**3 I 3(1)参照）。そして、各監査委員は取締役の地位を有するため、取締役会の招集権または招集請求権を有しています。同権限を行使することにより適時に取締役会が開催可能となり、この取締役会への報告による牽制の実効性が担保されています（法366条。**第5章**2 Ⅲ 3(1)参照）。

(2) 会計監査人に関する議案の内容の決定

監査委員会は、監査役（会）設置会社における監査役と同様、株主総会に提出する会計監査人の選任・解任・不再任に関する議案の内容の決定権や、監査委員全員の同意による会計監査人の解任権をも有しています（法404条2項2号・340条6項・1項）。これらの権限は、会計監査人の業務

執行者からの独立性を確保することに資するとともに、監査委員会と会計監査人の協力関係を築く上でも重要な役割を果たします。そして、監査委員会が会計監査人の人事権を確保することで、会計監査人による業務執行に対する牽制の実効性が担保されるものといえます。

## Ⅳ　報酬委員会による牽制

### 1　牽制の概要

　報酬委員会は、執行役・取締役・会計参与の個人別の報酬等（報酬、賞与その他の職務執行の対価として会社から受ける財産上の利益のことをいいます。法361条1項）の内容を決定します（法404条3項前段）。

　社外取締役が過半数を占める報酬委員会が個人別の報酬等の内容を決定することで、取締役の執行役からの独立性を確保し、取締役会による執行役に対する牽制の実効性を確保することが期待されているのです。

### 2　牽制の具体的な方法

　指名委員会等設置会社では、執行役等の個人別の報酬等の内容の決定権限は報酬委員会に専属し、定款や株主総会決議によっても報酬委員会の報酬等の決定権限に制限を加えることはできません。

　執行役が使用人を兼務している場合には、報酬委員会による規制の潜脱防止のため、報酬委員会が使用人部分の報酬等の内容についても決定します（法404条3項後段）。実務的には、報酬委員会が当該使用人兼務執行役の執行役としての報酬等を決定するに際し、別途使用人として受け取る額を考慮する形になることが多いとされています。

　報酬委員会は、執行役等の個人別の報酬等の内容にかかる決定に関する方針を定め、それに従って報酬等の内容を決定しなければなりません（法409条1項・2項）。また、報酬等の内容を決定する場合に、額が確定しているものについては個人別の額、額が確定していないものについては個人別の具体的な算定方法、金銭でないものについては個人別の具体的な内容を決定しなければなりません（同条3項）。

　なお、報酬委員会の決定によらない報酬等の支給は無効であり、受領した執行役等は会社に返還しなければなりません。

## V　各委員会による牽制の実効性を担保する仕組み
### 1　委員の資格・兼任禁止
(1)　委員の資格

各委員会の委員は、取締役でなければなりません（法400条2項）。したがって、取締役になる資格のない者は、各委員会の委員になることもできません。取締役の資格については、**第4章**②ⅠおよびⅡを参照してください。このように、類型的に委員としての職務を行うことがふさわしくないと考えられる者を排除することにより、委員会による牽制の実効性を確保しようとしています。

(2)　委員の兼任禁止

各委員会の委員は取締役ですので、取締役の一般的な兼任禁止規定が適用されるほか、会社の使用人を兼任することもできません（法331条4項）。取締役は取締役会の一員として執行役に対する牽制を行う立場にあるにもかかわらず、執行役の指揮監督を受ける使用人の地位を兼任することは執行役への牽制の実効性を失わせるおそれがあり、さらに、取締役の報酬等の規制（法404条3項）の脱法手段となりかねないからです。また、監査委員については、自己監査による監査の形骸化を防止するため、以下の役職との兼任が禁止されています（法400条4項・331条4項・333条3項1号）。

①　自己が監査委員に就任している会社の執行役、会計参与、使用人
②　自己が監査委員に就任している会社の子会社の執行役、業務執行取締役、会計参与（会計参与が法人であるときは、その職務を行うべき社員）、使用人

なお、上記の兼任禁止に反しない限り、1人の取締役が複数の委員会の委員を兼任することは認められます。したがって、1人の取締役がすべての委員会の委員を兼ねることも可能です。

---

**ワンポイント！＜執行役の各委員兼任状況（コーポレート・ガバナンス白書）＞**

2014年7月14日時点の調査によれば、東証に上場する委員会設置会社の執行役の平均人数は10.16名であり、取締役と兼任している割合は27.3％でした。また、執行役の8.1％が取締役として指名委員を兼任し、7.3％が取締役として報酬委員を兼任しています。執行役のうち使用人と兼

任しているものの割合は16.6％でした。

## 2　委員の選定・解職・任期
### (1)　委員の選定・解職

各委員会の委員は、取締役の中から取締役会決議によって選定されます（法400条2項）。また、取締役会は、その決議によって、いつでも各委員会の委員を解職できます（法401条1項）。なお、委員に関しては、取締役、執行役等の場合と異なり、解職について正当な理由がない場合における損害賠償請求は認められていません。

指名委員会等設置会社においては、各委員会の活動によって、執行役の業務執行を牽制することが期待されているので、各委員会の委員の選定・解職といった人事を取締役会が決定することによって、取締役会ひいては株主からの牽制が執行役に及ぶことが期待されているのです。

【図6－3－3】委員の選定・解職

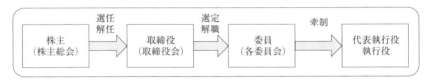

### (2)　委員の任期

各委員会の委員は取締役であることが前提条件とされているので、各委員の任期は取締役の任期と連動し、取締役として選任された後1年以内に終了する事業年度のうち最終のものに関する定時株主総会の終結の時までとなります（法332条6項・1項）。取締役の任期については**第4章②Ⅲ**を参照してください。

## 3　委員会の構成

各委員会における委員の人数は、取締役会や監査役会の場合と同様に3人以上と定められています（法400条1項）。上記のとおり、委員は取締役の中から選定されますが（同条2項）、社内の上下関係や人間関係に左右されない公正中立な監督機能を果たすために、各委員会の過半数は社外

取締役でなければならないとされています（同条3項）。

### 4　委員会の運営

各委員会による牽制作用が正しく機能するためには、各委員会が適正な手続によって招集・開催され、委員会としての決議が公正な方法によって行われることが前提となります。そこで、会社法は、委員会の運営について以下のような定めを用意しています。

#### (1)　招集手続

委員会の招集権は各委員にありますが（法410条）、委員会を招集するには、委員会の1週間前（取締役会の決議により短縮可）までに各委員に招集通知を発しなければならないとされています（法411条1項）。ただし、委員全員の同意がある場合には、招集の手続を経ることなく開催することができます（同条2項）。

#### (2)　定足数・決議要件

委員会の決議は、議決に加わることができるその委員の過半数（取締役会の決議により上乗せ可）が出席し、その過半数（取締役会の決議により上乗せ可）をもって行います（法412条1項）。決議について特別の利害関係を有する委員は、議決に加わることはできません（同条2項）。

なお、取締役会決議において認められているような書面決議（法370条）を行うことはできません。委員会では取締役会のように迅速で効率的な決議が求められることは少なく、むしろ牽制機能を実効あるものとするために、必ず会議を開催して慎重に議論することを求めているものと解されます。

#### (3)　各委員会の議事録

取締役会の場合と同様、各委員会の適切な運営を促進するためには、当該議事の内容が記録され、事後的にチェックされる仕組みを有していることが重要になります。

そこで、委員会の議事については議事録を作成し、10年間はこれを本店に備置しなければなりません（法412条3項・413条1項）。そして、議事録については、取締役がいつでも閲覧・謄写することができるほか（同条2項）、一定の利害関係を有する者に閲覧・謄写請求権が認められています（同条3項・4項）。取締役以外の者による閲覧・謄写請求権の要件については取締役会議事録と同様ですので、第5章2ⅡⅡ2(2)エを参照してく

ださい（なお、株主による議事録の閲覧・謄写請求については**第8章3Ⅲ4**参照）。

## 4 会計監査人による牽制

### Ⅰ 会計監査人による牽制の具体的な方法

会計監査人による牽制についても、【表6－4－1】のとおり、業務執行者に対する直接の牽制になるものと、他の機関による牽制の実効性を担保する役割を果たすものの2種類に分けることができます。その内容については、監査役（会）設置会社における場合と同様ですので、**第5章4**を参照してください。

【表6－4－1】会計監査人による牽制
① 業務執行者に対する直接の牽制になるもの

| 牽制の内容 | 条文 |
| --- | --- |
| 会計監査および会計監査報告の作成 | 法396条1項 |
| 会計帳簿・資料の閲覧・謄写権限 | 法396条2項 |
| 取締役等に対する報告請求権限 | 法396条2項柱書・6項 |
| 業務・財産状況の調査権限 | 法396条3項 |

② 他の機関による牽制の実効性を担保する役割を果たすもの

| 牽制の内容 | 条文 |
| --- | --- |
| 監査委員会に対する報告 | 法397条5項・1項 |
| 監査委員会またはその委員と意見を異にする場合の株主総会における意見申述 | 法398条5項・1項 |

### Ⅱ 会計監査人による牽制の実効性を担保する仕組み

会計監査人による牽制の実効性を担保する仕組みについて、会計監査人の資格・兼任禁止、会計監査人の身分保障、会計監査人の責任といった制度があることは、監査役（会）設置会社の場合と同様ですので、**第5章4Ⅱ**を参照してください。ただし、指名委員会等設置会社においては、監査

役(会)は置かれないため、監査役(会)が関与する仕組みについては、監査委員会または監査委員がその役割を担います(法340条6項・404条2項2号等)。

---

## コラム⑬ 不祥事等の場合における第三者委員会の有効活用

### 1 第三者委員会とは

　企業や組織において、犯罪行為、法令違反、社会的非難を招くような不正・不適切な行為等が発生した場合や発生が疑われる場合(本コラムでは、このような場合を「不祥事等」といいます)、これらの原因について徹底した調査を行い、再発防止の施策を実施することが重要です。近年においては、この調査および再発防止策の策定について、企業等から独立し、専門的知見を有する委員をもって構成される第三者委員会による調査が実施されることが多くなっています。企業の不祥事等に関連して第三者委員会が用いられた最近の事案としては、「すき家」の労働環境問題に関する株式会社ゼンショーホールディングスの例や冷凍食品への農薬混入に関する株式会社マルハニチロホールディングスの例があります。

### 2 企業と第三者委員会のあり方

#### (1) 企業における第三者委員会の意義

　第三者委員会を導入することの意義としては、大きく、①専門的知見に基づく調査・分析能力への期待と、②不祥事等で失った信頼の回復、という点があげられます。第三者委員会の設置の是非、またその人選についてもこれら第三者委員会の意義を踏まえて決めることになります。

　①について、不祥事等が発生した場合、企業内の人間による調査では、問題の分析に専門的知見を要する場合においては調査能力に限界があり、加えて、企業内におけるしがらみ等の存在により、十分な調査が行われないおそれがあります。そこで、専門的知見を有する専門家による事案の調査・分析が重要な意味を持ちます。具体的には、緻密な事実認定や法的責任の検討の必要性から法曹(弁護士)、不正経理等の会計上の問題の分析に関して公認会計士、その他にも事案に応じて、医師や建築士、各分野の研究者といった者が委員として考えられます。

　続いて②について、たとえ企業が不祥事等に厳正に対処することを決めたとしても、社内の人間による調査では、なれ合い的に行われるのではないか、不祥事等を隠蔽するのではないかといった疑いを持たれる等、その調査の妥当性について株主や社会の理解を得られず、不祥事等で失った信頼を回復することは困難です。そこで、企業から独立した中立的立場の専門家による調査を行うことで、株主や社会に対して原因究明・再発防止に

徹底的に取り組む姿勢を示すことができ、信頼を回復することが期待できます。

**(2) 第三者委員会による調査に対する企業の関与**

第三者委員会による調査は、企業から独立した第三者により行われることに意義があるため、企業自身が主体的に関わるべきではありません。しかし、企業は、第三者委員会による調査（不祥事等に関わっていた従業員や、同従業員の上司等の関係者に対するインタビュー、関連資料の検討等）が実効的に行われるようにするため、第三者委員会によるインタビューや、関連資料の検討の機会を積極的に確保することが求められます。具体的には、①第三者委員会に、企業が所有する資料、情報、社員へのアクセスを保障すること、②社員に対して第三者委員会による調査に対する優先的な協力を業務として命令すること、③第三者委員会の調査を補助するための第三者委員会直属の事務局を設置すること、といった協力を行うことが求められます。

**(3) 調査報告書と企業の対応**

第三者委員会により作成される調査報告書には、調査により判明した事実、不祥事等の内容・原因、再発防止策の提言、既に実施されている再発防止策への評価といったことが記載されます。そして、この調査報告書を、しかるべきステークホルダーに対して開示・公表することが、不祥事等により失われた信頼を回復することにつながります。どのような範囲に開示・公表するかについては事案に応じた判断が求められますが、特に消費者被害のような一般市民に関係する不祥事等や、社会的関心を集めた不祥事等の場合には、企業の説明責任という観点から、広く一般に公表することが望ましいといえます。なお、プライバシーや企業秘密の観点から、一部をマスキングしたり、調査報告書本体が長い場合には、要約版を公表することも行われています。

もっとも、ただ調査報告書を開示・公表するのみで企業として何も変わらないのであれば、失われた信頼が回復することはありません。企業としては、調査報告書の提出後またはこれと並行して、再発防止策を自ら策定・実行することが重要になります。この際には、調査報告書に記載されている改善策をただ実行するだけでなく、不祥事等の原因となった問題の「根」を適切に理解し、二度と同様の問題を引き起こさないよう再発防止策を考える必要があります。

**3 第三者委員会制度の課題**

第三者委員会には、上記 **2(1)** で述べたとおり、その専門的知見に基づく高度な調査・分析能力への期待だけではなく、不祥事等により失われた信頼を回復させる重要な意義があります。

他方で、第三者委員会は、その委員の選出や調査には時間的制約がある

ことが一般であり、その調査能力についても、強制力がないため、企業の協力が不可欠となっており、限界があるといわざるをえません。また、第三者委員会は法的に要求される機関ではなく、その監督者も不在であることから、社会の目を考慮して第三者委員会を設置したとしても、実質はお飾りのような第三者委員会でお茶を濁すといったことも問題となりえます。このような課題に対しては、弁護士等で構成される「第三者委員会報告書格付け委員会」(http://www.rating-tpcr.net/)により、第三者委員会を規律しようとする試みもなされています。

現在、不祥事等が生じた場合に第三者委員会を設置して調査を行うことは珍しくなくなりましたが、このような課題を踏まえ、第三者委員会の調査のあり方については、今後の実務のさらなる積み重ねが期待されます。

＜主要参考文献＞
・日本弁護士連合会「企業等不祥事における第三者委員会ガイドライン」(2010年7月15日、同年12月17日改訂)
・木目田裕＝上島正道「企業等不祥事における第三者委員会──日本弁護士連合会『企業等不祥事における第三者委員会ガイドライン』を踏まえて」旬刊商事法務1918号 (2010年) 18頁
・竹内朗「不祥事対応の全体像からみた第三者委員会設置時の留意点──信頼のV字回復のための有効活用」商事2053号 (2014年) 38頁
・本村健編代・梶谷篤＝上島正道＝髙山梢編著『第三者委員会──設置と運用』(金融財政事情研究会、2011年)

## コラム⑭ 内部通報制度

### 1 内部通報制度とコーポレート・ガバナンスの関係

コーポレート・ガバナンスが適切に機能するためには、違法行為や不正行為が生じた場合、適切な対応が可能な者に対し、迅速に情報が伝達されることが不可欠です。そのための制度として「内部通報制度」があります。

内部通報制度とは、会社で不正行為等が発生し、またはそのおそれがある場合に、その状況を知った従業員等からの通報を受け付け、当該通報に対して適切に対応する仕組みをいいます。

たとえば、従業員が不正行為に関する情報に接した場合、その従業員は、直近の上司を通じて不正行為等の情報を伝えることが考えられます。しかし、直近の上司が当該不正行為に関与していることが疑われるようなケースでは、そうした通常の情報伝達経路が機能しないかもしれません。そして、その結果、当該不正行為の情報が取締役や監査役等に伝達されずに放置されて、会社の対応が後手に回り、会社に多大な損失が生じたり、会社の社会的信頼が損なわれたりするかもしれません。

そこで、会社が不正行為等に適切に対応するために、従業員が利用できる非常用の情報伝達経路を設け、さらにその伝達経路を通じて、当該情報がしかるべき者（コンプライアンス担当役員や監査役等）に確実に伝わる仕組みが必要になります。これが「内部通報制度」の根幹です。

この内部通報制度は、構築すべき内部統制システムの内容にも含まれています（施行規則100条3項4号・112条1項4号等参照）。

## 2 公益通報者保護法およびその他の法律・制度について

内部通報制度に関連する重要な法律として、2006年4月1日から施行された公益通報者保護法があります。

近年、会社内部からの告発により、消費者の安全や利益を害するような会社の不正行為等が明らかとなる事例がたびたび生じました。他方、会社の従業員としては、内部告発することにより会社内で不利な取扱いを受けることをおそれ、内部告発を萎縮してしまうという問題もありました。

そのため、消費者の利益等の公益のために通報した従業員が解雇等の不利益な取扱いを受けることがないよう、通報者の保護を確立するために制定されたものが、この公益通報者保護法です。同法の下、労働者が、刑事罰が適用される行為等について、不正の目的なく所定の通報先（就労先、監督官庁その他外部の者等）に通報した場合には、その通報を理由とする労働者に対する法律上・事実上の不利益な取扱いが禁止されることになります。

なお、公益通報者保護法以外にも、労働基準法104条や、労働安全衛生法97条といった規定により、内部告発をした従業員に対する不利益な取扱いが禁じられています（公益通報者保護法6条により、これらの規定による保護も排除されることなく重ねて適用されることとされています）。また、コーポレートガバナンス・コードにおいても内部通報制度についての規律が置かれており、経営陣から独立した窓口の設置や情報提供者の秘匿と不利益取扱いの禁止に関する規律の整備といった、内部通報にかかる適切な体制の整備を行うことが求められています（第9章3Ⅱ3参照）。

## 3 実効的な内部通報制度の構築

内部通報制度が適切に機能するために、主に次のような点に留意する必要があります。

### (1) 内部通報に伴う不利益の防止を徹底すること

不正行為等の情報を通報したことで当該従業員に不利益が生じると、従業員は通報することをためらいます。したがって、通報者に不利益を与えないことを明確にしておくことが重要です。

公益通報者保護法は、「通報を行ったこと」を理由とする不利益な取扱いの禁止を規定していますが、「不正行為に関与したこと」を理由とする不利益な取扱いの禁止については何も定めていません。従業員としては、通報

したことにより、自己の不正行為等への関与が発覚し、懲戒処分を受けるかもしれないと考えて、通報をためらうかもしれません。そこで、自主的に不正行為等を申告すれば、処分において考慮する旨（通報を行った順序や調査に協力した程度等の事情によって差を設ける等）を呼びかけて、自主申告を促す制度の導入が考えられます（このような制度は、社内リニエンシー制度とも呼ばれます）。社内リニエンシー制度を導入することにより、不正行為等に関与した従業員に対して、内部通報についてのインセンティブが与えられることになり、内部通報制度がより実効あるものになるといえます（もっとも、ここでは詳しく述べませんが、社内リニエンシーについてはモラルハザードの問題や、その適用の範囲等、その導入には難しい問題も多くはらんでいます）。

(2) **通報の方法等の工夫**

顕名（氏名を明らかにする）の通報に限るのか、匿名の通報も認めるのかという点も重要です。顕名の場合、調査を行いやすいという長所がありますが、反面、個人情報の漏洩や通報者の特定をおそれて通報を敬遠する方向に傾きます。

個人情報保護の観点や、社内通報先に不正行為等が疑われる場合に備えて、弁護士事務所等の社外の通報先を設けることも有効です。また、社外の窓口を設けることで、たとえば、社内窓口への通報は匿名での通報を認めるが、社外窓口への通報は顕名での通報に限るとして、個人情報の保護との調整を図ることも考えられます。

(3) **調査・是正措置の実施**

内部通報を受けた後の調査については、通報者の秘密を守るため、通報者が特定されないよう配慮することが重要です。また調査が完了した場合には、関係者の社内処分や監督官庁への報告といった点を含めた是正措置が、速やかに実施されるべきです。

(4) **従業員への制度の周知**

制度を導入しても、従業員等が知らなければ利用されることもありませんので、その制度の存在・内容をしっかりと周知することが重要です。

(5) **その他の工夫等**

内部通報制度においては、想定していた類の情報ではなく、苦情が寄せられることもあるかもしれませんが、そういったものにも真摯に対応することが内部者通報制度に対する信頼感の支えとなります。

**4 まとめ**

昨今、内部通報制度は多くの企業が導入していますが、その導入にあたってはそれぞれの会社における業務の内容や企業文化といった特性を考慮し、会社に合った内部通報制度を整備し、運用することが重要になります。そして、内部通報制度を含めた内部統制システムを確立することによ

り、役員から従業員まで、不正行為等を許さないとする土壌が社内に醸成されることが、コーポレート・ガバナンスに必要不可欠な要素といえます。

＜主要参考文献＞
・内閣府国民生活局「公益通報者保護法に関する民間事業者向けガイドライン」（2005年）

# 第7章
# 監査等委員会設置会社における他機関による牽制

## 1 総　論

　監査等委員会設置会社では、代表取締役や業務執行取締役により業務執行が行われることは監査役（会）設置会社と同じですが、これが適法かつ効率的に行われるように、取締役会による牽制、個々の取締役による牽制のほか、取締役によって構成される監査等委員会による牽制が予定されている点が、監査役（会）設置会社と異なります。また、指名委員会等設置会社と違って、執行役は置かれず、また、指名委員会や報酬委員会に相当する機関も置かれませんが（ただし、任意の委員会として、「指名委員会」や「報酬委員会」と呼称する機関を独自に設置することはできます）、監査等委員会は、指名委員会等設置会社における監査委員会に相当し、社外取締役が監査等委員の過半数を占めることで、業務執行に対して効果的な牽制機能を果たすことが期待されています。もっとも、監査等委員会は、指名委員会等設置会社における各委員会と異なり、監査等委員である取締役の選任や報酬は、他の取締役と区別してなされるなど（本章3Ⅱ参照）、取締役会から一定程度独立したものと位置づけられます。この意味では、監査等委員会の位置づけは監査役（会）に類似しているともいえます。このほかに会計監査人の設置が必要とされ、会計監査人による会計監査が行われます。

　監査等委員会設置会社における他機関による牽制を簡単にまとめると、以下のようになります。なお、株主総会も機関の1つですが、株主総会による牽制については、**第8章**において説明します。

【図7-1-1】他の機関による主な牽制

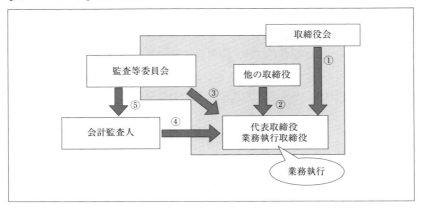

| 取締役会による牽制 | 取締役会による直接の牽制（①） | 重要な業務執行の決定、職務執行の監督、代表取締役・業務執行取締役の選定・解職 |
|---|---|---|
| | 個々の取締役による牽制（②） | 職務執行の監督 |
| | 監査等委員会を通した牽制（③） | 職務執行の監査 |
| 会計監査人による牽制（④） | | 会計監査 |

## 2 取締役・取締役会による牽制

### I 取締役会による牽制の具体的な方法

#### 1 牽制の概要

本章①で述べたような監査等委員会設置会社のシステムを実効あるものとするために、監査等委員会設置会社における取締役会は、監査役（会）設置会社におけるそれとは以下の点で異なっています。

① 迅速かつ機動的な意思決定を確保するため、取締役に対して業務執行の決定を委任できる範囲が拡大される場合があること
② 社内の人間関係に束縛されず相互に監視作用が働くようにするため、社外取締役の選任が義務づけられていること

以下、これらの取締役会の職務を中心に、業務執行の牽制方法について

説明します。

## 2　重要な業務執行の決定

### (1)　原則（取締役会による決定）

　監査等委員会設置会社においては、原則として、監査役（会）設置会社と同様に、取締役会が業務執行の決定を行い、この決定に基づいて代表取締役や業務執行取締役が個別具体的な業務執行を行います。このように、業務執行の前に取締役会における議論および多数決による決定を経ることによって、個別具体的な業務執行に対して一定の歯止めをかけるという効果があります。

　こうしたことから、業務執行の中でも特に会社の基本的な事項である、経営の基本方針、監査等委員会の職務の執行のため必要な事項や、いわゆる内部統制システムに関する事項については、下記(2)において述べる個々の取締役への委任をすることはできず、取締役会が決定しなければならないとされています（法399条の13第2項・1項1号イ～ハ）。また、以下に掲げる事項をはじめとして、重要な業務執行の決定については取締役会が行わなければならず、これを個々の取締役に委任することはできません（同条4項。なお、内部統制システムの整備については、同条1項1号ハに挙げられているため、監査役（会）設置会社の条文（法362条4項）と異なり、以下に挙げられていません）。これらの取締役に委任することができない事項は、監査役（会）設置会社におけるのと実質的に同じです（同項参照）。

【表7－2－1】取締役に執行を委任することができない事項

| | |
|---|---|
| ① | 重要な財産の処分および譲受け |
| ② | 多額の借財 |
| ③ | 支配人その他の重要な使用人の選任および解任 |
| ④ | 支店その他の重要な組織の設置、変更および廃止 |
| ⑤ | 社債の募集に関する重要事項 |
| ⑥ | 取締役等の責任の一部免除 |
| ⑦ | 以上と同等の「その他の重要な業務執行の決定」 |

## (2) 例外（取締役への委任）

　以上の原則に対して、例外的に取締役の過半数が社外取締役である場合には、取締役会の決議により、一定の事項を除いて重要な業務執行の決定を取締役に委任することができます（法399条の13第5項）。取締役に委任することができる範囲は、指名委員会等設置会社において執行役に委任することができる範囲と実質的に同じです（**第6章②Ⅰ2(2)参照**）。取締役の過半数が社外取締役である場合には、指名委員会等設置会社と同程度に、社外取締役による業務執行に対する監視・監督が期待できることから、指名委員会等設置会社における執行役への委任と同じ範囲で取締役に委任することができるようにしたものと考えられます。

　また、取締役会の決議によって重要な業務執行の決定の全部または一部を取締役に委任することができる旨の定款の定めがある場合にも、上記と同様の範囲で、重要な業務執行の決定を取締役に委任することができます（法399条の13第6項）。

　これらの場合において取締役に決定を委任することができないとされている事項（【表7－2－2】参照）は、重要な業務執行の中でも特に重要な事項であり、これについては必ず取締役会の決定を必要とすることで、業務執行に対する最低限の歯止めはかけられているということができます。

**【表7－2－2】取締役に決定を委任することができない事項**

① 会社法399条の13第5項ただし書列挙事由

| 株主の権利の帰属・株主の権利の内容に関する事項 | a. 譲渡制限株式の譲渡承認の可否の決定および指定買取人の指定（法399条の13第5項1号・136条・137条1項・140条4項） <br> b. 市場取引等による自己株式取得における取得株式数等の決定（法399条の13第5項2号・165条3項・156条1項） <br> c. 新株予約権譲渡承認請求に対する承認の可否の決定（法399条の13第5項3号・262条・263条1項） |
|---|---|

| | |
|---|---|
| 株主総会に関する事項 | d. 株主総会の招集事項の決定（法399条の13第5項4号・298条1項各号）<br>e. 株主総会に提出する議案の内容の決定（会計監査人の選任・解任・不再任に関するものを除く。法399条の13第5項5号） |
| 取締役会内部の事項 | f. 取締役の競業取引・利益相反取引の承認（法399条の13第5項6号・365条1項・356条1項）<br>g. 取締役会を招集する取締役の決定（法399条の13第5項7号・366条1項ただし書） |
| 会社の組織変更に関する事項 | h. 事業譲渡等の承認（当該会社の株主総会の決議による承認を要しないものを除く。以下i.ないしl.についても同様）（法399条の13第5項12号・467条1項各号）<br>i. 合併契約の内容の決定（法399条の13第5項13号）<br>j. 吸収分割契約の内容の決定（法399条の13第5項14号）<br>k. 新設分割計画の内容の決定（法399条の13第5項15号）<br>l. 株式交換契約の内容の決定（法399条の13第5項16号）<br>m. 株式移転計画の内容の決定（法399条の13第5項17号） |
| その他 | n. 監査等委員会設置会社と取締役との間の訴えにおける監査等委員会設置会社の代表者の決定（法399条の13第5項8号・399条の7第1項1号）<br>o. 会社法426条1項の規定による定款の定めに基づく会社法423条1項の責任の免除（法399条の13第5項9号）<br>p. 計算書類、臨時計算書類、連結計算書類、事業報告およびこれらの付属明細書の承認（法399条の13第5項10号・436条3項・441条3項・444条5項）<br>q. 中間配当における配当に関する事項の決定（法399条の13第5項11号・454条5項・1項） |

② 会社法399条の13第1項1号列挙事由

| ア | 経営の基本方針 |
|---|---|
| イ | 監査等委員会の職務の執行のため必要なものとして法務省令で定める事項（下記のとおり。施行規則110条の4第1項）<br>（i）監査等委員会の職務を補助すべき取締役および使用人に関する事項<br>（ii）（i）の取締役および使用人の監査等委員でない取締役からの独立性に |

|   |   |
|---|---|
| | 関する事項 |
| | (iii) (i)の取締役および使用人に対する指示の実効性の確保に関する事項 |
| | (iv) 以下の体制その他監査等委員会への報告に関する体制<br>・当該会社の監査等委員でない取締役、会計参与および使用人が監査等委員会に報告するための体制<br>・当該会社の子会社の取締役、会計参与、監査役、執行役、業務を執行する社員、使用人等およびこれらの者から報告を受けた者が監査等委員会に報告するための体制 |
| | (v) (iv)の報告をした者が当該報告をしたことを理由として不利な取扱いを受けないことを確保するための体制 |
| | (vi) 当該会社の監査委員の職務の執行について生ずる費用の前払または償還の手続その他の当該職務の執行について生ずる費用または債務の処理にかかる方針に関する事項 |
| | (vii) その他当該会社の監査委員会の監査が実効的に行われることを確保するための体制 |
| ウ | 内部統制システムに関する事項（下記のとおり。施行規則110条の4第2項）<br>(i) 当該会社の取締役の職務の執行にかかる情報の保存および管理に関する体制<br>(ii) 当該会社の損失の危険の管理に関する規程その他の体制<br>(iii) 当該会社の取締役の職務執行が効率的に行われることを確保するための体制<br>(iv) 当該会社の使用人の職務の執行が法令・定款に適合することを確保するための体制<br>(v) 以下の体制その他当該会社およびその親会社・子会社からなる企業集団における業務の適正を確保するための体制<br>・子会社の取締役等の職務執行にかかる事項の当該会社への報告に関する体制<br>・子会社の損失に危険の管理に関する規程その他の体制<br>・子会社の取締役等の職務の執行が効率的に行われることを確保するための体制<br>・子会社の取締役等および使用人の職務執行が法令・定款に適合することを確保するための体制 |

**(3) 特別取締役**

　また、監査役（会）設置会社（**第5章**②Ⅰ2(3)参照）と同様に、取締役会の決議によって、①重要な財産の処分および譲受け、および、②多額の借

財については、取締役の中からあらかじめ選定した3人以上の取締役（特別取締役）により決定するという仕組みを導入することもできるのが原則です。

　ただし、例外的に、取締役の過半数が社外取締役である場合や、取締役に委任できる旨の定款を定めた場合には、取締役会の決議により、①や②のような重要な業務執行を取締役に委任することができるので、特別取締役を設けることができません（法373条1項）。

### 3　取締役の職務の執行の監督

　監査等委員会設置会社における取締役会は、監査役（会）設置会社と同様（**第5章**[2]**I 3**参照）、取締役の職務の執行を監督することにより、取締役に対する牽制を行います（法399条の13第1項2号）。

### 4　代表取締役・業務執行取締役の選定・解職

　代表取締役や業務執行取締役の選定や解職については、原則として、監査役（会）設置会社の場合と同様です（法399条の13第1項3号。**第5章**[2]**I 4**参照）。ただし、代表取締役や業務執行取締役は、監査等委員である取締役以外の取締役の中から選定しなければなりません（法399条の13第3項）。

### 5　取締役会によるその他の牽制方法について

(1)　内部統制システムの構築に関する事項の決定

　監査等委員会設置会社においては、指名委員会等設置会社と同様、取締役会は、いわゆる内部統制システムの整備に関する事項を決議しなければなりません（法399条の13第1項1号ロ・ハ）。そして、この構築された内部統制システムを通じて取締役への牽制が働くことになります（内部統制システムに関する平成26年改正については**第2章**[3]**V 3**参照）。具体的にいかなる内部統制システムを構築し、実際に機能させる義務があるかについては、監査役（会）設置会社と同様と考えられます（**第5章**[2]**I 5**参照）。

(2)　株主総会の招集・議案等の決定

　株主総会の招集権者は原則として取締役ですが、その日時や場所、議題や議案等については取締役会が決定します（法298条1項・4項、施行規則63条）。そこで、取締役会としては、たとえば、業務執行者にふさわしくないと考える取締役の再任議案を提出しない、または解任議案を提出する、といった牽制を行うことができます。

### (3) 競業取引・利益相反取引の承認

監査役（会）設置会社と同様に、取締役が競業取引または利益相反取引をする際、取締役会において、当該取引について重要な事実を開示し、その承認を受けなければなりません（法365条・356条。**第4章3Ⅱ3および4参照**）。このような承認を必要とすることによって、業務執行者である取締役が、会社の利益を犠牲にして、不適切な競業取引や利益相反取引を行わないように牽制しているといえます。

### 6 個々の取締役による牽制

取締役会を構成する個々の取締役も、監査役（会）設置会社における取締役と同様に、業務執行者に対する牽制機能を有します。業務執行者に対する直接の牽制としては、主に、取締役の職務執行の監督や各訴訟の提訴権が挙げられ、他の機関による牽制の実効性を担保する役割を果たすものとして、主に、取締役会の招集請求権・招集権や株主総会における説明義務といったものが挙げられます。これらについては、監査役（会）設置会社の場合とほぼ同様ですので、**第5章2Ⅲ**を参照してください。また、監査等委員としての取締役による牽制については、本章3Ⅰを参照してください。

## Ⅱ 取締役会による牽制の実効性を担保する仕組み

取締役・取締役会による牽制の実効性を担保する仕組みとしては、監査役（会）設置会社の場合とほぼ同じものが用意されていますが（**第5章2ⅡおよびⅢ4参照**）、以下では、異なる点を中心に述べます。

### 1 社外取締役

監査等委員会設置会社においては、監査等委員である取締役は3人以上で、その過半数は社外取締役でなければならないとされています（法331条6項）。すなわち、監査等委員会設置会社では、最低2人の社外取締役が選任されていることになります。このように制度上2人以上の社外取締役が確保されていることにより、客観的・中立的な立場からの監督機能という社外取締役の役割が強化されています。この点は、指名委員会等設置会社と同様です。

### 2 取締役会の運営

取締役会の運営方法は、基本的に監査役（会）設置会社の場合と同じで

すが、取締役会の招集に関しては、定款または取締役会で招集権者を定めた場合であっても、監査等委員会が選定する監査等委員は、取締役会を招集することができるとされています（法399条の14）。これは、監査等委員会が取締役の職務執行を牽制する立場にあることから認められたもので、指名委員会等設置会社において委員会の選定する委員に取締役会の招集権が認められている点（法417条1項）と同趣旨です。

### 3 取締役会への報告義務

取締役会への報告義務については、監査役（会）設置会社と同様の規定が適用されます。すなわち、取締役は、取締役会の承認を受けた競業取引および利益相反取引について、当該取引後、遅滞なく、当該取引の重要事実を取締役会に報告しなければなりません（法365条2項・356条1項）。

それに加え、監査等委員会設置会社では、監査等委員が監査役とほぼ同様の役割を果たしますので、監査等委員には、取締役の不正行為やそのおそれ、法令・定款に違反する事実や著しく不当な事実があると認めるときの取締役会への報告義務が課せられています（法399条の4）。

## ③ 監査等委員会による牽制

### Ⅰ 監査等委員会による牽制の具体的な方法

#### 1 牽制の概要

監査等委員会は、指名委員会等設置会社における監査委員会とほぼ同様の役割を果たすことが予定されています。すなわち、【表7－3－1】のとおり、業務執行者に対する直接の牽制の役割と、他の機関による牽制の実効性を担保する役割があります。ただし、監査等委員会には、指名委員会等設置会社の監査委員会にはない機能が少しだけ加わっています。【表7－3－1】の①－(6)と②－(3)は、指名委員会等設置会社の監査委員会にはない機能です。

【表7－3－1】監査等委員会による牽制
① 業務執行者に対する直接の牽制になるもの

| | 牽制の内容 | 牽制の主体 | 条文 |
|---|---|---|---|
| (1) | 取締役等の職務執行の監査および監査報告の作成 | 監査等委員会 | 法399条の2第3項1号 |
| (2) | 職務執行に対する調査権限 | 監査等委員会が選定する監査等委員 | 法399条の3 |
| (3) | 違法行為の差止権限 | 各監査等委員 | 法399条の6 |
| (4) | 会社との訴え等における会社の代表権限・会社による補助参加への同意権限 | 監査等委員会が選定する監査等委員 | 法399条の7 |
| (5) | 取締役の免責等に関する同意 | 各監査等委員 | 法425条3項2号等 |
| (6) | 監査等委員でない取締役の選任・解任・辞任・報酬についての意見陳述権 | 監査等委員会／監査等委員会が選定する監査等委員 | 法399条の2第3項3号 |

② 他の機関による牽制の実効性を担保する役割を果たすもの

| | 牽制の内容 | 牽制の主体 | 条文 |
|---|---|---|---|
| (1) | 取締役会への報告義務 | 各監査等委員 | 法399条の4 |
| (2) | 会計監査人の選任・解任・不再任に関する株主総会議案の内容の決定 | 監査等委員会 | 法399条の2第3項2号 |
| (3) | 株主総会に対する報告義務 | 各監査等委員 | 法399条の5 |

## 2 業務執行者に対する直接の牽制となるもの

### (1) 職務執行の監査および監査報告の作成

　監査等委員会は、監査役（会）設置会社における監査役（会）、指名委員会等設置会社における監査委員会と同様に、業務執行者による職務執行に対する監査を行います。監査等委員会による監査は、取締役でもある監査等委員によって行われることから、適法性監査のみならず、妥当性監査ないし効率性監査も含むとされていること、その監査は内部統制部門を通

じて行うことが予定されていることも、指名委員会等設置会社における監査委員会と同様です（**第6章3Ⅲ2(1)参照**）。監査等委員会が監査を行うために必要な監査体制の整備は、内部統制システムの一環として、取締役会が決定します（法399条の13第1項1号ロ。本章2Ⅰ5(1)参照）。

また、監査等委員会は、事業年度ごとに監査報告を作成します（法399条の2第3項1号、施行規則130条の2、計算規則128条の2）。この監査報告を取締役会および株主総会に提供することにより、指名委員会等設置会社と同様に、業務執行に対する牽制を行うことが予定されています（法437条、施行規則133条、計算規則133条等）。

(2) 職務執行に対する調査権限

指名委員会等設置会社におけるのと同様に（**第6章3Ⅲ2(2)参照**）、監査等委員会が選定する監査等委員は、いつでも、取締役・会計参与・使用人に対し、その職務の執行に関する事項の報告を求め、または、会社の業務・財産状況の調査をすることができ（法399条の3第1項）、さらに必要があるときは子会社に対して事業の報告を求めたり、子会社の業務・財産状況の調査をしたりできます（同条2項）。なお、監査等委員会に選定された監査等委員は、このような報告の徴収や調査に関する事項について監査等委員会の決議があるときは、その決議に従わなければなりません（同条4項）。

(3) 違法行為の差止権限

各監査等委員は、取締役が会社の目的の範囲外の行為その他法令・定款に違反する行為をした場合や、そのような行為をするおそれがある場合において、これによって会社に著しい損害が生ずるおそれがあるときは、取締役に対して、当該行為の差止めを請求する権限を有しています（法399条の6第1項）。これも監査役、監査委員に認められた権限と同様です（**第5章3Ⅰ2(3)、第6章3Ⅲ2(3)参照**）。

(4) 会社との訴え等における会社の代表権限・会社による補助参加への同意権限

監査等委員会設置会社において、会社が監査等委員以外の取締役に対して訴えを提起し、または反対に監査等委員以外の取締役が会社に対して訴えを提起した場合、監査役（会）設置会社における監査役や指名委員会等設置会社における監査委員と同様に、監査等委員会が選定した監査等委員

が会社を代表します（法399条の7第1項2号）。これに関係して、各監査等委員は、株主から株主代表訴訟の提起前の提訴請求を受ける権限、株主代表訴訟の提起について訴訟告知を受ける権限、株主代表訴訟の和解について裁判所から通知・催告を受ける権限等を有しています（同条5項）。また、株主代表訴訟において会社が監査等委員を除く取締役を補助するために訴訟に参加する場合には、各監査等委員の同意を得なければならないとされている点（法849条3項2号）も、監査役（会）設置会社における監査役や指名委員会等設置会社における監査委員と同様です（**第5章3 I 2⑷、第6章3Ⅲ2⑷**参照）。

一方、会社が監査等委員に対して訴えを提起する場合は、監査等委員同士によるなれ合いを防ぐため、取締役会または株主総会が会社を代表する者を定めるとされています（法399条の7第1項1号。監査委員については法408条1項1号参照）。

⑸　取締役の免責等に関する同意

取締役（監査等委員は除きます）の会社に対する責任に関し、その一部免除に関する議案を株主総会に提出する場合（法425条3項2号）、取締役会の決議によって一部免除ができる旨の定款変更をする等の場合（法426条2項）、責任限定契約を締結することができる旨の定款変更をする場合（法427条3項）には、それぞれ監査等委員全員の同意が必要とされています。これは、社外取締役を中心とする監査等委員全員の同意を必要とすることにより、なれ合いによって安易に免責するような事態を防ぐためのもので、監査役（会）設置会社における監査役や指名委員会等設置会社における監査委員と同様の規定です（**第5章3 I 2⑹、第6章3Ⅲ2⑸**参照）。

⑹　監査等委員でない取締役の選任・解任・辞任・報酬についての意見陳述権

監査等委員会が選定する監査等委員は、株主総会において、監査等委員でない取締役の選任・解任・辞任・報酬についての意見を述べることができます（法342条の2第4項・361条6項）。この意見の内容は、選定された監査等委員の判断により決定されるのではなく、監査等委員会が決定することになっています（法399条の2第3項3号）。なお、株式総会参考書類にこの意見の内容の概要を記載しておくことが必要となります（施行

規則74条1項3号等)。

これは、指名委員会等設置会社の監査委員会にはない権限ですが、監査等委員会設置会社では、指名委員会や報酬委員会が設置されない代わりに、人事面や報酬面において業務執行を担う取締役に対する一定の牽制手段となるように設けられたものです。

### 3　他の機関による牽制の実効性を担保する役割を果たすもの

#### (1) 取締役会への報告義務

各監査等委員は、取締役の不正行為やそのおそれ、法令・定款に違反する事実や著しく不当な事実があると認めるときは、遅滞なく、その旨を取締役会に報告することが義務づけられています（法399条の4）。これは、監査役、監査委員に認められた義務と同様の内容です（法382条・406条。**第5章3 I 3(1)、第6章3 III 3(1)参照**）。そして、各監査等委員は取締役の地位を有するため、取締役会の招集権または招集請求権を有しており、同権限の行使により適時に取締役会が開催可能となることで、この報告による牽制の実効性が担保されています（法366条。**第5章2 II 2(1)・III 3(1)参照**）。

#### (2) 会計監査人に関する議案の内容の決定

監査等委員会は、監査役（会）設置会社における監査役（会）や指名委員会等設置会社における監査委員会と同様、株主総会に提出する会計監査人の選任・解任に関する議案の内容の決定権を有し、また、会計監査人の解任権をも有しています（法399条の2第3項2号・340条5項・1項）。その趣旨は、会計監査人の業務執行者からの独立性を確保するとともに、監査等委員会と会計監査人との協調関係を築くことにあります。そして、監査等委員会が会計監査人の人事権を確保することで、会計監査人による業務執行に対する牽制の実効性が担保されるものといえます。

#### (3) 株主総会に対する報告義務

各監査等委員は、取締役が株主総会に提出しようとする議案等が法令・定款に違反し、または著しく不当な事項があると認めるときは、その旨を株主総会に報告しなければなりません（法399条の5、施行規則110条の2）。取締役会への報告義務（上記(1)参照）に加えて、このような場合には株主総会に対しても報告義務を課すことによって、株主総会や株主による直接の牽制の機会を与える役割を果たしています。

## Ⅱ 監査等委員会による牽制の実効性を担保する仕組み
### 1 監査等委員の資格・兼任禁止
#### (1) 監査等委員の資格

監査等委員は、取締役でなければなりません（法399条の2第2項）。したがって、取締役になる資格のない者は、監査等委員になることもできません。取締役の資格については、**第4章②ⅠおよびⅡ**を参照してください。このように類型的に監査等委員としての職務を行うことがふさわしくないと考えられる者を排除することにより、監査等委員会による牽制の実効性を確保しようとしています。

#### (2) 監査等委員の兼任禁止

監査等委員は取締役ですので、取締役の一般的な兼任禁止規定が適用されるほか、自己監査による監査の形骸化を防止するため、以下のような兼任禁止規定が設けられています（法331条3項）。

① 自己が監査等委員に就任している会社の業務執行取締役、支配人その他の使用人
② 自己が監査等委員に就任している会社の子会社の業務執行取締役、執行役、会計参与（会計参与が法人であるときは、その職務を行うべき社員）、支配人その他の使用人

これらをまとめたものが【表7-3-2】です。

【表7-3-2】監査等委員と他機関の兼任の可否

|  | A社の親会社 | 自己の所属する会社（A社） | A社の子会社 |
| --- | --- | --- | --- |
| 業務執行取締役 | ○ | ×（法331条3項） | ×（法331条3項） |
| その他の取締役 | ○ | ○(※1) | ○ |
| 監査役 | ×（法335条2項） | —(※2) | ○ |
| 会計参与 | ×（法333条3項1号） | ×（法333条3項1号） | ×（法331条3項） |
| 会計監査人 | ×（法337条3項1号） | ×（法337条3項1号） | ×（法337条3項1号） |
| 執行役 | ○ | —(※2) | ×（法331条3項） |
| 使用人 | ○ | ×（法331条3項） | ×（法331条3項） |

○・・・兼任可、×・・・兼任不可

(※1) 監査等委員は取締役でなければならないため（法399条の2第2項）、取締役としての地位と不可分一体の関係にあります。
(※2) 監査等委員会設置会社は監査役を置くことができないため（法327条4項）、同一会社内において監査等委員である取締役と監査役との兼任が問題になることはありません。執行役についても同様です。

## 2 監査等委員の選任・解任・任期

### (1) 監査等委員の選任

業務執行者による監査等委員に対する人事上の不当な影響を回避し、公正中立な監査を担保すべく、監査等委員の選任にあたっては、以下のような考慮がなされています（**第2章①Ⅱ3参照**）。これらは、監査役（会）設置会社における監査役の選任手続と類似の規定です。

① 監査等委員会の委員は、取締役を選任する株主総会において、監査等委員である取締役とそうでない取締役を区別して選任されます（法329条1項・2項）。

② 監査等委員会には、監査等委員である取締役選任の株主総会提出議案の同意権（法344条の2第1項）や、取締役に対し、監査等委員である取締役の選任議題・議案の提出を請求することができます（法344条の2第2項）。

③ 監査等委員には、監査等委員の選任について株主総会における意見陳述権が認められています（法342条の2第1項）。

【図7−3−3】監査等委員の選任

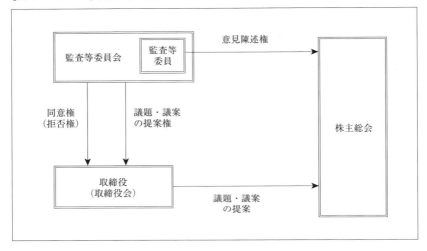

(2) 監査等委員の解任

監査等委員である取締役を解任するには、株主総会の特別決議による必要があります（法309条2項7号）。また、監査等委員には、監査等委員である取締役の解任について株主総会における意見陳述権が認められています（法342条の2第1項）。これらも、監査等委員である取締役の独立性を確保する趣旨です。

(3) 監査等委員の任期

監査等委員である取締役の任期は、選任後2年以内に終了する事業年度のうち最終のものに関する定時株主総会の終結の時までとされており、任期を短縮することはできません（法332条1項・4項。なお、伸長することもできません（同条2項参照））。これは、監査等委員である取締役の独立性を確保するという観点から、監査等委員でない取締役の任期（1年）よりも長くする一方で、監査等委員である取締役も取締役会の構成員として業務執行の決定に関与することから監査役の任期（4年）より短い期間とすることとしたものです（**第2章①Ⅱ3⑥参照**）。

**3 監査等委員の報酬**

監査等委員の報酬についても、経営者からの独立性の観点から、以下のように監査役と類似の規定となっています。

①　他の取締役と区別した定款または株主総会決議による決定（法361条2項）
②　（①がない場合）監査等委員の協議による決定（法361条3項）
③　監査等委員の報酬等についての意見陳述権（法361条5項）

### 4　監査等委員会の構成

　監査等委員会の委員は取締役でなければならず（法399条の2第2項）、その人数は3人以上で、かつ、委員の過半数は社外取締役でなければならないとされています（法331条6項）。監査等委員の過半数を社外取締役としたのは、社内の上下関係や人間関係に左右されない公正中立な監督機能を全うするためで、監査等委員会による効果的な牽制を基礎づける上で最も重要なポイントとなります（社外取締役の役割について本章 2 Ⅱ 1 参照）。

### 5　監査等委員会の運営

　監査等委員会の運営手続については、監査役会または指名委員会等設置会社における各委員会の運営手続と類似の規定が定められています。

#### (1)　招集手続

　監査等委員会の招集権は各監査等委員にありますが（法399条の8）、監査等委員会を招集するには、監査等委員会の1週間前（定款により短縮可）までに各監査等委員に招集通知を発しなければならないとされています（法399条の9第1項）。ただし、監査等委員全員の同意がある場合には、招集の手続を経ることなく開催することができます（同条2項）。

#### (2)　定足数・決議要件

　監査等委員会の決議は、議決に加わることができるその委員の過半数が出席し、その過半数をもって行います（法399条の10第1項）。この定足数と決議要件は、指名委員会等設置会社における委員会と異なり（法412条1項）、取締役会によって上乗せすることができる旨が条文上規定されていません。また、決議について特別の利害関係を有する監査等委員は、議決に加わることはできません（法399条の10第2項）。

　なお、取締役会決議において認められているような書面決議（法370条）を行うことはできません。監査等委員会は、牽制機能を実効あるものにすべく、必ず会議を開催して慎重に議論することを求めているものと解されます。

## (3) 監査等委員会の議事録

　取締役会の場合と同様、監査等委員会の適切な運営を促進するためには、当該議事の内容が記録され、事後的にチェックされる仕組みを有していることが重要になります（取締役会議事録につき**第5章2ⅡI 2(2)エ参照**）。

　そこで、監査等委員会の議事については議事録を作成し、10年間はこれを本店に備置しなければなりません（法399条の10第3項・399条の11第1項）。そして、議事録については、一定の利害関係を有する者による閲覧・謄写請求権が認められています（同条2項・3項）。その閲覧・謄写請求権の要件については取締役会議事録と同様ですので、**第5章2ⅡI 2(2)エ**を参照してください。なお、株主による議事録の閲覧・謄写請求については**第8章3Ⅲ4**を参照してください。

　もっとも、指名委員会等設置会社の場合と異なり、監査等委員会の議事録について監査等委員でない取締役による閲覧・謄写権は認められていません（法413条2項参照）。

## 4　会計監査人による牽制

### Ⅰ　会計監査人による牽制の具体的な方法

　会計監査人による牽制についても、【表7-4-1】のとおり、業務執行者に対する直接の牽制になるものと、他の機関による牽制の実効性を担保する役割を果たすものの2種類に分けることができます。その内容については監査役（会）設置会社における場合と同様ですので、**第5章4**を参照してください。

【表7-4-1】会計監査人による牽制
① 業務執行者に対する直接の牽制になるもの

| 牽制の内容 | 条文 |
| --- | --- |
| 会計監査および会計監査報告の作成 | 法396条1項 |
| 会計帳簿・資料の閲覧・謄写権限 | 法396条2項 |
| 取締役等に対する報告請求権限 | 法396条2項柱書・6項 |
| 業務・財産状況の調査権限 | 法396条3項 |

② 他の機関による牽制の実効性を担保する役割を果たすもの

| 牽制の内容 | 条文 |
| --- | --- |
| 監査等委員会に対する報告 | 法397条4項・1項 |
| 監査等委員会または監査等委員と意見を異にする場合の株主総会における意見申述 | 法398条4項・1項 |

## Ⅱ 会計監査人による牽制の実効性を担保する仕組み

会計監査人による牽制の実効性を担保する仕組みについて、会計監査人の資格・兼任禁止、会計監査人の身分保障、会計監査人の責任といった制度があることは、監査役（会）設置会社の場合と同様ですので、**第5章4Ⅱ**を参照ください。ただし、監査等委員会設置会社においては、監査役（会）は置かれないため、監査役（会）が関与する仕組みについては、監査等委員会または監査等委員が監査役（会）とほぼ同様の役割を担います（法340条5項・399条の2第3項2号等）。

---

### コラム⑮ 会議体の運営方法についての比較

会社法においては、株主総会のほかに、取締役会、監査役会、指名委員会等設置会社における各委員会、監査等委員会設置会社における監査等委員会といった異なる会議体が用意されています。

これら会議体の運営方法について比較したものが以下の表になります。このような違いが生じる理由としては、大きく以下のような点が考えられます。

① 取締役会は、その他の会議体と比べて、一般的に構成員の数、報告事項、決議事項が多いことから、秩序についての配慮が必要であること（招集権者の定め方の違い等）
② 取締役会（特に監査役（会）設置会社において）は、会社の意思決定機関であることから、迅速な意思決定についても一定の配慮が必要なこと（書面決議の可否等）
③ 監査役会、各委員会については一般的に小規模であり、監査・監督のための緊密な情報共有が必要とされること（監査役会の決議要件、招集権者の定め方の違い等）
④ 監査役会は取締役会から独立した機関であり、監査等委員会は（完

全な独立機関ではないものの）取締役会からの一定の独立性を有しているのに対して、指名委員会等設置会社における各委員会は取締役会の内部機関であること（決議要件の加重の方法の違い等）

| | 取締役会 | 監査役会 | 委員会（指名、報酬、監査）監査等委員会 |
|---|---|---|---|
| 招集権者 | ・各取締役が招集（法366条1項）。<br>・招集取締役を定款または取締役会で定めた場合は原則として当該取締役（同項ただし書）。 | ・各監査役が招集（法391条）。<br>・招集の委任を行うことはできるが、招集の決定権を与えることはできないと解されている。 | ・各委員が招集（法410条・399条の8）。<br>・招集の委任を行うことはできるが、招集の決定権を与えることはできないと解されている。 |
| 招集手続 | ・取締役会の日の1週間（これを下回る期間を定款で定めた場合はその期間）前までに通知を発する（法368条1項）。<br>・招集通知は書面以外に口頭、電磁的方法等でも可。<br>・招集通知に議題を示す必要はない。 | ・監査役会の日の1週間（これを下回る期間を定款で定めた場合はその期間）前までに通知を発する（法392条1項）。<br>・招集通知は書面以外に口頭、電磁的方法等でも可。<br>・招集通知に議題を示す必要はない。 | ・委員会の日の1週間（指名委員会等設置会社の委員会についてはこれを下回る期間を取締役会で定めた場合はその期間。監査等委員会についてはこれを下回る期間を定款で定めた場合はその期間）前までに通知を発する（法411条1項・399条の9第1項）。<br>・招集通知は書面以外に口頭、電磁的方法等でも可。<br>・招集通知に議題を示す必要はない。 |
| 招集手続の省略の可否 | ・取締役および監査役全員の同意により省略可（法368条2項）。 | ・監査役全員の同意により省略可（法392条2項）。 | ・各委員会の委員の全員の同意により省略可（法411条2項・399条の9第2項）。 |
| 決議方法 | ・議決に加わることができる取締役の過半数が出席し、その過半数によって決する（定款でこれを上回る割合を定めた場合にはその割合による。法369条1項）。<br>・特別利害関係を有する | ・監査役の過半数によって決する（法393条1項）。<br>・特別利害関係を有する者の議決権行使を排除する規定はない。 | ・議決に加わることができる委員の過半数が出席し、その過半数によって決する（監査等委員会について法399条の10第1項。指名委員会等設置会社の委員会については、取締役会で |

| | | | |
|---|---|---|---|
| | 者は議決権行使不可（同条2項）。 | | これを上回る割合を定めた場合にはその割合による。法412条1項。・特別利害関係を有する者は議決権行使不可（同条2項・399条の10第2項）。 |
| 書面決議の可否 | ①取締役全員の同意があり、かつ監査役より異議がない場合で、②定款の定めがある場合には書面決議可（法370条）。 | 書面決議を行うことはできない。 | 書面決議を行うことはできない。 |
| 議事録の作成 | ・議事録の作成、署名または記名押印等が必要（法369条3項・4項）。・決議に参加した取締役で議事録に異議をとどめないものは決議に賛成したと推定される（同条5項）。 | ・議事録の作成、署名または記名押印等が必要（法393条2項・3項）。・決議に参加した監査役で議事録に異議をとどめないものは決議に賛成したと推定される（同条4項）。 | ・議事録の作成、署名または記名押印等が必要（法412条3項・4項、399条の10第3項・4項）。・決議に参加した委員で議事録に異議をとどめないものは決議に賛成したと推定される（法412条5項・399条の10第5項）。 |

## コラム⑯ 情報開示とコーポレート・ガバナンス

### 1 はじめに

　会社法は、定時株主総会の招集の通知に際して、計算書類および事業報告の株主への提供（法437条）や、一定の場合に公告義務を課す等（法440条・789条2項等）、株主および第三者に対する情報開示義務を定めています。他方、株式会社は、会社法以外の別の法律や規則に基づき、情報開示を求められる場合があります。その主なものとして、金融商品取引法と金融商品取引所における規則が挙げられます。

### 2 金融商品取引法における情報開示と会社法における情報開示

#### (1) 金融商品取引法における情報開示

　金融商品取引法は、その目的を投資家の保護に置く法律であり、そのために投資家が金融商品の価値やリスクを適切に判断できるよう、企業内容

等に係る情報開示を強制する規定を置いています。その内容は、大別すると、株式や社債等の有価証券を発行する際に行われる発行開示と、流通市場の投資家向けに行われる継続開示に分けることができます（金商法2条の2〜27条）。前者の例として、有価証券届出書の提出や目論見書の開示、後者の例として有価証券報告書による開示や臨時報告書による開示があります。さらに、同法における重要な開示として公開買付けに関する開示（金商法27条の2〜27条の22の4）、株券等の大量保有に関する開示（金商法27条の23〜27条の30）も存在します。

### (2) 会社法における情報開示との一般的な違い

会社法と金融商品取引法は、会社の情報開示を規律している点では共通していますが、その制度目的の違いにより、異なる規制となっています。

会社法の問題意識は、会社の株主や債権者等、会社と利害関係を有する者について、その地位に付随する権利を行使する機会を適切に保護することにあります。当該利害関係者らに権利行使の機会が与えられることが重要であるため、開示される情報は、それら権利行使に必要と考えられる程度であって、金融商品取引法における情報開示と比べると、必ずしも詳細なものではありません。他方で、金融商品取引法は上記のとおり投資家の保護を目的としているため、投資判断をするために必要な情報の開示が求められ、その内容は相当程度詳細なものとされています。

### (3) 会社法と金融商品取引法の交錯

会社法の開示義務と金融商品取引法の開示義務の目的の違いにより、同一類型の事実についても、両者の規制内容が交錯することになります。具体的には、①金融商品取引法の規制が会社法上の義務を免除する場合、②金融商品取引法上の規制が会社法上の開示を強制する場合、③会社法上の開示とは別個に金融商品取引法上の開示義務が定められている場合等があります。以下、それぞれの具体例を説明します。

#### ア ①金融商品取引法の規制が会社法上の義務を免除する場面

募集株式の発行時において、会社法上（公開会社の場合）は、募集事項を株主に通知しなければならず、また、同株式の引受けの申込みをしようとする者に対しても、一定の事項を通知しなければなりません（法201条3項・203条）。

この点、金融商品取引法上も、募集株式発行の際の有価証券届出書や目論見書の提出・交付義務を規定していますが（金商法5条1項・15条2項等）、これらの内容のほうが会社法に定める通知義務よりも内容が詳細であるため、金融商品取引法上の義務を履行している場合には、会社法上の義務は免除されます（有価証券届出書につき、法201条5項。目論見書につき、法203条4項）。

また、会社法上、貸借対照表・損益計算書を定時株主総会の終結後遅滞

なく公告する義務がありますが、これは有価証券報告書を提出する場合には、適用されません（法440条4項）。

　**イ　②金融商品取引法上の規制が会社法上の開示を強制する場合**

　金融商品取引法上、有価証券報告書の提出義務がある大会社には、会社法において連結計算書類の作成が強制されます（法444条3項）。金融商品取引法上、連結財務諸表の作成が要求されている以上、会社法により連結計算書類の作成義務を課したとしても、当該会社の追加的な負担は大きくないと考えられたためです。

　**ウ　③会社法上の開示とは別個に金融商品取引法上の開示義務が定められている場合**

　会社法上、大会社は、会社の業務の適正を確保するための体制（いわゆる内部統制システム）の整備について決定する義務があります（法362条5項・399条の13第2項・416条2項）。他方、金融商品取引法上も、上場会社等には内部統制報告書の提出義務があり、会社法と同様に内部統制システムに関する規律がされています（金商法24条の4の4第1項）。

　しかしながら、金融商品取引法上の内部統制報告書に記載される内部統制システムは、「当該会社における財務報告が法令等に従って適正に作成されるための体制」であって、財務報告の適正性に主眼が置かれている一方（財務計算に関する書類その他の情報の適正性を確保するための体制に関する内閣府令3条）、会社法上の内部統制システムとして決定しなければならない事項は、財務報告に関する事項に限定されず、職務執行全般が対象となります。この点に関しては、コラム⑩「会社法と金融商品取引法の内部統制システムの比較」も参照してください。

**3　取引所規則による開示**

　会社法または金融商品取引法に定める開示義務のほか、投資家に対する情報開示をさらに充実させるため、各金融商品取引所は、自主ルールとして上場会社に対して一定の重要な会社情報を開示することを義務づけています。以下では、東証における有価証券上場規程を例にとって解説します。

　**(1)　適時開示の概要**

　上場規程における開示義務の代表的なものが適時開示です。これは、投資判断に影響を与える会社の業務または運営等に関する情報を迅速に開示することを求めるものです（東証上場規程402条）。この点、金融商品取引法における臨時報告書も、同様の趣旨から開示を求めるものです。しかしながら、適時開示のほうが開示を求める事象が多く、かつ、軽微基準（事象の影響の小ささ等から開示不要とされる基準）の要件が厳しいため、より充実した開示を求めるものということができます。

　**(2)　決算短信等**

　上場規程は、決算情報につき、決算短信または四半期決算短信として開

示を要求しています（東証上場規程404条）。

　この点、金融商品取引法においても決算情報の開示が求められますが、その時期は、有価証券報告書については年度末後3ヶ月以内（金商法24条1項等）、四半期報告書については四半期末後45日以内（金商法24条の4の7第1項）とされているのに対し、決算短信等については、決算の内容が定まった場合には「直ちにその内容を開示しなければならない」とされています（なお、上記2(3)アのとおり、有価証券報告書を提出する場合は、会社法上の公告義務は免除されます）。とりわけ、事業年度（または連結会計年度）にかかる決算については、遅くとも決算期末後45日以内に内容のとりまとめを行うことが適当であり、決算期末後30日以内（期末が月末である場合は、翌月内）の開示がより望ましいものとされており、上場規程においては決算情報の早期開示が求められています。

**(3) コーポレート・ガバナンスに関する報告書**

　上記2(3)ウのとおり、会社法と金融商品取引法は内部統制システムに関する規制をそれぞれ置いていますが、この内部統制システムに関し、上場会社はコーポレート・ガバナンスに関する報告書の提出が義務づけられています（東証上場規程204条12項1号・211条12項1号・419条1項）。ここでは、内部統制システムそれ自体に対する基本的な考え方を示すことや、独立役員確保の状況等を示すことが求められており、充実した開示が求められています（東証施行規則211条4項）。

**(4) コーポレートガバナンス・コード**

　コーポレートガバナンス・コードにおいても、会社の意思決定の透明性・公平性を確保し、実効的なコーポレート・ガバナンスを実現するとの観点から、法令に基づく開示事項に限られず、様々な情報発信を主体的に行うべきとしています（**第9章3Ⅲ参照**）。

　加えて、コーポレートガバナンス・コードの定める各原則を受け容れない場合にはその理由を説明（開示）しなげればならず、また、一部の原則については特定の事項を開示すること自体がコーポレートガバナンス・コードの内容となっています。これらの開示は、コーポレート・ガバナンスに関する報告書に記載することによって行うこととされています（**第9章3Ⅴ3「ワンポイント！＜開示が要請されている原則・補充原則について＞」参照**）。

＜主要参考文献＞
・清水豊＝前岨博＝小林史治編著『Q＆A情報開示・インサイダー取引規制の実務』（金融財政事情研究会、2010年）
・江頭憲治郎＝門口正人編代『会社法大系(1)』（青林書院、2008年）
・東京証券取引所上場部編『会社情報適時開示ガイドブック〔2014年6月版〕』（東京証券取引所、2014年）

# 第8章
# 株主による牽制

## 1 総論

　株主は株式会社の所有者というべき存在ですが、株式会社においては、株主自身が経営を行う場合を除き、原則として所有と経営が分離されていることから、会社の業務の執行は、専ら取締役や執行役といった業務執行者に委ねられています。そのような会社における業務執行者に対する牽制手段としては、業務執行者自身による自己抑制の仕組み（**第4章**参照）や他の機関による牽制を及ぼす仕組み（**第5章～第7章**参照）が用意されています。その中で、株主は、株主総会における業務執行者または他の機関の選任・解任権限等を通じて、いわば間接的にその実効性を担保する役割を果たしますが、それらの牽制作用が正常に機能しない場合には、株主自らが直接または株主総会を通じて、業務執行者に対して牽制のための権利行使をすることができます。株主が会社の所有者であることからすれば、これは当然の権利ということができます。特に業務執行者同士または業務執行者と他の機関との間でなれ合いが生じた場合には、株主自身による牽制が必要になります。

　以下では、株主による牽制について、株主が直接行使するものと、株主総会を通じて行使するものに分け、それぞれ説明します。

　なお、本章では、特段の記載がない限り、監査役非設置会社は想定していません。また、監査役（会）設置会社については、取締役会設置会社を前提として説明しています。

## 2 株主総会を通じた牽制

### Ⅰ 株主総会を通じた牽制の具体的な方法

#### 1 牽制の概要——株主総会による決議

(1) 会社の基本的事項の決定

　株式会社においては、「所有と経営の分離」という原則の下、業務執行については所有者である株主ではなく代表取締役またはその他の業務執行者により担われ、業務執行の決定についても、原則として取締役会によりなされます。もっとも、会社の基礎的事項については、取締役会でなく、株主総会に決議権限があります。すなわち、取締役会設置会社において、株主総会は、法令に規定する事項または定款に規定する事項につき決議権

限を有するとされています（法295条2項。反対に、それ以外の事項については決議権限を有しません）。

このように、株主総会は、株主総会の権限とされている事項への決定権限を通じて（株主はその有する議決権の行使を通じて）、業務執行者への牽制を及ぼしています。

その主な具体的内容については、2以下で説明します。

(2) 決議の種類

株主総会決議は、その決議の内容に応じて、決議要件と定足数が異なります。決議の種類としては、【表8－2－1】のとおり、主なものとして、普通決議、特別決議および特殊決議があります。株主による議決権の行使方法等その他の株主総会の運営については、本章2Ⅱ2を参照してください。

【表8－2－1】株主総会決議の比較

| 決議の種類 | 定足数 | 決議要件 | 主な決議事項 |
|---|---|---|---|
| 普通決議<br>（法309条1項） | 議決権の過半数を有する株主の出席（定款で変更可）（※） | 出席株主の議決権の過半数の賛成（定款で変更可）（※） | ・取締役の選任・解任（法329条・339条）<br>・役員の報酬等の決定（法361条・379条・387条）<br>・剰余金の配当（法454条） |
| 特別決議<br>（法309条2項） | 議決権の過半数を有する株主の出席（定款で変更可、ただし3分の1未満は不可） | 出席株主の議決権の3分の2以上の賛成（定款でこれを上回る割合への変更可） | ・定款変更（法466条）<br>・組織再編行為（法783条1項・795条1項等）<br>・監査等委員である取締役の解任、監査役の解任（法309条2項7号かっこ書）<br>・譲渡等承認請求にかかる譲渡制限株式の買取（法140条2項）<br>・役員等の責任の一部免除（法425条1項） |
| 特殊決議<br>（法309条3項） | 右参照 | 議決権を有する株主の半数以上で、かつ、当該株主の議決権の3分の2以上の賛成（定款でこれらを上回る割合への変更可） | ・発行する全部の株式を譲渡制限株式とする定款の定めを設ける定款の変更<br>・組織再編行為の対価として公開会社の株主が譲渡制限株式等の交付を受ける場合における当該組織再編行為の承認（法783条1項・804条1項） |

| | | | |
|---|---|---|---|
| 特別特殊決議（法309条4項） | 右参照 | 総株主の半数以上で、かつ、総株主の議決権の4分の3以上の賛成（定款でこれらを上回る割合への変更可） | ・譲渡制限会社における株主ごとに異なる取扱いを行う旨の定款の定め（法109条2項）についての定款変更 |

（※）役員の選解任に関する議案の定足数・決議要件の定款による変更については、下記3(2)参照。

### 改正ポイント！＜株主総会決議事項＞

平成26年改正により、新たに株主総会決議事項とされた主なものとしては、以下のものが挙げられます。

| 項目 | 決議の種類 | 概要 |
|---|---|---|
| 支配株主の異動を伴う募集株式の発行等 | 普通決議 | 公開会社において、支配株主の異動を伴う募集株式の発行または新株予約権の引受等について既存株主からの反対通知があった場合における当該募集株式の発行または当該新株予約権の引受等の承認（法206条の2第4項・244条の2第5項）（ただし、定足数や決議要件の定款による緩和については別段の規定がされています（法206条の2第5項・244条の2第6項）） |
| 株式併合における発行可能株式総数 | 特別決議 | 株式併合を行う場合の、効力発生日における発行可能株式総数の決定（法180条2項4号） |
| 募集株式が譲渡制限株式である場合の総数引受契約 | 特別決議 | 取締役会非設置会社において、募集株式が譲渡制限株式である場合、または新株予約権の目的である株式が譲渡制限株式である場合もしくは譲渡制限新株予約権である場合の、総数引受契約の承認（法205条2項・244条3項） |

| 重要子会社株式等の譲渡 | 特別決議 | 子会社の株式または持分の一部の譲渡のうち、譲渡する株式等が譲渡株式会社の総資産額の5分の1を超え、かつ、当該譲渡により譲渡会社が当該子会社の議決権の過半数を有しない結果となる場合における当該譲渡の承認（法467条1項2号の2。**第2章3Ⅴ2参照**） |
|---|---|---|

## 2　定款の変更

　株主総会による業務執行者に対する牽制作用として重要なものとして、定款変更の決議権限が挙げられます（法466条）。定款の変更は上記**1(2)**のとおり特別決議事項とされています（法309条2項11号）。

　定款とは、会社の機関構成や業務執行の方法を含め、会社の組織のあり方を定めた会社の基本原則とも呼べるものです。定款に規定される事項のうち、特に業務執行者の任期や報酬、取締役会の決議要件といった事項は、まさに業務執行者の地位や業務執行の方法に関わるものです。

　会社の基本原則である定款を変更するに際しては、必ず株主総会の特別決議による承認を必要とすることにより、業務執行者に対する牽制を働かせることになります。

## 3　業務執行者その他の機関の選任・解任権限

### (1)　概　要

　監査役（会）設置会社または監査等委員会設置会社においては、業務執行者である代表取締役や業務執行取締役は取締役の地位を有しており、株主総会は、取締役に対する選任・解任権限を有しています。このように、株主総会は、この選任・解任権限を通じて業務執行者に対する牽制を働かせています。なお、指名委員会等設置会社においては、取締役会が業務執行者である代表執行役や執行役を選任します。

### (2)　業務執行者の選任・解任権限

#### ア　業務執行者の選任

　業務執行者である取締役は、株主総会の決議によって選任されます（法329条1項）。その決議は、普通決議（上記**1(2)**参照）で可能ですが、その

定足数・決議要件の軽減については、通常の普通決議とは異なり、一定の制限があり、取締役の選任に対してより慎重な選任手続が担保されているといえます。具体的には次のとおりです（法341条。なお、監査役（会）設置会社・非公開会社が種類株式を発行している場合につき、法108条1項9号・法347条1項）。

| |
|---|
| ① 定足数を議決権の3分の1未満とすることができない |
| ② 決議要件を議決権の過半数未満とすることができない(※) |

(※) ただし、通常の普通決議においても、決議要件を議決権の過半数未満とすることはできないとする見解もあります。

　もっとも、このような選任権限による牽制作用を働かせる一方、実際に業務執行を担うことになる取締役については、会社の業務内容や組織について詳しい取締役自身が選ぶほうが好ましいといえる側面もあるため、取締役の選任議案の内容は、取締役会が決定するとされています（指名委員会等設置会社では、指名委員会がその内容を決定します（法404条1項））。ただし、株主も少数株主権としての株主提案権を行使することにより（本章 3 Ⅱ 2 参照）、取締役候補者を擁立することができます。

### イ　業務執行者の解任権限

　株主総会は、業務執行者である取締役を、いつでも株主総会の決議によって解任することができます（法339条1項）。業務執行者である取締役を「いつでも」解任できるという強力な権限を株主総会に付与することによって、経営陣に対する効果的な抑制を図ろうとするものです。

　業務執行者である取締役を解任するための株主総会決議は、選任の場合と同様です。すなわち、原則として普通決議ですが、定足数や決議要件を定款によって緩和することについて、選任の場合と同様の制限が定められています（法341条）。

　もっとも、これがあまりに行きすぎると業務執行者の任期に対する期待を害し、業務執行者の地位が不安定になります。そこで、解任について正当な理由がない場合には、会社は、業務執行者である取締役に対して解任によって生じた損害を賠償しなければならないものとされています（法339条2項）。「正当な理由」の例としては、当該取締役が職務遂行上で法

令・定款違反行為を行った場合等がこれに該当します。また、この場合に賠償しなければならない損害の範囲は、当該取締役が解任されなければ残存任期中および任期満了時に得ることができたはずの利益（所得）の額と解されています（大阪高判昭和56・1・30判時1013号121頁）。なお、業務執行者である取締役の解任の手段としては、ここで述べた株主総会における解任決議のほかに、少数株主権の行使として解任の訴えという制度が用意されています。こちらについては、本章3Ⅱ3を参照してください。

---

**ワンポイント！＜川崎重工業株式会社における取締役解任報道＞**

　2013年6月中旬、川崎重工業株式会社において、代表取締役を含む一部の取締役（計3名）が他の取締役に無断で他社との経営統合の交渉を行っていたことを理由に、「臨時取締役会を開催して取締役3名を解任した」という趣旨の報道が一斉になされました。しかし、前述のとおり、法律上、取締役を解任するためには株主総会の決議が必要で（法339条1項）、取締役会の決議のみでは取締役を解任することはできません。では、この報道は間違いだったのでしょうか。

　この点について、同社のプレスリリースによれば、同社が実際に臨時取締役会において決議した内容は、問題の取締役について代表取締役および役付取締役を解職することや、先の取締役会で6月下旬の定時株主総会に付議することを決定していた取締役の再任議案のうち、問題の取締役3名の再任議案を撤回すること等でした。つまり、問題の取締役については、この臨時取締役会により、直ちに役職のない平取締役に降格させるとともに、定時株主総会の終了時に取締役の任期満了を迎えるにあたってもともとは再任する予定であったところを、任期満了をもって取締役を退任してもらうことに変更したというわけです。同社のプレスリリースによれば、臨時取締役会でこのような決定に至った理由は、「上記3名が他の多数の取締役の意向に反した業務執行を強行しようとするなど取締役会を軽視した行動があったことなど」にあり、「コーポレートガバナンスおよびコンプライアンスの見地より、不適格といわざるをえないと判断し」たものとされています。このような行為は、法的には「取締役の解任」ではありませんが、事の経緯から、事実上これと同視できるものとして報道がなされたものと思われます。

　このケースでは、問題が浮上したのがちょうど取締役の任期満了の直前期であったため、任期中の解任ではなく、任期満了を待っての退任という解決となりました。仮に解任をするとしても、やはり解任議案を株主総会に付議するための取締役会を開催する必要があるため、任期満了の場合と

時間的には変わらなかったと思われます。これがもし任期満了まで長期の在任期間が残っている状況であった場合には、法的な意味での「解任」が行われていたかもしれません。しかし、仮に「解任」するとなれば株主総会の決議が必要になりますので、場合によっては結論が変わっていた可能性もあります。

### (3) その他の機関の選任・解任権限

株主総会は、業務執行者以外の取締役（取締役である各委員を含む）、監査役および会計監査人の選任・解任権限を有しています（法329条1項・339条1項）。株主総会は、このように業務執行者に対する牽制作用を有する他の機関の選任・解任権限を通じて、業務執行に対して間接的な牽制を及ぼしているといえます。もっとも、これらの選任・解任期限につき、監査等委員である取締役、監査役および会計監査人については、その独立性への配慮等から別個の規律がなされています。監査等委員につき**第2章1Ⅱ3**、監査役につき**第5章3Ⅱ2**、会計監査人につき**第5章4Ⅱ2**（**第6章4Ⅱ**、**第7章4Ⅱ**）を参照してください。

## 4 業務執行者およびその他の機関の報酬の決定権限

### (1) 概　要

監査役（会）設置会社および監査等委員会設置会社においては、株主総会が業務執行者の報酬について決定権限を有することで、業務執行者に対する牽制を及ぼしています。また、これによって、業務執行者自身により報酬が定められることによる「お手盛り」の防止が図られています。

他方、指名委員会等設置会社においては、業務執行者である執行役（および業務執行の決定機関である取締役会の構成員である取締役）の報酬については報酬委員会が定めることとされており（法404条3項。**第6章3Ⅳ**参照）、株主総会による業務執行者の報酬に関する権限は、報酬委員である取締役の選任・解任権限（上記**3(3)**参照）を通じた間接的なものにとどまっています。

以下の(2)から(4)までは、原則として株主総会が報酬決定権を有している監査役（会）設置会社と監査等委員会設置会社を前提とした説明です。

### (2) 業務執行者である取締役の報酬等に関する株主総会決議による決定

業務執行者である取締役の報酬、賞与その他の職務執行の対価として会

社から受ける財産上の利益（以下「報酬等」といいます）は、定款に定めがない限り、株主総会によって定められます（法361条1項）。ここで定められる報酬等は、金額が確定している金銭に限られず、金額が確定していないものについてはその算定方法、金銭以外についてはその具体的な内容が決定されることになります。

業務執行者に対して付与されるストックオプションについても、この報酬等に含まれ、株主総会により決定されることになります。また、退職慰労金は、業務執行者の地位を退いてから受け取るという点で、通常の報酬とは異なるものですが、その在職中の職務執行の対価として支給されるものであるため、報酬等として位置づけられ、株主総会の決議事項となります（最判昭和39・12・11民集18巻10号2143頁）。

> **ワンポイント！＜業務執行者の報酬等の開示＞**
> 　公開会社においては、各事業年度において業務執行者へ支払われた報酬等の総額が事業報告の内容として開示され（法435条2項・437条・442条、施行規則121条4号）、また、報酬等の総額が1億円以上である場合には、金融商品取引法に基づき提出される有価証券報告書に、各人ごとの報酬等の総額・種類別の額を記載することとされています。
> 　株主としては、当該取締役がそのような高額報酬にふさわしいか否かを判断する材料として用いることができます。

(3) 報酬の配分に関する取締役会への一任

株主総会が取締役の報酬の総額を決定した場合、取締役に対する牽制および取締役間による「お手盛り」防止という趣旨は相当程度達成されます。

そのため、定款・株主総会決議により取締役全員に対する支給総額を定め、各取締役に対する配分は取締役会の決議や代表取締役等の特定の取締役に一任することも可能と解されており、実務上もそのような扱いをしている会社は多く存在します（総額枠方式。最判昭和60・3・26判時1159号150頁等）。

(4) その他の機関の報酬の決定

株主総会は、業務執行者以外の取締役（取締役である監査等委員を含む）および監査役の報酬決定権限も有しており、このような業務執行者に牽制

作用を与える他の機関に対しても牽制を及ぼしています(【表8-2-2】参照)。ただし、選任・解任権限の場合と同様、監査等委員である取締役および監査役については、その独立性への配慮等から別個の規律がなされています。監査等委員につき**第2章**1Ⅱ4、**第7章**3Ⅱ3、監査役につき**第5章**3Ⅱ2(4)を参照してください。

【表8-2-2】役員および会計監査人の報酬の決定

| | 監査役(会)設置会社 | | | 監査等委員会設置会社 | | | 指名委員会等設置会社 | | |
|---|---|---|---|---|---|---|---|---|---|
| | 取締役 | 監査役 | 会計監査人 | 監査等委員でない取締役 | 監査等委員である取締役 | 会計監査人 | 執行役 | 取締役 | 会計監査人 |
| 決定権者 | 株主総会(※) | 株主総会(※) | 取締役+監査役(過半数/監査役会の同意) | 株主総会(※) | 株主総会(※) | 取締役+監査等委員会の同意 | 報酬委員会(個人別の報酬まで定める) | | 取締役+監査委員会の同意 |
| 具体的な配分決定 | 取締役会へ一任可 | 監査役の協議 | | 取締役会へ一任可 | 監査等委員の協議 | | | | |

(※)定款に定めがない場合。

## 5 業務執行者およびその他の機関の責任の減免

### (1) 概　要

**第4章**3において述べた業務執行者が負う民事責任の存在は、業務執行者にとって、適切な業務執行を行う動機づけとなり、自己抑制作用を有するものです。

しかしながら、この自己抑制作用が強く働きすぎた場合には業務執行者を萎縮させる結果となり、機動的かつ効率的な経営により会社の利益を最大化させるという観点からは、必ずしも会社にとって望ましくない場合もあります。そこで、会社法は、業務執行者に会社に対する責任が成立する場合であっても、一定の条件の下で、その責任の全部または一部を免除する制度を用意しています。他方、その責任の減免が無制限に行われないよう、それぞれの制度に応じて、株主または株主総会が関与することで歯止めをきかせています。

### (2) 業務執行者の責任の全部免除

業務執行者の会社に対する責任の全部を免除するためには、株主全員の

同意を得る必要があります（法103条3項・120条5項・424条・462条3項ただし書・464条2項・465条2項等）。会社法は、総株主の同意という高いハードルを設けることにより、業務執行者の責任の全部免除に対して歯止めをかけているのです。なお、特定責任の免除の場合には、完全親会社等の総株主の同意も必要となります（法847条の3第10項。**第2章3Ⅲ3(2)参照**）。

この総株主の同意は、株主総会決議による必要はありません。ただし、総株主の同意があったとしても、将来的に発生することが予測される会社に対する任務懈怠責任を事前に免除することはできないと考えられています。

なお、業務執行者の責任の全部を免除することになる場合であっても、それが、業務執行者の会社に対する責任を追及する訴訟において和解としてされる場合には、総株主の同意は必要ありません（法850条4項。ただし、剰余金の配当等に関する責任については分配可能額を超えない部分について負う義務にかかる部分に限られます）。

#### (3) 業務執行者の責任の一部免除

##### ア 概　要

業務執行者の会社に対する責任のうち、任務懈怠責任（法423条1項）については、業務執行者が職務を行うにつき善意で重大な過失がないときは、賠償額を一部免除することができます（法425条1項・426条1項）。

この一部免除については、以下に述べるとおり、株主総会の特別決議をもって行う一部免除と、事前に定款に定めを設けて取締役会決議により行う一部免除に分けることができますが、前者であれば一部免除の特別決議の場面において、後者であれば定款の変更の場面において、それぞれ株主総会によるチェックが働くことになります。なお、将来的に発生することが予測される責任を事前に一部免除することが認められないことは、上記(2)の全部免除の場合と同様です。

ここで、「一部」免除というのは、免除することのできない最低責任限度額が定められており、当該額については免除することができないため、これを控除した「一部」の金額しか免除することができないということです。最低責任限度額は、対象役員の属性、報酬等の額、新株予約権の行使の状況といった要素に基づき、算定されます（法425条1項、施行規則

113条・114条。【表8－2－3】参照)。なお、責任免除がなされた後に、会社が、当該免除を受けた取締役に対し、退職慰労金等の財産上の利益を与えるとき、または当該取締役が新株予約権を行使・譲渡する場合には、当該取締役に支給する額を明らかにして株主総会の承認を得る必要があります(法425条4項・426条8項)。これは、最低責任限度額を設けた趣旨を没却するような形で退職慰労金等が支払われることを防ごうとした規定になります。

なお、自己取引を行った業務執行者の責任については、この一部免除の規定を適用することはできません(法428条・356条1項2号)。

【表8－2－3】最低責任限度額＝(a) ＋ (b) ＋ (c)

| (a) | 一部免除の決議の日を含む事業年度以前の各事業年度に、職務執行の対価として受けた(受けるべき)財産上の利益の事業年度ごとの合計額のうち、最も高い額 | | ×当該役員等の属性に応じた乗数[※1] |
|---|---|---|---|
| (b) | ① 退職慰労金の額<br>＋<br>② 使用人としての退職手当のうち当該役員等を兼ねていた期間の職務執行の対価である部分の額<br>＋<br>③ ①または②の性質を有する財産上の利益の額 | ÷当該役員等の職にあった年数[※2] | |
| (c) | 有利発行(法238条3項)を受けた新株予約権を | | |
| | ⅰ) 役員等就任後に行使した場合<br>(行使時における1株あたりの時価)－(1株あたりの新株予約権の払込金額および権利行使価額) | | ×交付を受けた株式数 |
| | ⅱ) 役員等就任後に譲渡した場合<br>(新株予約権の譲渡価額)－(新株予約権の払込金額) | | ×譲渡権利数 |

(※1)対象役員等の属性に応じた乗数は、以下のとおりです。

| 代表取締役または代表執行役 | 6 |
|---|---|
| 代表取締役以外の業務執行取締役または代表執行役以外の執行役 | 4 |
| それ以外の役員等 | 2 |

(※2)ただし、対象役員等の職にあった年数が、それぞれ上記(※1)の表に掲げる数字よりも少ない場合は、当該表に掲げる数字となります。

### イ　株主総会の特別決議による一部免除

業務執行者が任務懈怠責任を負った後になされる事後の一部免除の方法として、株主総会（特定責任の免除の場合は、当該会社および当該最終完全親会社等の株主総会。**第2章3Ⅲ3(2)参照**）の特別決議による、業務執行者の責任の一部免除があります（法425条1項・309条2項8号）。

この株主総会決議にあたっては、【表8－2－4】に示すとおり、一定の事項を開示する必要があるとともに、取締役（特定責任の免除の場合は、当該会社および当該最終完全親会社等の取締役）は、監査役等の同意を得なければなりません（法425条2項・3項。**第5章3Ⅰ2(6)、第6章3Ⅲ2(5)、第7章3Ⅰ2(5)参照**）。

【表8－2－4】株主総会の特別決議による一部免除

| 株主総会における開示事項 | ①　責任の原因となった事実・賠償の責任を負う額 | |
|---|---|---|
| | ②　責任免除をすることができる額の限度・その算定根拠 | |
| | ③　責任を免除すべき理由・免除額 | |
| 議案提出にあたって必要な同意 | 監査役（会）設置会社 | 監査役全員の同意 |
| | 指名委員会等設置会社 | 監査委員全員の同意 |
| | 監査等委員会設置会社 | 監査等委員全員の同意 |

### ウ　定款の定めに基づく一部免除

【表8－2－5】に示すとおり、事前に定款に一定の要件を定めることによって、取締役会決議により、業務執行者の責任を一部免除することができます（法426条）。

上記**イ**の場合と同様に、この規定を定款に設ける議案を株主総会に提出する場合には、監査役等の同意が必要であり、また、当該定款の定めに基づき、業務執行者の責任免除の議案を取締役会に提出する場合にも、監査役等の同意が必要とされています（法426条2項・425条3項。**第5章3Ⅰ2(6)、第6章3Ⅲ2(5)、第7章3Ⅰ2(5)参照**）。

【表8－2－5】定款の定めに基づく一部免除

| 定款で定めるべき免除要件 | ① 一部免除の対象が会社に対する任務懈怠責任であること |
| --- | --- |
| | ② 当該業務執行者が職務を行うにつき善意で重大な過失がないこと |
| | ③ 責任の原因となった事実の内容・当該業務執行者の職務の執行の状況その他の事情を勘案して特に必要と認めるときであること |
| | ④ 取締役会の決議によること |
| 議案提出にあたって必要な同意 | 監査役（会）設置会社 | 監査役全員の同意 |
| | 指名委員会等設置会社 | 監査委員全員の同意 |
| | 監査等委員会設置会社 | 監査等委員全員の同意 |

なお、これによって責任の免除を決定した場合、取締役は、遅滞なくその責任原因や免除の理由等を公告し、または株主に通知をする必要があります（法426条3項・4項）。これについて一定の要件を満たす株主が当該公告または通知において定められた期間内に異議を述べた場合、会社は、この規定に基づいて責任の一部免除をすることができません（同条7項。本章③Ⅱ6参照）。

> **ワンポイント！＜会社役員賠償責任保険（D&O保険）＞**
>
> 　上場企業の役員は、株主代表訴訟等による損害賠償責任を負担するリスクにさらされているため、多くの上場企業では、このような損害を填補する会社役員賠償責任保険、いわゆるD&O保険と呼ばれる保険に加入する例が多くみられます。社外取締役を含め、幅広いバックグラウンドを持つ人材を確保するためにも、会社がD&O保険を用意していることは重要な意味を持ちます。
> 　D&O保険の被保険者は会社役員になりますが、保険契約者は会社であり、保険料を負担するのも会社です。ただし、特に、株主代表訴訟に敗訴した取締役の会社に対する損害賠償責任を填補するための保険について会社がその保険料を負担することは、取締役の責任の免責を制限する会社法の規定や忠実義務の観点から問題があるのではないか、という疑問も提起されています。

そこで、実務上は、保険契約を基本契約部分と株主代表訴訟で敗訴した場合の保険金を定める代表訴訟担保特約に分け、特約部分の保険料については取締役の自己負担とするという運用がされています。

もっとも近時は、この特約部分についても会社が負担することも問題ないという見解も有力になっています。

(4) その他の役員の責任の減免

業務執行者以外のその他の機関についても、上記(2)および(3)で述べた責任減免制度の適用があり、これらの機関の責任の制限についても、株主総会によるチェックがされる仕組みになっています。もっとも、責任の一部免除につき、各監査役、各監査委員または各監査等委員の同意が必要とされる場合（【表8－2－4】および【表8－2－5】参照）については、監査委員または監査等委員を除く取締役および執行役の任務懈怠責任についてのみ適用がありますので、それ以外の機関の責任の一部免除については適用がありません。

ワンポイント！＜責任限定契約＞

上記で述べた責任の減免制度のほか、非業務執行者の責任を減免する制度として、責任限定契約という制度があります。

責任限定契約とは、非業務執行者（業務執行を行わない取締役、会計参与、監査役および会計監査人をいいます）の任務懈怠責任（法423条1項）に関して、定款に所定の事項を定めることにより、会社と当該非業務執行者との間で、あらかじめ責任限度額（定款で定めた範囲内で、会社が定めた額と【表8－2－3】の最低責任限度額のいずれか高い金額）を定める契約のことをいいます（法427条1項）。従来は、取締役・監査役が責任限定契約を締結するためには、社外取締役・社外監査役である必要がありましたが、平成26年改正により非業務執行者であれば締結できるようになりました（第2章②V参照）。

## II 株主総会を通じた牽制の実効性を担保する仕組み

### 1 概　要

株主総会は、業務執行者に対して、上記Iで述べたような牽制作用を行

使しますが、当該牽制作用を行使すべき株主総会が適切に運営されない場合、これらの牽制作用の実効性も期待できません。

そこで、会社法においては、株主総会の招集や決議方法等について規定を設け、株主総会が適切に運営されることを担保しようとしています。

## 2 株主総会の運営

### (1) 招集手続

株主総会が適切に運営されるためには、まず、株主総会が適切に招集され、株主の出席の機会が確保されることが重要です。原則として招集権者は取締役ですが、その他に【図8－2－6】のような招集手続を経ることもあります。

【図8－2－6】株主総会の招集

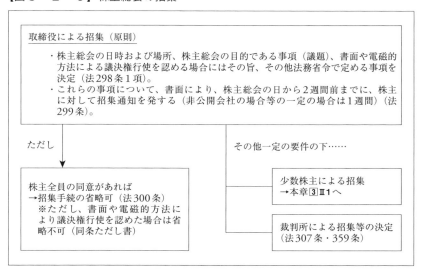

### (2) 株主総会決議

株主総会の招集手続が適切にとられたとしても、株主総会決議が、一部の株主、特に業務執行者の意向を受けた株主のみによって不当に行われる場合、株主総会による牽制作用が機能することは期待できません。そこで、不当な株主総会決議がなされないよう、株主総会の決議要件や議決権行使について、会社法は以下のような定めを用意しています。なお、決議の種

類については上記Ⅰ1(2)を参照してください。

　ア　株主の議決権

　株主は、会社が単元株式を採用していない限り、株式1個につき1個の議決権を持っています（法308条1項）。自己株式や、相互保有株式のうち一定の場合には、議決権の行使を認めると、取締役等による会社支配に利用されるおそれがあるため、議決権は否定されています（法308条1項・2項）。

　イ　議決権行使の方法

　会社法は、株主総会決議により株主の意思が反映されるよう、【表8－2－7】に示すとおり、株主による議決権行使につき複数の方法を用意することでその機会を確保しています。

【表8－2－7】株主による議決権行使の方法

| | 内容 | ポイント |
|---|---|---|
| 代理行使 | 株主総会において、株主の代理人が議決権を行使する方法（法310条1項） | 株主または代理人は、株主総会ごとに代理権を証明する書面（委任状）を会社へ提出（法310条1項後段・2項）。 |
| 書面による行使（書面投票制度） | 株主総会に出席せず、議決権行使書面を会社に提出することにより議決権を行使する方法（法311条） | 議決権を有する株主数が1000人以上の会社においては書面投票制度が必須（その他は任意）（法298条2項）。 |
| 電磁的方法による行使 | 株主総会に出席せず、電磁的方法により議決権を行使する方法（法312条） | 取締役会決議で株主総会ごとに採用できる。 |
| 不統一行使 | 複数の議決権を、賛成票または反対票のどちらかに統一しないで行使する方法（法313条1項） | 会社は、他人のために株式を有する株主でない者に対しては不統一行使を拒むことができる（法313条3項）。 |

　ウ　株主総会決議の省略

　株主の全員が同意している場合には、あえて株主総会を開催してその決議を得る必要性はないといえます。そこで、取締役または株主が株主総会の目的である事項を提案した場合において、当該提案につき株主の全員が

書面または電磁的記録により同意の意思表示をしたときは、当該提案を可決する旨の株主総会の決議があったとみなされます（法319条1項）。

(3) 株主総会の議事

株主総会決議が適切になされるためには、決議に至るまでの議事が適切に運営されることが重要です。そこで、会社法は、株主総会の議事について【表8－2－8】のような定めを用意しています。

【表8－2－8】株主総会の議事に関する規律

| 議長の権限 | 議長には以下の権限がある。<br>・株主総会の秩序維持、議事の整理（法315条1項）<br>・議長の命令に従わない者その他当該株主総会の秩序を乱す者を退場させる権限（法315条2項） |
|---|---|
| 説明義務 | 株主から質問がされた場合、業務執行者は質問に対して説明を行う義務がある（法314条）。<br>※当該質問事項が株主総会の目的である事項に関しないものである場合や、説明をすることにより株主共同の利益が著しく害される場合等を除く。 |
| 総会検査役の選任 | 招集手続や決議方法の法令・定款違反の有無に関し証拠を保全しておく必要がある場合に、総会検査役が選任されることがある（本章③Ⅱ5参照）。 |

(4) 株主総会議事録

株主総会の運営の適切性を担保するためには、株主総会の運営が事後的にチェックされる仕組みを有していることが重要です。この点は、取締役会や監査役会とも変わるところはありません。そこで、株主総会の議事については議事録の作成義務、備置義務が定められ（法318条1項～3項）、また、当該会社に一定の利害関係を有する者に、当該議事録の閲覧・謄写請求権が認められています（同条4項・5項）。

【図8－2－9】株主総会議事録とその閲覧・謄写請求権

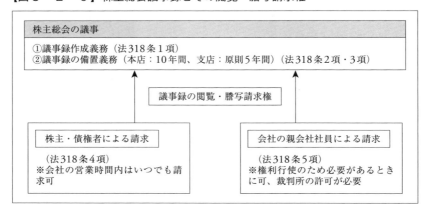

(5) 事後的な救済手段

　万が一、法令や定款に違反するような株主総会決議がされた場合に備えて、会社法は、訴えをもって、当該決議を取り消す、または無効や不存在であることを確認することができる仕組みを用意しています。この訴えについては、本章3Ⅲ1において説明します。

## 3 株主による牽制

### Ⅰ 牽制の概要

　株主が業務執行に対する牽制手段として行使することのできる権利には、一定割合・数の株式を（持株要件）、一定の期間保有している（保有期間要件）株主のみが行使することができるもの（少数株主権）と、1株の株式でも保有していれば行使することができるもの（単独株主権）があります。なお、少数株主権における持株要件については、複数の株主が有する議決権または株式を合わせて満たされてもよいと考えられています。

　その内容についてまとめたものが【表8－3－1】になります。

**【表8－3－1】少数株主権と単独株主権**

| | | 権利の内容 | 持株要件(※1)(※3) | 保有期間要件(※2)(※3) |
|---|---|---|---|---|
| 少数株主権 | ① | 株主総会の招集請求権・招集権（法297条） | 総株主の議決権の3%以上 | 6ヶ月前 |
| | ② | 株主提案権（法303条・305条） | 総株主の議決権の1%以上または300個以上 | 6ヶ月前 |
| | ③ | 解任の訴えの提起権（法854条） | 総株主の議決権の3%以上または発行済株式の3%以上 | 6ヶ月前 |
| | ④ | 会計帳簿閲覧・謄写請求権（法433条） | 総株主の議決権の3%以上または発行済株式の3%以上 | 要件なし |
| | ⑤ | 検査役選任請求権（法306条・358条） | (a) 総会検査役<br>総株主の議決権の1%以上 | 6ヶ月前 |
| | | | (b) 業務執行検査役<br>総株主の議決権の3%以上または発行済株式の3%以上 | 要件なし |
| | ⑥ | 任務懈怠責任の一部免除に対する異議権（法426条7項） | 総株主の議決権の3%以上 | 要件なし |
| | ⑦ | 解散の訴えの提起権（法833条1項） | 総株主の議決権の10%以上または発行済株式の10%以上 | 要件なし |
| | ⑧ | 特定責任追及の訴え（多重代表訴訟）の提起権（法847条の3） | （最終完全親会社等の）総株主の議決権の1%以上または（最終完全親会社等の）発行済株式の1%以上 | 6ヶ月前 |
| 単独株主権 | ① | 株主総会決議取消しの訴え、不存在・無効確認の訴えの提起権（法830条・831条） | | 要件なし |

| | | | |
|---|---|---|---|
| ② | 取締役・執行役の違法行為差止請求権（法360条・422条） | | 6ヶ月前 |
| ③ | 責任追及の訴え（株主代表訴訟）の提起権（法847条） | | 6ヶ月前 |
| ④ | 各種議事録の閲覧・謄写請求権（法318条4項・371条2項・3項等） | | 要件なし |
| ⑤ | 訴訟参加（法849条） | | 要件なし |
| ⑥ | 株主名簿閲覧・謄写請求権（法125条2項） | | 要件なし |
| ⑦ | 組織に関する行為の無効の訴えの提起権（法828条） | | 要件なし |

（※1） 発行済株式には自己株式を含みません（法433条1項かっこ書等参照）。
（※2） 非公開会社では保有期間要件は不要です。
（※3） 持株要件、保有期間要件ともに定款で緩和できます（加重はできません）。

　以下、これらの牽制方法につき、少数株主権、単独株主権の順番で説明します。なお、当該権利の行使者としての株主に言及する場合は、特別の言及がない限り、それぞれの持株要件および保有期間要件を満たしている株主を意味するものとします。

> **ワンポイント！＜振替株式における株主権の行使＞**
> 　株主は、その株式の取得を株主名簿に記載・記録しなければ、会社に自らが株主であることを主張することができない（株主権を行使することができない）のが原則です（法130条1項）。この点は、振替株式（2009年施行の「社債、株式等の振替に関する法律」（振替法）により導入された電子化された株式）であっても、基準日株主にのみ認められる株主権（たとえば、株主総会における議決権）については、同様です。ただし、振替株式の場合は、振替機関が基準日株主についての情報（氏名・住所・株式数

等）を会社に通知し（総株主通知。振替法151条）、会社が同通知に従って株主名簿の記載・記録を更新することにより、株式の取得に関する株主名簿の記載・記録があったものとみなされることとされています（振替法152条1項）。

　他方、振替株式におけるそれ以外の株主権（すなわち、上記Ⅰに掲げる少数株主権・単独株主権）の行使については、会社法130条1項の規定の適用が排除されており（振替法154条1項）、株主名簿の記載・記録は会社に対する対抗要件ではありません。このような株主権を行使するためには、株主は振替機関に対し、自己の株主としての情報（氏名・住所・株式数等）を会社に通知するように申出を行い（個別株主通知。同条3項）、同通知がされてから4週間が経過するまで待たなければなりません（同条2項、同法施行令40条）。

## Ⅱ　少数株主権としての牽制の具体的な方法
### 1　株主総会の招集請求権・招集権

　株主総会は、原則として取締役が招集します（法296条3項。本章 2 Ⅱ 2 参照）。

　しかしながら、会社にコーポレート・ガバナンス上の問題が発生し、業務執行者を解任する必要がある場合、または新たな業務執行者を株主総会で選任する必要がある場合等においては、業務執行者である取締役自身による招集権の行使は期待できません。

　そこで、株主が、取締役に対して株主総会の招集を請求する権限あるいは自らが株主総会を招集する権限を有することで、業務執行者に対する牽制を及ぼしています。

　具体的には、株主は、取締役に対し、株主総会の目的である事項（「議題」）および招集の理由を示して、株主総会の招集を請求することができます（法297条1項）。そして、この請求後遅滞なく招集の手続が行われない場合、または請求があった日から8週間（定款により短縮可）以内の日を株主総会の日とする招集通知が発せられない場合には、請求をした株主は、裁判所の許可を得て、自ら株主総会を招集することができます（同条4項）。

## 2 株主提案権

### (1) 概　要

上記1で述べた株主総会の招集請求権・招集権は、株主自らが株主総会を招集（招集請求）することにより牽制を及ぼすものですが、取締役が招集した株主総会を利用して牽制を及ぼす仕組みも用意されています。これが株主提案権です（法303条・305条）。

この株主提案権を行使するための持株要件・保有期間要件は、株主総会招集請求権・招集権よりも緩やかとなっています（【表8－3－1】参照）。特に大規模な会社において、少数株主が株主総会招集請求権・招集権の要件を満たすことは実際上困難なことも多いため、この株主提案権は少数株主による業務執行者に対する牽制として重要な意味を持ちます。

株主提案権は、大きく議題提案権と議案提出権に分けられます。以下、それぞれについて説明します。

### (2) 議題提案権

議題提案権は、取締役に対し、株主総会の日の8週間（定款により短縮可）前までに請求することにより、一定の事項を株主総会の目的（議題）とすることを請求することができる権利です（法303条）。議題の例としては、「取締役選任の件」や、「取締役解任の件」といったものが挙げられます。

### (3) 議案提出権

議案提出権（議案通知請求権）は、株主が、株主総会の日の8週間（定款により短縮可）前までに請求することにより、取締役に対し、株主総会の目的である事項（議題）につき、当該株主が提出しようとする議案の要領を株主に通知することを請求できる権利です（法305条1項）。議案の例としては、「A氏を取締役に選任する件」といったものが挙げられます。

もっとも、法令や定款に違反する議案を提出することはできず、また、過去3年以内に議決権の10％以上の賛成を得られなかった議案と実質的に同一の議案（これを泡沫提案といいます）を提出することも認められません。可決の見込みがないような濫用的な議案提出権を排除する趣旨です（法305条4項）。

また、株主は、このように株主総会に先立ちなされる議案提出権（議案通知請求権）以外にも、株主総会の場において、株主総会の目的である事

項につき議案を提出する権利も認められています（法304条。この場合にも、議案提出権（議案通知請求権）と同様に、泡沫提案等は排除されます。同条ただし書）。これは、いわゆる修正動議とも呼ばれるもので、議案提出権の1つということができます（ただし、この場合は少数株主権ではなく、単独株主権になります）。

### 3　解任の訴えの提起権

株主総会は、その決議により業務執行者である取締役を解任することができます（本章2 I 3参照）。しかしながら、その解任決議は普通決議とされている（法341条）以上、ある取締役の職務遂行に明らかに問題があり、直ちに交代が必要と思われる場合であっても、当該取締役が多数派株主を支配していれば、株主総会における解任の議案は常に否決されてしまいます。

そこで、会社法は、一定の場合には、株主が株主総会の解任決議なくして業務執行者を解任することができる手段として、解任の訴えという制度を用意しており、これにより業務執行者に対する牽制を及ぼすこととしています。

具体的には、業務執行者である取締役の職務の執行に関し不正の行為または法令もしくは定款に違反する重大な事実があったにもかかわらず、当該取締役の解任の議案が株主総会で否決されたときは、その株主総会の日から30日以内に、裁判所に解任の訴えを提起することができます（法854条。【表8-3-2】参照）。

【表8-3-2】解任の訴え

| 解任の訴えの提起事由 | 具体例 |
| --- | --- |
| 不正の行為 | 会社財産の私的流用 |
| 法令もしくは定款に違反する重大な事実 | 会社設立以来2年半以上、株主総会の開催を怠る（東京地判昭和28・12・28判タ37号80頁参照） |

また、この解任の訴えは、業務執行者のみならず、業務執行者以外の取締役や監査役の解任についても適用があります。これは、株主が、業務執行者に牽制作用を及ぼす他の機関への牽制を通じて、間接的に業務執行者

に対して牽制を及ぼしている一場面ということができます。

### 4 会計帳簿閲覧・謄写請求権

株主は、株主総会において議決権を行使するのみならず、下記Ⅲ2のとおり取締役等の違法行為の差止請求をする等、会社の業務執行に対する監督是正権を持っています。これらの権利を実効性あるものとするために、会社の業務および財産の状況について、正確で詳細な情報を入手しておくことが有意義といえます。また、そのような情報を株主が入手できるということは、業務執行者に対する事前の抑制にもつながります。このため、すべての株主には、計算書類およびその附属明細書を閲覧する権利が認められています（法442条3項）。しかしながら、計算書類やその附属明細書は概括的な記載にとどまっているため、会社の業務および財産の状況について十分な情報を提供するものとはいえません。

そこで、一定の株主には、計算書類等の作成の基礎となった会計帳簿またはこれに関する資料の閲覧・謄写を請求する権利が認められています（法433条1項）。

これにより、業務執行者に対して牽制機能を働かせることが予定されており、また、仮に業務執行者が違法行為等をした場合であっても、事後的に是正するための措置を実効性あるものとすることができます。

### 5 検査役選任請求権

検査役は、法定の事項を調査するために臨時に選任される機関です。

株主は、【表8－3－3】の場合には、裁判所に対して、検査役の選任を申し立てることができます。業務執行者から独立した検査役の調査を通じて、業務執行者への牽制を働かせることが予定されています。

【表8－3－3】検査役の選任

| 選任の場面 | 要件・ポイント |
| --- | --- |
| 株主総会の招集手続や決議方法の調査（法306条1項） | 株主総会の招集手続や決議方法に法令・定款違反があるとして紛争が生じることが予想される場合に利用することが考えられます。検査役の調査により、当該株主総会に関する証拠を保全することができます。 |
| 業務・財産状況の調査（法358条1項） | 会社の業務執行に関して、不正の行為または法令・定款に違反する重大な事実があることを疑うに足りる事 |

|  | 由があるときに、会社の業務や財産の状況を調査させるために検査役の選任を申し立てることができます。 |

### 6　任務懈怠責任の一部免除に対する異議権

　業務執行者およびその他の役員の任務懈怠責任については、定款の定めがあれば、取締役会決議を経ることでその一部を免除することができます（本章②Ⅰ5参照）。責任の一部免除を決定した場合、取締役は、その責任原因や免除の理由等を公告または株主に通知をする必要があります（法426条3項・4項）。

　株主は、当該公告または通知において定められた一定期間内に、責任の一部免除について異議を述べることができます。異議が述べられた場合には、当該責任について一部免除をすることができません（法426条7項。特定責任についても会社または最終完全親会社等の総株主の議決権の3％以上を保有する株主には同様の権利があります。第2章③Ⅲ3(2)参照）。

### 7　解散の訴えの提起権

　業務執行者の解任等では会社を正常な状態に戻すことができない場合等において、究極的な業務執行者への抑制としては、会社を消滅させるということが考えられます。

　株主は、やむをえない事由があるときは、会社の解散の訴えを提起することにより、会社の解散を請求することができます（法833条1項）。

### 8　特定責任追及の訴え（多重代表訴訟）の提起権

　平成26年改正により、特定責任追及の訴え（多重代表訴訟）の制度が新設されたことにより、一定の場合には、会社の完全子会社や完全孫会社等の業務執行者の責任についても追及することができるようになりました。詳しくは、**第2章③**を参照してください。

## Ⅲ　単独株主権としての牽制の具体的な方法

### 1　株主総会決議の取消しの訴え、不存在・無効確認の訴えの提起権

　株主総会の手続に瑕疵があるまま決議がなされたり、その決議の内容が法令または定款に反するような決議がなされたりすることがないよう、会社法は、業務執行者に善管注意義務を課し（**第4章③Ⅱ2**参照）、株主総会の運営について規律を設けています（本章②Ⅱ2参照）。しかし、業務執行

者と結託した株主(または株主である業務執行者自身)により、そのような決議がなされてしまう場合があります。このような場合、株主は、訴えにより、決議の取消し、不存在または無効の確認を請求することで、業務執行者に対する事後的な牽制を働かせることができ、また、このような訴えの権限の存在自体が業務執行者への抑制作用を有するものといえます。

以下、株主総会決議取消しの訴え(法831条)、株主総会決議不存在または無効の確認の訴え(法830条)について、順に説明します。

(1) 株主総会決議取消しの訴え

株主は、取消事由が認められる場合には、会社を被告として、訴えをもって、株主総会決議の取消しを求めることができます(法831条1項)。

ア 訴えの事由(取消事由)

決議の取消事由は【表8－3－4】に定める3つです。

【表8－3－4】株主総会決議の取消事由

| 取消事由 | 具体例 |
| --- | --- |
| 招集手続または決議の方法が法令もしくは定款に違反し、または著しく不公正なとき(※1) | ・一部の株主について招集通知を欠いた場合<br>・定足数不足の決議<br>・株主の出席困難な場所における開催 |
| 決議内容が定款に違反するとき | ・定員を超えた取締役の選任 |
| 特別利害関係人が議決権を行使したことによって著しく不当な決議がされたとき(※2) | ・親子会社間の合併において、大株主たる親会社が自己に有利な合併比率を定める場合 |

(※1) 招集手続や決議方法の法令・定款違反という瑕疵は、手続上の問題であり、実質的に決議の内容自体には影響がない場合も考えられます。そこで、裁判所は、その違反する事実が重大でなく、かつ、決議に影響を及ぼさないものであると認めるときは、請求を棄却することができます(裁量棄却。法831条2項)。
(※2) 特別利害関係人とは、問題となる議案の成立により他の株主と共通しない特殊な利益を獲得し、もしくは不利益を免れる株主を指します(取締役会決議における特別利害関係取締役との対比について第5章2ⅡⅡ2(2)参照)。

改正ポイント！＜株主総会決議取消しの訴えの原告適格＞

株主総会決議取消しの訴えを提起できるのは、株主、取締役、執行役、

監査役および清算人です（法831条1項、「株主等」の定義につき法828条2項1号）。また、当該決議の取消しにより、株主または取締役、監査役もしくは清算人となる者も、株主総会決議取消しの訴えを提起することができます（法831条1項第2文）。

　この点、平成26年改正前は、当該決議の取消しによって株主となる者（たとえば、吸収合併の承認決議を取消しの対象とする場合の消滅会社の株主）に原告適格が認められるか否かについて明文の規定はありませんでしたが、これを肯定する学説や裁判例もあり（東京高判平成22・7・7判時2095号128頁参照）、今回の改正で原告適格が認められることが明文化されました。


　イ　提訴期間
　株主総会決議取消しの訴えは、業務執行者に対する重要な牽制方法の1つですが、この訴えがいつでも提訴できるとすれば、法的安定性を欠くことから会社の経営にとって必ずしも好ましいとはいえず、かえって会社の利益を害するともいえます。

　そこで、株主総会決議取消しの訴えは、決議の日から3ヶ月以内に提起しなければならず（法831条1項）、また、決議の日から3ヶ月以内に決議取消しの訴えを提起した場合であっても、決議から3ヶ月が経過した後に他の取消事由を追加して主張することはできないとされています（最判昭和51・12・24民集30巻11号1076頁）。

(2)　株主総会決議の不存在・無効の確認の訴え

　株主は、株主総会決議が無効である場合または存在しない場合には、それらの確認を訴えをもって請求することができます。この確認の訴えについては、株主に限らず、誰でも行使することができます。また、提訴期間の制限もありません（法830条）。

【表8－3－5】株主総会決議の不存在・無効の確認の訴え

| 不存在事由 | 具体例 |
| --- | --- |
| 株主総会の決議の不存在（法830条1項） | ・物理的に決議が存在していない場合<br>・著しい手続的瑕疵ゆえに決議が存在したと評価できない場合 |

| 無効事由 | 具体例 |
|---|---|
| 株主総会決議の内容が法令に違反すること（法830条2項） | ・欠格事由に該当する者を取締役に選任する決議<br>・株主総会決議事項ではない事項についての決議 |

## 2　取締役・執行役の違法行為差止請求権

### (1)　概　要

業務執行者により違法行為が行われた後にその責任を問うことができるとしても、事前にそのような行為を防止するほうが望ましいのはいうまでもありません。

そこで、株主は、取締役が会社の目的の範囲外の行為その他法令もしくは定款に違反する行為をし、またはこれらの行為をするおそれがある場合であって、当該行為によって会社に回復することができない損害が生じるおそれがある場合、当該取締役に対し、当該行為を止めることを請求することができます（法360条）。執行役の行為についても、同様の差止請求権が認められています（法422条）。

### (2)　行使方法

差止請求権の行使方法について、会社法上特段の定めはなく、株主は、当該取締役または執行役に対して、直接、行為の差止めを求めることができます。

もっとも、株主が取締役または執行役に対して差止めを求めたにもかかわらず、取締役または執行役がそれに応じない場合にそれ以上何らの措置をとることができないというのでは実効性を欠きます。そこで、株主としては、当該取締役または執行役を被告として差止請求訴訟を提起し、また、差止請求訴訟に先立ち、当該行為の不作為を命じる仮処分命令を申し立てることができます。

【表8−3−6】監査役による取締役の違法行為の差止請求権（第5章③I2(3)参照）との相違点

| | 株主による差止め（法360条） | | 監査役による差止め（法385条） |
|---|---|---|---|
| 主体 | 公開会社 | 6ヶ月前から株式を保有している株主 | 監査役 |
| | 非公開会社 | 株主 | |
| 差止めが認められる場合 | ① 取締役が会社の目的の範囲外の行為その他法令もしくは定款に違反する行為をし、または、これらの行為をするおそれがある場合<br>② 当該行為によって会社に回復することができない損害が生じるおそれがあるとき<sup>(※)</sup> | | ① 取締役が会社の目的の範囲外の行為その他法令もしくは定款に違反する行為をし、または、これらの行為をするおそれがある場合<br>② 当該行為によって会社に著しい損害が生じるおそれがあるとき |

（※）監査役（会）設置会社、指名委員会等設置会社または監査等委員会設置会社以外の場合には、「著しい損害」で足ります（法360条1項・3項）。

> **改正ポイント！＜組織再編の差止請求＞**
>
> 　旧会社法では、株主総会決議が不要な略式組織再編の場合についてのみ、①法令または定款に違反する場合、または、②合併対価等に関する事項が著しく不当である場合に、それによって株主が不利益を受けるおそれがあるときに差止請求が認められていましたが（旧法784条2項・796条2項）、略式組織再編以外の組織再編については、事前の差止請求の規定が設けられておらず、株主総会決議取消しの訴え（法831条）を提起するなどの方法によりその効力を争うことができるのみでした。
>
> 　しかし、従前から、解釈によって一定の場合における株主による組織再編行為の差止請求ができるか否かにつき、学説・裁判例の見解は分かれており、また、組織再編の効力について、組織再編の無効の訴え（法828条）によって事後的に争うよりも、効力発生前にその差止めを請求できるとするのが相当との意見もあり、平成26年改正において、略式組織再編以外の組織再編（ただし、簡易組織再編によることができる場合を除きます）についても、事前の差止請求に関する明文の規定が置かれることとなりました。
>
> 　もっとも、その差止事由は、法令または定款に違反する場合のみであり、合併対価等に関する事項の不当性を理由とした差止めは認められていませ

ん（法784条の2第1号・796条の2第1号・805条の2）。他方、略式組織再編に対する差止請求については、上に述べた旧会社法の規定がそのまま引き継がれており、上記①と②のいずれも差止事由となります（法784条の2第2号・796条の2第2号）。

なお、平成26年改正では、同じく株式が不利益を受けうる全部取得条項付種類株式の取得および株式の併合についても、同様の差止請求が明文で認められています（法171条の3・182条の3）。

## 3 責任追及の訴えの提起権

### (1) 概 要

業務執行者がその任務懈怠等により会社に対して損害賠償責任を負ったとしても（**第4章3Ⅲ2参照**）、業務執行者同士のなれ合い等により、会社が当該損害賠償を請求しないことも考えられます。そのような事態が生じた場合、業務執行者に民事責任を負担させることで自己抑制作用を働かせようとした法の趣旨が没却されることになります。

そこで、会社法は、株主による取締役に対する牽制方法として、株主が会社に対して当該損害賠償責任の請求を求め、また自らが業務執行者に対して会社に対する債務の履行を求める訴えを提起する方法を用意しています（なお、特定責任追及の訴えについては少数株主権として上記**Ⅱ8**参照）。

### (2) 株主代表訴訟（株主による責任追及の訴え）

#### ア 株主による提訴請求

株主は、会社に対して、業務執行者の責任追及等の訴えの提起を請求することができます（法847条）。

その対象となる訴えとして、会社法847条1項は、会社から取締役に対する請求の内容を数多く列挙しており、取締役の任務懈怠に基づく損害賠償請求の場合は、「役員等の責任を追及する訴え」に該当します。同条項は、取締役等の任務懈怠等の取締役としての地位に基づく責任の追及だけでなく、取締役と会社との間の取引に基づいて負担した債務の追及の際にも適用できるというのが判例の考え方です（最判平成21・3・10民集63巻3号361頁）。

もっとも、株主による権限濫用を防止するため、責任追及等の訴えが当該株主もしくは第三者の不正な利益を図りまたは当該会社に損害を加えることを目的とする場合には、責任追及等の訴えの提起を請求することがで

きません（法847条1項ただし書）。

会社が提訴請求を受ける場合に会社を代表するのは、監査役（会）設置会社では監査役（法386条2項1号）、監査等委員会設置会社では監査等委員（法399条の7第5項1号）、指名委員会等設置会社では監査委員（法408条5項1号）です。そして、請求を受けた会社は、請求の日から60日以内に責任追及等の訴えを提起しない場合において、当該請求をした株主または提訴請求の対象となった取締役等から請求を受けたときには、当該請求をした者に対し、遅滞なく、責任追及等の訴えを提起しない理由を書面その他の法務省令で定める方法により通知しなければなりません（法847条4項、施行規則218条）。

　イ　株主自らによる提訴

上記アで述べた提訴請求によっても、会社が訴えを提起しない場合には、株主は自ら訴訟を提起することができます。これが株主代表訴訟と呼ばれるものです。

会社が株主による提訴請求の日から60日以内に責任追及等の訴えを提起しないときは、当該請求をした株主は、会社のために自ら責任追及等の訴えを提起することができます（法847条3項）。ただし、提訴請求の日から60日間という期間の経過によって会社に回復することができない損害が発生するおそれがある場合には、提訴請求を行うことなく直ちに責任追及等の訴えを提起することができます（同条5項）。

なお、株主代表訴訟の係属中に提訴した株主が当該会社の株主でなくなった場合には、原則として原告適格を喪失し、当該訴えは却下されますが、株式交換、株式移転または合併によって当該会社の株主でなくなった場合には、なおも訴訟追行をすることができます（法851条）。

【図8－3－7】株主代表訴訟

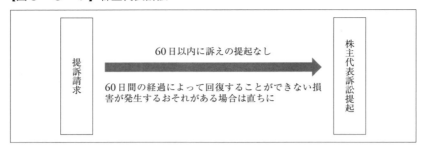

(3) 旧株主による責任追及等の訴え（法847条の2）

これまでは、株主が株主代表訴訟を提起した後で株式交換等（株式交換、株式移転および吸収合併）が行われ、その株主が、対価として完全親会社または吸収合併存続会社等の株式を取得したときには、株主代表訴訟を提起した株主は、引き続き同訴訟を追行することができる一方（法851条）、株式交換等の時点で株主代表訴訟が提起されていない場合には、株主としては責任追及することができませんでした。

平成26年改正では、このような場合でも、一定の条件を満たすことを前提として株主代表訴訟の提起を認めることとしました（法847条の2）。

これは、株主の責任追及の範囲を広げることにより、株主による牽制機能を強めたものといえます。詳しくは、**第2章**3**V1**を参照してください。

#### 4　各種議事録の閲覧・謄写請求権

株主は、【表8－3－8】のとおり、取締役会議事録、監査役会議事録、各委員会の議事録について、閲覧・謄写請求をすることができます。株主としては、同閲覧・謄写請求権を行使することにより、各機関の運営について事後的にチェックすることができるとともに、株主による牽制作用の前提となる情報を得ることができます。また、この閲覧・謄写請求権の存在自体が、各機関に対する牽制として働くということもできます。

【表8－3－8】株主による議事録の閲覧・謄写請求権

| 議事録の種類 | 要件 | 条文 |
|---|---|---|
| 株主総会議事録 | 会社の営業時間内いつでも | 法318条4項 |

| 取締役会議事録 | 権利行使のために必要があるとき・裁判所の許可（※） | 法371条2項・3項 |
|---|---|---|
| 監査役会議事録 | 権利行使のために必要があるとき・裁判所の許可 | 法394条2項 |
| 委員会議事録（指名委員会等設置会社） | 権利行使のために必要があるとき・裁判所の許可 | 法413条3項 |
| 監査等委員会議事録（監査等委員会設置会社） | 権利行使のために必要があるとき・裁判所の許可 | 法399条の11第2項 |

（※）監査役（会）設置会社、指名委員会等設置会社または監査等委員会設置会社以外の場合には、裁判所の許可なく、会社の営業時間内はいつでも、閲覧・謄写が可能です（法371条3項）。

### 5　訴訟参加

上記3のとおり、株主は、取締役に対する牽制手段の1つとして、会社に対して取締役の損害賠償責任を追及するよう求めることができますが、会社がこれに従って責任追及等の訴えを提起した場合には、その訴えに訴訟参加することにより、牽制を働かせることもできます。また、ある株主が、業務執行者に対して会社に対する債務の履行を求める訴えを提起したような場合には、他の株主がその訴えに参加して牽制を及ぼすということもできます（法849条1項。上記3(3)において責任追及等をすることができる旧株主（適格旧株主）および最終完全親会社等の株主についても、一定の場合に訴訟参加が認められています。後者につき**第2章3Ⅲ3(2)**参照）。

そして、この訴訟参加による牽制を実効性あるものとするため、株主は、責任追及等の訴えを提起した場合、会社に訴訟告知をしなければならず（法849条4項）、会社は、当該訴訟告知を受けた場合または自ら責任追及等の訴えを提起した場合には、その旨の公告または株主への通知をしなければなりません（同条5項・9項）。

### 6　株主名簿閲覧・謄写請求権

株主は、会社の営業時間内であればいつでも、株主名簿の閲覧・謄写を請求することができます（法125条2項）。たとえば、株主総会における会社提案の議案に反対するため、他の株主に対して委任状の勧誘をする際には、他の株主の氏名や住所を知ることが重要であり、株主名簿閲覧・謄写請求権は、この目的を果たすために重要な役割を有するものです。

> **改正ポイント！＜株主名簿閲覧・謄写請求権に関する改正＞**
>
> 　旧会社法 125 条 3 項は、株主名簿閲覧・謄写請求の拒絶事由を限定列挙していましたが、平成 26 年改正により、これら拒絶事由のうち、閲覧・謄写請求者が会社との間で実質的な競業関係に立つ場合（同項 3 号）が削除されました。
>
> 　旧会社法 125 条 3 項 3 号は、会計帳簿の閲覧・謄写請求権の拒絶事由（旧法 433 条 2 項 3 号）と平仄を合わせるものとして、他の拒絶事由とともに 2005 年の会社法制定時に新設された規定です。しかし、会計帳簿については、会社の経営等に関する情報を含むものであって、競業者に開示されると会社の利益を害する危険性が高いのに対し、株主名簿は、会社の株主構成を示すものにすぎず、競業者に開示されても会社の利益を害する危険性はほとんどないとも考えられます。そのため、単に請求者が会社と実質的に競業関係にあるという事実のみで株主名簿閲覧・謄写請求を拒絶できるとする旧会社法 125 条 3 項 3 号については、従来からその正当性が明確でないとの批判がありました。裁判例においても、同拒絶事由は、旧会社法 125 条 3 項 1 号または 2 号の証明の困難性から証明責任の転換を定める規定であるとして、請求者が会社と実質的に競業関係に立つというだけでは拒絶事由には該当せず、請求者の側でその権利の確保・行使の目的で請求を行ったことを証明すれば、会社はその請求を拒否することはできないとしたものであるとの文言解釈が試みられてきました（東京高決平成 20・6・12 金判 1295 号 12 頁等）。
>
> 　このような議論を経て、平成 26 年改正により、旧会社法 125 条 3 項 3 号は削除されることとなりました。この改正により、会社が株主名簿閲覧・謄写請求を拒否できる場合は、請求者の属性にかかわらず、閲覧・謄写請求が濫用的である場合に限られ（法 125 条 3 項各号参照）、極めて限定的になると考えられます。

## 7　組織に関する行為の無効の訴えの提起権

　株主は、株式の発行や組織再編行為といった会社の組織に関する行為につき、その効力発生日から一定の期間内に、訴えをもってその無効を主張することにより、これらの行為に対する事後的な牽制を働かせることができます（法 828 条）。

## コラム⑰ 日本版スチュワードシップ・コード

### 1　スチュワードシップ・コードとは

　2014年2月26日、金融庁に設置された日本版スチュワードシップ・コードに関する有識者検討会により、「『責任ある機関投資家』の諸原則《日本版スチュワードシップ・コード》」（以下「日本版コード」といいます）が策定されました。

　スチュワードシップ・コードとは、2010年にイギリスの財務報告評議会が英国企業の株式を保有する機関投資家の株主としての活動について定めたコード（ガイドライン）のことです（以下「英国版コード」といいます）。スチュワードシップ（stewardship）とは、直訳すると管理人の心がけというような意味ですが、金融や資産運用の場面では、機関投資家が投資先企業の価値の維持や向上を図るため、経営状況を監視し、コーポレート・ガバナンスの改善を促す責任というような意味合いで用いられています。スチュワードシップ・コードは、機関投資家が負う受託者責任（法的責任に限られません）の一環としてのスチュワードシップ責任について、具体的な内容を明らかにしたガイドラインということになります。

　日本版コードでは、スチュワードシップ責任を「機関投資家が、投資先企業やその事業環境等に関する深い理解に基づく建設的な「目的を持った対話」（エンゲージメント）等を通じて、当該企業の企業価値の向上や持続的成長を促すことにより、「顧客・受益者」の中長期的な投資リターンの拡大を図る責任」と説明しています。

### 2　日本版コードの内容

　(1)　日本版コードにおいては、「プリンシプルベース・アプローチ」（原則主義）という方針の下、7つの原則とそれに関する指針が示され、（「ルールベース・アプローチ」（細則主義）においてとられるような）詳細な定めは置かれていません。このような方針が採用されたのは、機関投資家がそれぞれの状況に応じて、各自のスチュワードシップ責任をその実質において適切に果たせるようにするためと説明されています。その原則の内容については、下記の表のとおりです。

| | |
|---|---|
| 原則1 | 機関投資家は、スチュワードシップ責任を果たすための明確な方針を策定し、これを公表すべきである。 |
| 原則2 | 機関投資家は、スチュワードシップ責任を果たす上で管理すべき利益相反について、明確な方針を策定し、これを公表すべきである。 |
| 原則3 | 機関投資家は、投資先企業の持続的成長に向けてスチュワードシップ責任を適切に果たすため、当該企業の状況を的確に把握すべきである。 |

| | |
|---|---|
| 原則4 | 機関投資家は、投資先企業との建設的な「目的を持った対話」を通じて、投資先企業と認識の共有を図るとともに、問題の改善に努めるべきである。 |
| 原則5 | 機関投資家は、議決権の行使と行使結果の公表について明確な方針を持つとともに、議決権行使の方針については、単に形式的な判断基準にとどまるのではなく、投資先企業の持続的成長に資するものとなるよう工夫すべきである。 |
| 原則6 | 機関投資家は、議決権の行使も含め、スチュワードシップ責任をどのように果たしているのかについて、原則として、顧客・受益者に対して定期的に報告を行うべきである。 |
| 原則7 | 機関投資家は、投資先企業の持続的成長に資するよう、投資先企業やその事業環境等に関する深い理解に基づき、当該企業との対話やスチュワードシップ活動に伴う判断を適切に行うための実力を備えるべきである。 |

　日本版コードは、法的な拘束力を有する法律や規則の類いではなく、英国版コードと同様に、ガイドラインという形で事実上の規範として用いられることが想定されています。日本企業の株式を保有する機関投資家が対象となりますが、日本版コードを受け入れるか否かは、各機関投資家の判断に委ねられています。そして、日本版コードを受け入れる場合には、自身のウェブサイトで公表することが期待されています。金融庁の公表によれば、2015年6月11日現在、191の機関投資家が受入れを表明しています。

　また、日本版コードの受入れを表明した場合でも、その一部について実施しないことも、その理由を説明することを条件に可能とされており、「従うか、さもなければ説明せよ（comply or explain）」という方法が採用されています。

　(2)　日本版コードは、英国版コードを参考にしているものの、おおまかにいえば、英国版コードと比較して、機関投資家自らの判断を重視するとともに、投資企業先との対話を通じた共通認識の形成を重視するものになっています。主に相違点としては、次のような点が挙げられます。

　まず、日本版コードには、英国版コードにあるような他の投資家との協働についての定めがありません。日本では、こういった実務が一般的に行われていないからです。反対に、日本版コードの原則7（投資先企業との対話やスチュワードシップ活動に伴う判断を適切に行うための実力の醸成）は英国版コードにはありません。これは、日本では、機関投資家自身があるべきコーポレート・ガバナンスについて自ら理解を深めるべきであるという考え方等が背景にあるためと考えられます。

また、日本版コードの原則3（投資先企業の状況把握）については、英国版コードと異なり、具体的にどの事項に着目するかは示されていません。個別項目を挙げることによりその点にさえ着目すればよいと受け止められることを避けるためとされています。さらに、日本版コードの原則4（投資先企業との建設的な「目的を持った対話」を通じた認識の共有および問題の改善）では、機関投資家による具体的な関与の態様が列挙されていません。列挙された内容に形式的に従う形での履行が行われることを防ぎ、実質的な意味での「対話」がされることを目的としたものです。

### 3　日本版コードの導入による会社実務への影響

　株主としての活動の代表的なものとして、議決権の行使が挙げられます。この議決権の行使については、たとえば、第一生命保険株式会社が2014年8月に議決権行使の結果を公表したように、日本版コードの導入を契機とした動きもありますが、機関投資家のうち投資信託や信託銀行といったアセット・マネージャー、保険会社や年金基金といったアセットオーナーの中には、2009年に金融庁により発表された「我が国金融・資本市場の国際化に関するスタディグループ報告」において、コーポレート・ガバナンス市場における監視の下で議決権が的確に行使されていくためには、機関投資家においてその判断の際の基準となるガイドラインを適切に作成し、これを公表していくことが重要であると指摘されたことを受け、すでに議決権行使方針や行使結果の開示を行っているところも多くあります。したがって、日本版コードの導入により、機関投資家による議決権行使の方針に大きな変化はないと想定されています。

　もっとも、株主としての活動は議決権行使に限られるものではありません。日本版コードの受入れを表明する機関投資家は、中長期のリターンを目的として投資先企業の企業価値向上を促すスチュワードシップ活動を行いますので、今後は、投資先企業に対し、財務的な問題のみならず、経営戦略やガバナンス体制といった非財務問題に関する対話や質問をすることが増えるものと想定されます。そこで、企業としては、こうした対話や質問に対応できるように、IR部門や財務部門のみならず、総務部や経営企画部門等を含めた組織横断的な体制整備が必要になってくると考えられます。

　このように、日本版コードにおいては、企業と機関投資家との建設的な対話を通じて、当該企業の企業価値の向上や持続的成長を促し、中長期的な投資リターンの拡大を図ることが期待されており、これらの積み重ねによって、ひいては日本経済全体の成長につながることが企図されています。なお、このような考え方は、2015年5月に策定された企業の側の行動指針であるコーポレートガバナンス・コードにも表れており、両者は、いわば「車の両輪」として作用することが期待されています（**第9章2Ⅱ参照**）。

<主要参考文献>
・神作裕之「コーポレートガバナンス向上に向けた内外の動向――スチュワードシップ・コードを中心として」商事 2030 号（2014 年）11 頁以下
・上田亮子「スチュワードシップ・コードが株主総会に与える影響――機関投資家対策」資料版商事法務 361 号（2014 年）6 頁以下
・田中亘「コーポレート・ガバナンスの観点から見た日本版スチュワードシップ・コード――英国コードとの差異に着目して」信託フォーラム 1 号（2014 年）35 頁以下

## コラム⑱ 株主総会参考書類と事業報告の記載事項に関する改正

### 1 はじめに

改正会社法の施行に伴う会社法施行規則と会社計算規則の改正により、株主総会参考書類と事業報告の記載内容に変更が加わりましたので、その概要を紹介します。

### 2 株主総会参考書類の記載事項に関する改正

#### (1) 役員等の選任・解任・報酬議案等に関する記載事項

株主総会参考書類の記載事項に関する改正の多くは、役員等の選任・解任・報酬議案等に関する記載事項についてのものです。中でも重要な改正として、取締役選任議案に際しての「社外取締役を置くことが相当でない理由」の記載（施行規則 74 条の 2）が挙げられますが、これについては第 2 章②Ⅱ5 で詳しく述べていますので、以下では、その他の改正について説明します。

##### ア 監査等委員会設置会社の新設に伴う改正

監査等委員である取締役の選任議案・解任議案・報酬議案について、それぞれ記載事項の定めが新設されました（施行規則 74 条の 3・78 条の 2・82 条の 2）。その記載事項は、それぞれ基本的に監査役（会）設置会社における監査役の選任議案（施行規則 76 条）、解任議案（施行規則 80 条）、報酬議案（施行規則 84 条）にならったものです。

また、監査等委員でない取締役の選任・解任・報酬等については、監査等委員である取締役が株主総会において監査等委員会の意見を述べることができるとされているため、それらに関する議案に対して監査等委員会の意見があるときは、その意見の内容の概要を記載することが必要となりました（施行規則 74 条 1 項 3 号・78 条 3 号・82 条 1 項 5 号）。

##### イ 社外取締役・社外監査役の要件の変更に伴う改正

平成 26 年改正によって社外取締役・社外監査役の要件が変更されたことに伴い、各選任議案に関する記載事項が改正されました。具体的には、過去に当該会社またはその子会社において業務執行者等であったこと、現在（または過去 5 年間に）親会社等である（あった）こと、現在（または過去

5年間に）特定関係事業者の業務執行者等である（あった）ことの記載が追加され、その他近親者に関する記載等が改正されました（施行規則74条4項・76条4項）。

　　ウ　責任限定契約に関する改正

　平成26年改正により、責任限定契約を締結できる取締役の対象が社外取締役に限られなくなったことに伴い、取締役選任議案において、候補者が責任限定契約を締結しているとき（またはその予定があるとき）におけるその契約の内容の概要の記載が、社外取締役候補者だけに限らず、取締役候補者一般に求められることになりました（施行規則74条1項4号）。会計参与・監査役・会計監査人の選任議案においても、同様の記載事項が追加されました（施行規則75条4号・76条1項6号・77条5号）。

　　エ　会計監査人の選任議案等に関する改正

　平成26年改正により監査役等が会計監査人の選任・解任・不再任議案の内容を決定することができるようになったことに伴い、その権限をどのような理由で行使しているかを株主に対して開示することが権限行使の実効性を高めることにつながるという理由から、会計監査人の選任・解任・不再任議案については、監査役等がその内容を決定した理由を記載することが必要となりました（施行規則77条3号・81条2号）。

　(2)　全部取得条項付種類株式・株式併合に関する記載事項

　上記(1)で述べた改正のほか、全部取得条項付種類株式の取得と株式の併合に関する議案については、少数株主保護のための事前・事後の開示等の手続が設けられたこと（コラム③「その他の平成26年改正の概要」参照）に伴い、必要な開示事項について記載すべきことが定められました（施行規則85条の2・85条の3）。

　(3)　ウェブ開示の範囲の拡大

　今回の改正により新たに株主総会参考書類の記載内容とされた事項は、原則としてウェブ開示すれば株主に提供されたものとみなす「みなし提供事項」に含まれることとなったほか、もともと株主総会参考書類の記載事項であったものについても、その一部を新たにみなし提供事項に含めることとされました（施行規則94条1項）。ただし、「社外取締役を置くことが相当でない理由」については、その重要性から、みなし提供を認めず、書面等での提供が必要とされている点に注意が必要です（同項2号）。

　(4)　経過措置

　改正会社法施行規則の施行日前に招集の手続が開始された株主総会等にかかる株主総会参考書類等については、改正前の規定が適用されます（改正省令附則2条5項）。つまり、施行日以後に招集の手続が開始された場合には、改正会社法施行規則が適用されるのが原則ですが、施行日以後にその末日が到来する事業年度のうち最初のものにかかる定時株主総会より前

に開催される株主総会等（3月決算の会社であれば、平成28年6月総会より前の臨時株主総会等）にかかる株主総会参考書類においては、一部の事項（正確には施行規則2条3項19号・74条3項・76条3項・77条8号にかかる事項）につき、改正前の規定が適用されます（改正省令附則2条2項・4項）。

## 3　事業報告の記載事項に関する改正

　事業報告の記載事項に関する改正は以下のとおりです。株主総会参考書類と同様、重要な改正点として「社外取締役を置くことが相当でない理由」の記載（施行規則124条2項）が挙げられますが、こちらについては**第2章**2 II 4で詳しく述べていますので、以下では、それ以外の改正について説明します。

### (1) 特定完全子会社の名称および住所等

　平成26年改正により多重代表訴訟の制度が新設され（**第2章**3参照）、完全親会社等の株主に、多重代表訴訟の対象となる完全子会社の取締役等を調査するための情報を提供する必要が生じたことから、事業年度末において重要な子会社に該当する完全子会社（特定完全子会社）の名称等を事業報告の内容とする改正が行われました（施行規則118条4号）。

### (2) 内部統制システムの運用状況

　従来、内部統制システムについては、取締役による決定または取締役会の決議の内容の概要を事業報告の内容とすることが求められていましたが、内部統制システムは単に構築するだけでなく、適切に運用されていなければ意味がないことや、その内容の概要のみの開示では、監査役と内部統制システムとの連携強化の見地や株主等のステークホルダーに対する情報開示の見地から不十分であるとの考慮から、内部統制システムの運用状況の概要についても事業報告の内容とされました（施行規則118条2号）。

### (3) 親会社等との利益相反取引

　個別注記表等に表示された親会社等との間の利益相反取引について、会社の利益を害さないように留意した事項や取締役（会）の判断およびその理由等が新たに事業報告の内容として追加されました（施行規則118条5号）。こちらについては**第2章**3 V 4を参照してください。

### (4) 監査等委員会設置会社の新設に伴う改正

　監査等委員会設置会社が新設されたことに伴う改正がいくつかなされました。具体的には、監査等委員である取締役の報酬とそれ以外の取締役の報酬を区分した開示（施行規則121条4号）、監査等委員である取締役等の選解任または辞任についての意見の内容（同条7号ロ）、監査等委員の財務および会計に関する相当程度の知見に関する事実（同条9号）、常勤の監査等委員の選定の有無およびその理由（同条10号イ）、監査等委員の監査等委員会への出席の状況（施行規則124条1項4号イ(2)）といったものが

挙げられます。

#### (5) その他の改正事項

上記のほかにも、責任限定契約を締結できる主体が非業務執行取締役等に拡大されたことに伴う改正（施行規則121条3号）、常勤の監査委員の選定の有無およびその理由の開示（指名委員会等設置会社の場合。同条10号ロ）、会計監査人の報酬等について監査役等が同意した理由の開示（施行規則126条2号）、社外役員の親族関係の開示に関する改正（施行規則124条1項3号）、社外役員が受けている役員報酬等の開示の範囲の拡大（同項7号）、といった改正も行われています。

#### (6) ウェブ開示の範囲の拡大

今回の改正により新たに事業報告の内容とされた事項については、原則として「みなし提供事項」に含まれることとなったほか、もともと事業報告の内容とすべき事項であったものについても、一定の範囲で新たに「みなし提供事項」に含まれることとなりました（施行規則133条3項）。もっとも、「社外取締役を置くことが相当でない理由」については株主総会参考書類と同様、書面等での提供が必要とされています（同項1号）。

#### (7) 経過措置

改正会社法施行規則の施行日前にその末日が到来した事業年度にかかる事業報告等の記載については、改正前の規定が適用されますが（改正省令附則2条6項）、「社外取締役を置くことが相当でない理由」については、施行日以後に監査役の監査を受ける事業報告には記載しなければなりません（同項ただし書）。

また、施行日以後に事業年度の末日が到来する場合であっても、その最初の事業報告（3月決算の会社であれば、平成28年3月を末日とする事業年度にかかる事業報告）については、内部統制システムの運用状況の概要（施行規則118条2号）や、親会社等との利益相反取引についての取締役の判断およびその理由等（同条5号・128条3項）については、施行日以後のものに限って記載すれば足りるとされています（改正省令附則2条7項・8項）。

# 第9章 コーポレートガバナンス・コード

## 1 経緯と背景

　第1章から第8章までは、2014年6月20日に成立した改正会社法（2015年5月1日施行）の内容を前提として、会社法が予定するコーポレート・ガバナンスの仕組みについて説明しました。そこでは、コーポレート・ガバナンスとは、会社経営において求められる「効率性」と「適法性」を同時に確保するための仕組みであり、業務執行者による自己抑制や他機関・株主による牽制のための様々な制度が重層的に組み合わさって実現されていることを述べてきました（**第1章1参照**）。

　一方、この改正会社法に加え、2014年6月24日に閣議決定された成長戦略（「『日本再興戦略』改訂2014―未来への挑戦―」）では、企業のコーポレート・ガバナンスを強化することによって企業の中長期的な収益力（「稼ぐ力」）を高めていくことが国の成長戦略の1つの鍵とされ、その具体的な施策として、上場会社を対象とした「コーポレートガバナンス・コード」（以下「ガバナンス・コード」といいます）の策定が進められてきました。ガバナンス・コードとは、上記の成長戦略の趣旨に従い、コーポレート・ガバナンスを強化し、その実効的な実現に資するための諸原則が盛り込まれたものです。その後、金融庁と東証が合同で発足した有識者会議における検討の結果、2015年3月5日にガバナンス・コードの原案が公表され、それを受けて、同年5月13日、同原案の内容を反映した形で東証の有価証券上場規程等が改正されるに至っています。

　ガバナンス・コードは、その冒頭で「『コーポレートガバナンス』とは、会社が、株主をはじめ顧客・従業員・地域社会等の立場を踏まえた上で、透明・公正かつ迅速・果断な意思決定を行うための仕組みを意味する」と説明しているように、コーポレート・ガバナンスを、会社経営における「効率性」と「適法性」の確保という枠を超えた、より積極的な経営を促すための仕組み（いわば「攻めのガバナンス」）としてとらえています。このように、ガバナンス・コードが前提とする「コーポレートガバナンス」は、前章までに本書が前提としてきたコーポレート・ガバナンスとは異なることに注意する必要があります。そこで、本章では、両者を区別する趣旨で、ガバナンス・コードで前提としている「コーポレートガバナンス」については、ガバナンス・コード上での表記に合わせて「コーポレートガ

バナンス」と表記しています。

## 2 総　論

### I　コーポレートガバナンス・コードの目的

#### 1　前提——受託者責任等を踏まえた経営

公開会社、特に上場会社においては、所有と経営の分離の下、その経営を担う者は、株式会社の実質的な所有者である株主から経営を付託された者としての責任（受託者責任）を負っています。また、会社には株主以外にも様々なステークホルダー（たとえば従業員、金融機関、取引先等の債権者）が存在し、それらの者に対しても一定の責務を負っているということができます。ガバナンス・コードは、こうした受託者責任やステークホルダーに対する責務に関して説明責任を果たすことにより、会社の意思決定の透明性・公正性を担保することを前提としています。

#### 2　目的——「攻めのガバナンス」の実現

ガバナンス・コードの目的は、上記のように会社の意思決定の透明性・公正性が確保されることを前提に、会社の迅速・果断な意思決定を促すことを通じて「攻めのガバナンス」の実現をめざすことにあります。すなわち、ガバナンス・コードは、会社経営の「効率性」と「適法性」が損なわれないための自己抑制や牽制といった方向性よりも、取締役等が健全な企業家精神を発揮して迅速・果断な意思決定を行うことによって会社の持続的な成長と中長期的な企業価値の向上を図ることに主眼を置いたものということができます。

なお、ガバナンス・コードは、株主等に対する説明責任をはじめとした一定の規律を上場会社に求めるものですが、これは、上場会社の事業活動に対して制約を加える趣旨ではなく、むしろ、健全な企業家精神に基づく積極的な経営判断を行うことのできる環境を整えるためのものです。

上記の目的からすれば、各上場会社においては、ガバナンス・コードの対応について、法務やコンプライアンスの担当部門やリスク管理部門だけに任せるのではなく、経営レベルの課題として全社的に対応することが期待されているものといえます。

> **ワンポイント！＜ROEとガバナンス・コード＞**
> 　従来、日本の企業はROE（自己資本利益率）が低いといわれてきました。ROEとは、当期純利益を自己資本で除して得られる数値で、株主から預かった資金をどれだけ効率的に使って利益を上げているかを示す指標です。ROEは、特に海外投資家が重視する経営指標の1つとされており、2015年2月からは、議決権行使助言機関大手であるISSの日本向け助言基準において、「資本生産性が低く（過去5期平均の自己資本利益率（ROE）が5％を下回り）かつ改善傾向にない場合、経営トップである取締役」の選任議案について反対を推奨するという基準が導入されました。これにより、実際、その後の2015年3月に行われた12月期決算企業の株主総会では、ROEの低い企業において、現任社長（経営トップ）である取締役の選任議案に対する反対票が前年から増加した傾向にあると報じられています。ROEの向上は、2014年の成長戦略においても、企業の「稼ぐ力」を高める上での指針の1つとして重要視されており、それを受けて策定されたガバナンス・コードは、上場企業の中長期的な企業価値の向上を図ることを目的とし、結果として各企業のROEの向上につながることが期待されています。

## II　スチュワードシップ・コードとの関係

　ガバナンス・コードは、上記Iのとおり、上場会社が、株主等に対する説明責任を果たすこと等を通じて「攻めのガバナンス」を実現し、上場会社の持続的な成長と中長期的な企業価値の向上を図ることを目的としています。しかし、そのような目的を効果的に達成するには、上場会社の努力だけに任せるのではなく、会社の所有者である株主（特に機関投資家）が一定の役割を果たし、両者が協働することが望ましいと考えられます。こうした協働の代表的なあり方として、会社と機関投資家との建設的な「目的を持った対話」（エンゲージメント）が挙げられます。

　この点に関連して、2014年に策定されたスチュワードシップ・コードは、機関投資家の顧客や受益者に対する受託者責任に基づき、中長期的な投資リターンの拡大を図ることを目的とした行動指針の原則ですが、そこでは、機関投資家による投資先企業との建設的な「目的を持った対話」等を通じて、当該企業の企業価値の向上や持続的成長を促すことが大前提とされています（スチュワードシップ・コードの具体的な内容、その策定の経緯や実務に対する影響等については、コラム⑰「日本版スチュワードシップ・コード」参照）。このことから、スチュワードシップ・コードは、会社と機

関投資家との協働を、機関投資家の側から見た（機関投資家が果たすべき役割を定めた）ものということができます。

このように、ガバナンス・コードは株主等に対する受託者責任を果たすための上場会社の行動原則を定めたものであるのに対し、スチュワードシップ・コードは、顧客や受益者に対する受託者責任を果たすための機関投資家の行動原則を定めたものであり、その点では異なります。しかし、両者は、ともに一定の「協働」を通じて会社の中長期的な企業価値の向上をめざすという意味では相互に「車の両輪」のような関係にあるといえ、両者が適切に相まって実効的な「コーポレートガバナンス」が実現されることが期待されているのです（【図9－2－1】参照）。

【図9－2－1】ガバナンス・コードとスチュワードシップ・コードの関係

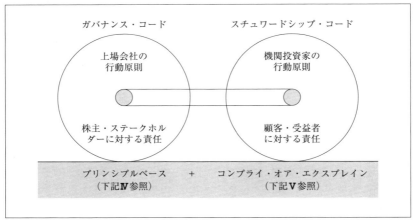

---

**ワンポイント！＜ショートターミズムについて＞**

近年、会社と投資家の双方において、長期的な成功や安定を犠牲にして短期的な利益を追求する行動をとるショートターミズム（短期利益志向）が強まっていると指摘されています。ショートターミズムは、短期的な利益のみを優先することにより、中長期的な企業価値を顧みないような行動（たとえば、具体的な成果が数年後にしか現れない研究開発費の削減）に結びつくという弊害があります。

このようなショートターミズムへの対策としては、株主（特に機関投資

家）と会社との間の協働、特に建設的な「目的を持った対話」が活発に行われることが重要と考えられています。この点、スチュワードシップ・コードは株主（機関投資家）に対し、ガバナンス・コードは上場会社に対し、それぞれそうした協働を求めています。このように、両者が「車の両輪」として有機的に結びつくことで、ショートターミズムが回避され、ひいては会社の持続的な成長と中長期的な企業価値の向上につながることが期待されていると考えられます。

## Ⅲ　コーポレートガバナンス・コードの構成

### 1　全体的な構成

　ガバナンス・コードは、基本原則、原則、補充原則という3層構造によって構成されています。

　すなわち、ガバナンス・コードには、まず、基本的な大原則として、「株主の権利・平等性の確保」（基本原則1）、「株主以外のステークホルダーとの適切な協働」（基本原則2）、「適切な情報開示と透明性の確保」（基本原則3）、「取締役会等の責務」（基本原則4）、「株主との対話」（基本原則5）という5つの基本原則が定められています。そして、これらの基本原則を具体化するものとして、各基本原則の下に、それぞれ複数の原則が定められています。補充原則は、それらの原則をさらに詳細なレベルで具体化するものです。なお、本章末尾にガバナンス・コード全文を掲載しています。

### 2　基本原則相互の関係

　まず、ガバナンス・コードの目的である、迅速・果断な意思決定を通じた「攻めのガバナンス」を実現するためには、業務執行に関する意思決定の主体である取締役会自身が、会社の中で最も重要な役割を果たすといっても過言ではありません。すなわち、取締役会は、「攻めのガバナンス」の前提となる企業戦略等の大きな方向性を示すとともに、それを実行するために必要な、適切なリスクテイクを支える環境の整備等を担うことになります（基本原則4）。この基本原則4は、ガバナンス・コードの基本原則相互の関係を理解する上での出発点として考えることができます。

　次に、そのような取締役会による意思決定の透明性や公正性を確保するためには、会社の財務情報や非財務情報について、市場に向けた適切な情報開示がなされる必要があります（基本原則3）。この基本原則3は、「攻めの

ガバナンス」の意思決定を後押しする基本原則4に対して、その意思決定に関する透明性と公正性を担保するための基本原則ということができます。

また、上場会社では、株主が多様なステークホルダーの要であり、かつ「コーポレートガバナンス」の主要な起点であるとの認識の下、株主の権利と平等性の実質的な確保が求められます（基本原則1）。「攻めのガバナンス」がめざす会社の持続的な成長と中長期的な企業価値の向上のためには、株主との適切な協働が不可欠とされていますが、この基本原則1は、そうした株主との協働を図るための前提として要請される原則であるといえます。そして、具体的な株主との協働のあり方として、上場会社は、株主との間で建設的な対話を行うべきとされています（基本原則5）。基本原則1と基本原則5は、ともに、株主との協働を実現させるための基本原則ということができます。また、こうした会社と株主との協働は、会社の情報が株主に対して適切に提供されていることが前提となりますので、基本原則3は、それを支えるための原則ということもできます。

さらに、上場会社には、株主のほかにも、従業員や顧客、取引先等の多様なステークホルダーが存在します。上場会社が、会社の持続的な成長と中長期的な企業価値の向上を達成するためには、そのようなステークホルダーとの適切な協働も必要とされています（基本原則2）。

以上の関係を図示すると、【図9－2－2】のとおりとなります。

【図9－2－2】基本原則相互の関係

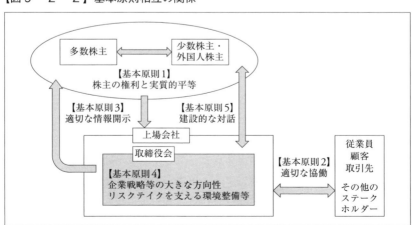

## Ⅳ 「プリンシプルベース・アプローチ」の採用

　「攻めのガバナンス」を実現するために最適なガバナンス体制は、それぞれの上場会社の置かれている状況に応じて異なると考えられます。そこで、ガバナンス・コードは、会社がとるべき行動について詳細に規定する「ルールベース・アプローチ」（細則主義）ではなく、会社がおのおのの置かれた状況に応じて自ら考えることによって「攻めのガバナンス」を実現することができるよう、いわゆる「プリンシプルベース・アプローチ」（原則主義）を採用しています。つまり、ガバナンス・コードの適用を受ける上場会社は、ガバナンス・コードの各原則について、その形式的な記載・文言ではなく、その趣旨・精神に照らして自社の活動が当該原則に則しているか否かを判断することが求められます。そうした上場会社自身の検討・判断を促すために、ガバナンス・コードにおいては、あえてその内容を厳格に定義せず、解釈に委ねる部分が多く存在しています。

　もっとも、その解釈にあたっては、各会社による恣意的な解釈が許容されているわけではなく、あくまで各原則の趣旨・精神を十分に理解した上で、各社の業種、規模、事業特性、機関設計、会社を取り巻く環境、実情等を踏まえつつ、その趣旨・精神を全うするためにはどのように解釈するのが適切かといった観点から、各社において検討・判断していくことが求められています。

> **ワンポイント！＜プリンシプルベース対ルールベース＞**
> 　ガバナンス・コードは、上記のように「プリンシプルベース・アプローチ」を採用しましたが、これは、英国、ドイツおよびフランスの例にならったものです。「プリンシプルベース・アプローチ」の下におけるコーポレートガバナンス・コードは、法律等で一律に規制をかけるのではなく、あくまで1つの指標としてベストプラクティスを定め、それを受け入れない場合にはその理由を開示させることにより、当該会社の姿勢や考え方の妥当性について市場における判断を仰ぐというものです。これは、各会社の置かれた状況がそれぞれ異なるため、各会社の状況に応じた体制を構築することがより適切である、といった考え方が背景にあります。
> 　一方、米国においては、企業会計の信頼性確保のためにコーポレート・ガバナンスの強化等を定めるサーベンス・オクスリー法（SOX法）が存在し、これを受けた証券取引委員会規則、さらには取引所規則において、

「ルールベース・アプローチ」が採用されています。米国において「ルールベース・アプローチ」が採用されている背景には、米国では訴訟が非常に多いため、「プリンシプルベース・アプローチ」では対応しきれないといった事情に加え、大会社（エンロン、ワールドコム）の不正事件をきっかけとして、上記のSOX法が導入された経緯が関係しているということが指摘されています。

## V 「コンプライ・オア・エクスプレイン」の規律

　上記Ⅳのとおり、ガバナンス・コードは「プリンシプルベース・アプローチ」を採用しており、その形式的な記載・文言どおりのガバナンス体制を構築しなければならないわけではありません。そのため、ガバナンス・コードで定める原則のうち、実施しないものがあっても許されるということになります。しかし、ガバナンス・コードを策定した趣旨が、上場会社の透明性・公正性を確保して株主の中長期的投資を促し、企業の「稼ぐ力」を高めることにある以上、ガバナンス・コードを実施しないこととした場合にはその理由を十分に説明しない限り、市場の信頼を確保することはできず、株主から中長期的投資を引き出すことは困難であるといえます。

　そこで、ガバナンス・コードにおいては、「コンプライ・オア・エクスプレイン」（Comply or explain.『従うか、さもなければ説明せよ』）の手法が採用されており、各上場会社において、各原則（基本原則・原則・補充原則）を実施するか（コンプライ）、実施しない場合には説明（エクスプレイン）しなければならないとされています。言い換えれば、各上場会社は、これらの原則を実施するか、実施せずにその理由を説明するかを選択することができるということになります。

　もっとも、ここで重要なのは、「実施ありき」の考えに基づくうわべだけの対応や、他社と足並みを揃えるだけの「ひな型」的な説明を行うといった対応ではその趣旨に反するということです。「コンプライ・オア・エクスプレイン」の規律は、各原則を実施しているかという「結果」ばかりを重視するのではなく、むしろ、各原則を実施するかどうかの検討から始まり、実施する場合にはその方法について、実施しない場合にはその説明する理由の中身について、それぞれ真摯に検討しているかという「過

程」についても重要な意義があると考えられています。

　このように、ガバナンス・コードは、「プリンシプルベース・アプローチ」という性質を持ちながらも、上場会社による「攻めのガバナンス」を実効的なものにするために、「コンプライ・オア・エクスプレイン」という規律を置いているのです。

　なお、このような「コンプライ・オア・エクスプレイン」の具体的な対応として、上場会社は、証券取引所に提出するコーポレート・ガバナンスに関する報告書において、実施しない原則について、その理由を説明することが要求されます。

## Ⅵ　上場規則と適用関係

### 1　上場規則における位置づけ

　ガバナンス・コードは、東証の有価証券上場規程の別添という形で定められています。もっとも、上述のとおり、ガバナンス・コードが「プリンシプルベース・アプローチ」を採用していることから、ガバナンス・コード自体をルールとして課すのではなく、同規程のうちの「望まれる事項」（上場会社に要請される事項を努力義務として定めた規定群）の1つとして、別添されたガバナンス・コードを引用してその趣旨・精神を尊重することを求める旨の規定が設けられています（東証上場規程445条の3）。

　一方で、ガバナンス・コードについての「コンプライ・オア・エクスプレイン」の規律、すなわち、上場会社に各原則を実施しない場合の理由の説明を求める規定は、同規程のうちの「遵守すべき事項」の規定群の1つとして定められており（東証上場規程436条の3）、ルールとしての性質を有することになります。

### 2　市場の区分における違い

　ガバナンス・コードは、東証の有価証券上場規程の別添とされたことにより、東証に上場している国内の会社すべてに適用されます。すなわち、東証一部・東証二部に上場している会社だけでなく、マザーズやJASDAQに上場している会社についても、「コンプライ・オア・エクスプレイン」の規律が及びます。

　ただし、その規律が及ぶ範囲は、上場する市場によって異なることに注意が必要です。すなわち、東証一部と東証二部に上場している会社は、補

充原則まで含めてすべての原則について規律が及びますが、マザーズまたはJASDAQに上場している会社については、基本原則についてのみ、この規律が及ぶとされています（東証上場規程436条の3）。このような取扱いは、新興企業向け市場をめぐる国際的な動向や、わが国の新規産業育成の観点を配慮したものとされています。

### 3 外国会社

「コンプライ・オア・エクスプレイン」の規律は、その名宛人が「上場内国株券の発行者」とされています（東証上場規程436条の3）。したがって、東証に上場している外国会社には、その規律が及びません。外国会社については、本国において別途ガバナンスに関する規制を受けており、ガバナンス・コードの内容をそのまま適用することが適切でない場合が想定されるためです。

### 4 機関設計との関係

ガバナンス・コードは、上場会社の多くが監査役会設置会社であることを踏まえて、監査役会設置会社を想定した内容の原則をいくつか定めています。この点、上場会社の中には、機関設計として監査等委員会設置会社や指名委員会等設置会社を選択している会社も少なからず存在しますが、ガバナンス・コードは、いずれかの機関設計を推薦するものではなく、むしろ、いずれの機関設計を採用する会社にも当てはまる「コーポレートガバナンス」における主要な原則を示すものであると説明されています。したがって、各上場会社は、ガバナンス・コードの趣旨・精神を尊重しつつ、自らの採用する機関設計に応じて適宜読替えをした上で各原則を適用することが想定されています。

### 5 上場規則に基づく制裁

上記1で述べたとおり、ガバナンス・コードの趣旨・精神を尊重することを内容とする規定（東証上場規程445条の3）については、「望ましい事項」（努力規定）として定められているため、これに違反した場合の制裁はありません。これに対して、「コンプライ・オア・エクスプレイン」の規律（東証上場規程436条の3）については、「遵守すべき事項」として規定されているため、これに違反し、かつ、当該上場会社が当該市場に対する株主および投資者の信頼を毀損したと東証が認める場合には、理論上は、上場契約違反金や公表による制裁がありうるということになります

（東証上場規程509条1項2号）。

　ただし、ガバナンス・コードにおいては「プリンシプルベース・アプローチ」が採用されており、各原則をどのように実施するかの判断は、一義的には上場会社の自主的な判断に委ねられていること、また、実施しない場合の説明が適切になされているか否かについては株主等のステークホルダーによって評価されることが想定されていることから、取引所がこのような制裁措置をとるのは、ガバナンス・コードの原則を実施していないことが客観的に明らかであり、かつ、その理由を説明することを拒絶するような場合や、理由の説明が明らかに虚偽であるような場合等に限られると考えられています。

### 6　適用時期と初回の猶予措置

　ガバナンス・コードは2015年6月1日から適用されています。したがって、本来は、同日から「コンプライ・オア・エクスプレイン」の対応を行うことが原則です。しかしながら、同日から完全に実施することが難しいものもあることから、例外的に、2015年6月以後最初に開催する定時株主総会に基づく対応（コーポレート・ガバナンスに関する報告書への記載）については、準備ができ次第速やかに対応することとし、遅くとも当該株主総会の日から6ヶ月後までに対応すればよいとされています。つまり、初回については、対応の準備ができるまでの間は、適用が猶予されるということになります。なお、初回の対応にあたり、適用開始に向けて真摯な検討や準備作業を行ったにもかかわらずなお猶予期限までの完全な実施が難しいという場合には、今後の取組み予定や実施時期の目途を明確に説明するという対応も可能と考えられます（以上につき、東証「コーポレート・ガバナンスに関する報告書記載要領（2015年6月改訂版）」参照）。

　なお、2回目以降の対応（コーポレート・ガバナンスに関する報告書の記載の更新）については、原則どおり、定時株主総会後（または変更のつど）遅滞なく行う必要があります。

## 3 コーポレートガバナンス・コードの内容——各論

### I 基本原則1:株主の権利・平等性の確保
#### 1 内容

> 上場会社は、株主の権利が実質的に確保されるよう適切な対応を行うとともに、株主がその権利を適切に行使することができる環境の整備を行うべきである。
> また、上場会社は、株主の実質的な平等性を確保すべきである。
> 少数株主や外国人株主については、株主の権利の実質的な確保、権利行使に係る環境や実質的な平等性の確保に課題や懸念が生じやすい面があることから、十分に配慮を行うべきである。

#### 2 位置づけ・効果

会社法では株主平等原則(法109条1項)が定められていますが、上場会社においては、個人投資家を含む多くの投資家から幅広く資本提供を受けることから、この原則をより実質的に確保することが重要と考えられています。基本原則1は、この考え方に基づき、株主の権利の実質的な確保とその権利の適切な行使に向けた環境整備を定めるとともに、少数株主や外国人株主も含めた株主の実質的な平等について定めています。これにより、上場会社では、広く投資家から信認を得ることができ、多様なステークホルダーの要ともいうべき株主からの支持基盤の強化につながることが期待されています。

また、このように株主の権利を実質的に確保することは、株主との建設的な対話(基本原則5)を進めるための前提とも考えられます。

#### 3 原則・補充原則について

基本原則1は、7つの原則によって具体化されており、そのいくつかの原則については、さらに補充原則が存在します(【図9-3-1】)。

【図９−３−１】基本原則１

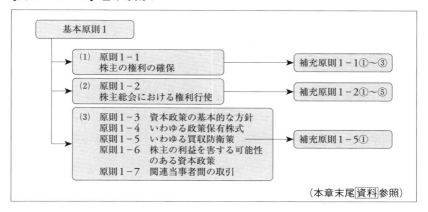

（本章末尾資料参照）

(1) 株主の権利の確保（原則１−１）

　上場会社は、株主総会における議決権をはじめとする株主の権利が実質的に確保されるよう、適切な対応を行うべきとされています（原則１−１）。そして、この原則を具体化するものとして、さらに以下の補充原則が定められています。

　　ア　相当数の反対票に関する分析・対応の要否の検討

　上場会社の株主が会社に権利行使をする上での最も典型的な手段は、株主総会における議決権行使と考えられます。この点、会社法のルールからすれば、株主総会は原則として多数決で決議されるため、賛成多数で可決に至った議案については、これに対して相当数の反対票が投じられたとしても、基本的に反対株主の意向が反映されることはありません。しかし、上場会社には多様なステークホルダーが存在し、利害関係が多方面に及びますので、特に会社の基本的事項を決定するにあたっては、複数の利害関係を踏まえて総合的に判断することが求められるといえます。

　以上の観点から、株主総会において相当数の反対票が投じられた場合には、反対の理由や原因について分析を行い、株主との対話等の対応の要否について検討を行うべきとされています（補充原則１−１①）。

　　イ　株主総会決議事項を取締役会に一部委任する旨の提案

　株主の権利行使を実質的に確保するためには、株主総会における決議事項をできるだけ広く設定すべきようにも思われます。しかしながら、上場

会社においては、株主の数が多いため、臨時株主総会を開くという機動的な対応が困難であることに加えて、専門的な内容が含まれる場合には、そのすべてを株主総会で決することが相当でない場合もあります。

そこで、上場会社は、自らの取締役会において「コーポレートガバナンス」に関する役割・責務を十分に果たしうるような体制が整っていると判断される限りにおいて、経営判断の機動性・専門性の確保の観点から、株主総会決議事項の一部を取締役会に委任するよう提案を行うことが望ましい場合があることを考慮に入れるべきとされています（補充原則1－1②）。

　ウ　少数株主に対する配慮

上場会社は、株主の権利行使を事実上妨げることのないように配慮すべきとされています。中でも少数株主による権利行使については、特に役員に対する責任追及の場合等において、事実上妨げられるようなケースが生じやすいことから、その権利行使の確保に十分な配慮を行うべきとされています（補充原則1－1③）。

(2) 株主総会における権利行使（原則1－2）

株主の権利を実質的に確保したとしても、それを実際に行使する場面において、十分な権利行使を可能とする環境が整っていなければ意味がありません。そこで、上場会社は、株主総会における権利行使にかかる適切な環境整備を行うべきとされています（原則1－2）。

具体的には、適確な情報提供をする（補充原則1－2①）ほか、株主が総会議案についての十分な検討期間を確保することができるよう、招集通知の早期発送に努めるとともに、招集通知に記載する情報を株主総会の招集にかかる取締役会決議から招集通知を発送するまでの間に電子的に公表すべきとされています（補充原則1－2②）。

---

**ワンポイント！＜招集通知の早期発送を要求した背景＞**

日本の上場会社においては、株主総会の招集通知は、会社法の規定（法299条）に従い、開催日の2週間前から20日ほど前までの間に発送する例が多いとされています。しかしながら、このタイミングで招集通知が発送された場合、株主がその検討にかけられる時間は短く、特に海外投資家の場合には、開催日の1週間ほど前になって受領する例が少なくありません（さらに翻訳が必要となることもあります）。

> スチュワードシップ・コードにおいても、機関投資家がスチュワードシップ責任を果たすため、当該企業の状況を的確に把握すべきであるという原則が掲げられています（原則3）が、上記のような状況では、株主が、会社から与えられた情報を十分に検討した上で株主総会に臨むということは難しくなります。
> 　ガバナンス・コードにおける招集通知の早期発送の原則は、これらの状況に配慮する趣旨で設けられたものです。

　また、株主との建設的な対話の充実と、そのための正確な情報提供等の観点を考慮し、株主総会開催日をはじめとする株主総会関連の日程の適切な設定を行うべきとされています（補充原則1－2③）。日本の上場会社は3月決算であることが多く、決算承認の定時株主総会は、おおむね6月下旬に集中しています。複数の上場会社の株主として投資する機関投資家にとっては、投資先の会社の株主総会すべてに出席して議決権を行使することが難しい状況であるといえます。この補充原則は、そのような状況を踏まえ、上場会社に対して株主総会関連の日程について一定の配慮を求めたものです。

　さらに、上場会社の中には、機関投資家や海外投資家の比率がかなり高い会社もありますので、そのような状況を踏まえ、株主総会に出席せずとも議決権を行使できるよう、議決権の電子的行使を可能とする環境（たとえば、議決権電子行使プラットフォームの利用）を整えたり、海外投資家のアクセスを容易にするために招集通知を英訳したりすることを進めるべきとされています（補充原則1－2④）。

> **ワンポイント！＜信託銀行と実質的な株主の関係＞**
> 　機関投資家が株式を信託銀行等に信託しているような場合、信託銀行等が株主名簿上の株主（名義株主）となり、機関投資家（実質株主）は、株主名簿に記載されないことになります。この場合、機関投資家が信託銀行等から委任状を受けて株主総会に出席しようとしても、定款によって代理人資格を株主に限定している会社も多いことから、特定の株式の信託に複数の機関投資家が介在している場合や、機関投資家が信託している株式のほかに自己の名義では株式をまったく保有していない（すなわち、株主名簿に載っていない）場合においては、機関投資家が代理人として株主総会に出席することは非常に難しい状況になっています。

> このような状況を踏まえ、上場会社は、機関投資家等が自ら議決権の行使等を行うことをあらかじめ希望する場合に対応するため、信託銀行等と協議しつつ検討を行うべきであるとされています（補充原則1－2⑤）。

(3) 株主に重大な影響を与えうる重要事項についての配慮・説明について

　ガバナンス・コードでは、資本政策の基本的な方針を説明することが求められます（原則1－3）。ここにいう「資本政策の基本的な方針」とは、エクイティ・ファイナンスや自社株買いに関する実施計画のような個別の資本政策についての具体的な予定等ではなく、それらの基礎となるような総合的な基本方針が示されれば足りると解されます。また、下記のとおり、政策保有株式、買収防衛策、支配権の変動を伴う資本政策等については個別の原則が設けられています。

　いわゆる政策保有株式（典型的には、企業間での株式の持ち合い）の保有は、限られた情報しか得られない株主や投資家にとっては、そのような投資に事業上どのような意味合いがあるのかが必ずしも明確ではありません。そのため、これらの株式については保有方針を開示するとともに、経済合理性や将来の見通し等を検証して説明し、さらにその議決権行使について適切な対応を確保するための基準を策定・開示すべきであるとされています（原則1－4）。

　また、買収防衛策については、受託者責任の観点からその必要性・合理性を検討した上で、株主に十分な説明を行うべきであるとされています（原則1－5）。これに関連して、公開買付けを受けた上場会社においては、取締役会としての考え方を説明することが求められています（補充原則1－5①）。説明手段については特段限定されていませんが、たとえば金融商品取引法上の意見表明報告書に記載して開示する等の対応が考えられます。また、支配権の変動や大規模な希釈化をもたらす資本政策についても、同様の配慮が求められています（原則1－6）。

　そして、関連当事者間の取引（会社の役員や主要株主等との取引）については、会社法上利益相反取引に関する規制（法356条・365条）が存在するほか、平成26年改正に伴って会社法施行規則にも規定が新設されており（施行規則118条5号。**第2章**③**Ⅴ4**参照）、さらに、上場規則にも第三

者による意見聴取に関する規定（東証上場規程441条の2第1項）が存在します。ガバナンス・コードでは、これらをさらに推し進め、取締役会において関連当事者間の取引についての適切な手続を定め、その枠組みを開示・運用することが求められています（原則1－7）。

## Ⅱ 基本原則2：株主以外のステークホルダーとの適切な協働
### 1 内容

> 　上場会社は、会社の持続的な成長と中長期的な企業価値の創出は、従業員、顧客、取引先、債権者、地域社会をはじめとする様々なステークホルダーによるリソースの提供や貢献の結果であることを十分に認識し、これらのステークホルダーとの適切な協働に努めるべきである。
> 　取締役会・経営陣は、これらのステークホルダーの権利・立場や健全な事業活動倫理を尊重する企業文化・風土の醸成に向けてリーダーシップを発揮すべきである。

### 2 位置づけ・効果

　上場会社には、株主以外にも、従業員、顧客、取引先、債権者、地域社会をはじめとする様々なステークホルダーが存在します。たとえば、製造業者（メーカー）の場合には、製品を開発・製造する従業員、製品を購入する小売業者（顧客）、原料を供給する取引先、資金を融資する取引銀行（債権者）、働き手やインフラを提供する地域社会といったものがステークホルダーとして挙げられます。上場会社は、これらのステークホルダーとの適切な協働が不可欠であることを十分に認識し、これを適切に実践することで、イノベーションを生み出して社会・経済全体に付加価値を提供するとともに、その結果として会社自身にもさらに利益がもたらされるという好循環を実現することができます。そうした結果が、上場会社の持続的な成長と中長期的な企業価値の創出の達成につながることになるわけです。

　このように、株主以外のステークホルダーとの適切な協働を定める基本原則2は、会社の持続的な成長と中長期的な企業価値の向上をめざす上で重要な要素と考えられます。

### 3 原則・補充原則について

　基本原則2は、5つの原則によって具体化されており、そのいくつかの原則については、さらに補充原則が存在します（【図9－3－2】）。

【図9－3－2】基本原則2

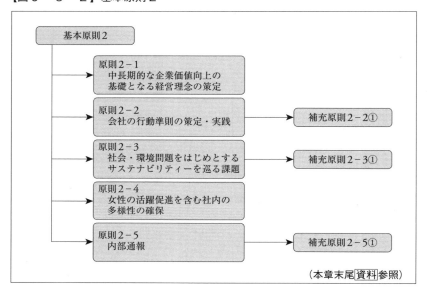

（本章末尾 資料 参照）

　まず、上場会社は、様々なステークホルダーへの価値創造に配慮しつつ、中長期的な企業価値向上の基礎となる経営理念を策定すべきとされており（原則2－1）、さらに、ステークホルダーとの適切な協働を含めた内容について、会社としての行動準則を定め、これを実践すべきとされています（原則2－2）。なお、そうした行動準則は、必要に応じて改訂を行うという想定の下、適宜または定期的にレビューを行うべきとされています（補充原則2－2①）。

　また、ステークホルダーとの適切な協働が可能となるためには、ステークホルダーの側からみても協働するのにふさわしい会社である必要があります。特に、近時のグローバルな社会・環境問題に対する関心の高まりを踏まえると、たとえば環境汚染対策を怠るような会社では、社会的責任を果たしていないと評価されて、ステークホルダーとの協働は難しくなってしまいます。そうした点を踏まえて、上場会社は、環境問題や社会問題等のサステナビリティー（持続可能性）をめぐる課題への対応は、重要なリスク管理の一部であると認識し、リスク管理体制等を通じて積極的に取り組むべきとされています（原則2－3、補充原則2－3①）。

さらに、上場会社は、社内に多様な視点や価値観が存在することは会社の持続的な成長を高めるとの認識の下、女性の活躍を含む多様性の確保を推進すべきとされています（原則2－4）。このほかにも上場会社は、内部通報の体制整備を行うとともに、取締役会においてその運用状況を監督すべきとされています（原則2－5）。これは、内部通報制度が整備されることで、違法または不適切な行為が早期に発見され、ひいてはそれがステークホルダーの権利や利益を保護することにつながるとの考え方に基づくものです。

なお、これらの原則については、コラム⑨「外国人取締役と女性取締役」、コラム⑫「企業の社会的責任（CSR）」、コラム⑭「内部通報制度」も参照してください。

## Ⅲ　基本原則3：適切な情報開示と透明性の確保
### 1　内容

> 　上場会社は、会社の財政状態・経営成績等の財務情報や、経営戦略・経営課題、リスクやガバナンスに係る情報等の非財務情報について、法令に基づく開示を適切に行うとともに、法令に基づく開示以外の情報提供にも主体的に取り組むべきである。
> 　その際、取締役会は、開示・提供される情報が株主との間で建設的な対話を行う上での基盤となることも踏まえ、そうした情報（とりわけ非財務情報）が、正確で利用者にとって分かりやすく、情報として有用性の高いものとなるようにすべきである。

### 2　位置づけ・効果

会社の財務情報や非財務情報が適時適切に開示されることは、投資家に広く有益な判断材料を提供することになり、投資家の保護や資本市場の信頼性確保という観点から不可欠です（コラム⑯「情報開示とコーポレート・ガバナンス」参照）。こうした情報が適切に開示されていない場合には、株主によるチェック機能が有効に働かず、会社の非倫理的な行動を招来し、これにより市場自体の信頼性に打撃を与えかねません。

財務情報はもちろんのこと、経営戦略・経営課題、予想されるリスクやガバナンスに関する情報といった非財務情報も、投資家が会社の持続的な成長を分析・検討するためには不可欠な情報です。この点、特に非財務情

報にかかる情報開示については、一般に、ひな型的な記述や具体性を欠く記述となっており付加価値に乏しい場合が少なくないといった指摘がされています。また、会社の企業価値を中長期的に向上していくためには、機関投資家との建設的な対話を実施していく必要があるものの、現在の情報開示のあり方では、資本生産性に関する会社の目標やそのための手段といった観点からの情報開示が不十分であるといった指摘もあります。

　その意味で、基本原則3は、財務情報のみならず非財務情報についても適切な開示を求めることで、市場から株主資本を誘引しやすくし、株主との建設的な対話をも促すという効果を狙っているといえます。

---

**ワンポイント！＜統合報告書＞**

　ガバナンス・コードは、財務情報と非財務情報の適時の適切な開示を求めていますが、近年、こうした財務情報と非財務情報を組み合わせた形で開示を行う「統合報告」という手法が浸透しつつあります。統合報告は、投資家がより効率的で生産的な投資を行うために利用できる情報を提供するとともに、様々な期間における価値創造に焦点を当てて、要素間の結合性や相互関係を考慮した統合思考を会社自身に促すこと等を狙いとしています。

　ガバナンス・コードが目的とする、会社の中長期的な価値創造・持続的な成長を考える上で、この統合報告という考え方は、これから重要性を増すと考えられます。

　統合報告については、国際統合評議会（IIRC）により枠組みが示されており、IIRCのウェブサイト（http://www.theiirc.org/）において邦訳されたものを参照できます。

---

## 3　原則・補充原則について

　基本原則3は、2つの原則によって具体化されており、各原則について、さらに補充原則が存在します（【図9－3－3】）。

【図９－３－３】基本原則３

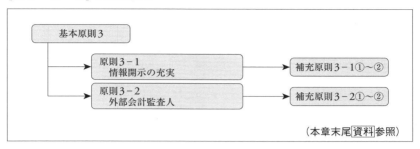

（本章末尾 資料 参照）

　まず、上場会社は、一定の事項について開示し、主体的な情報発信を行うべきとされています。具体的には、開示すべき情報として、経営陣の報酬決定に関する方針と手続、経営陣幹部の選任や取締役・監査役の候補者の指名に関する方針と手続といった実務的な事項のほかに、会社がめざすところ（経営理念等）や経営戦略、さらには「コーポレートガバナンス」に関する基本的な考え方と基本方針といった会社の大きな方向性や考え方に関する事項が定められています（原則３－１）。このうち、会社の大きな方向性や考え方に関する情報は、中長期の株式保有を考える投資家にとっては極めて重要と考えられます。とりわけ「コーポレートガバナンス」に関する基本的な考え方（総論的な考え方）と基本方針（各原則に対する個別の対応方針）は、まさに各社の「コーポレートガバナンス」に対する姿勢が集約される場面となることから、投資家にとって特に関心が高い項目の１つといわれています。

　また、会社によって開示される情報は、それが十分に信用できるものであることが大前提です。その中でも、財務情報は、予測が難しい将来の事柄に関するものではなく、過去の事業活動のうち財務に関する部分の情報ですので、事実と異なる内容が記載されていることは許されません。そのことを踏まえて、財務に関する監査を行う会計監査人が株主や投資家に対して責務を負っていることを、会計監査人自身はもちろんのこと、会社も認識し、適正な監査の確保に向けて適切な対応を行うべきとされています（原則３－２）。

## Ⅳ 基本原則4：取締役会等の責務
### 1 内容

> 　上場会社の取締役会は、株主に対する受託者責任・説明責任を踏まえ、会社の持続的成長と中長期的な企業価値の向上を促し、収益力・資本効率等の改善を図るべく、
> 　(1) 企業戦略等の大きな方向性を示すこと
> 　(2) 経営陣幹部による適切なリスクテイクを支える環境整備を行うこと
> 　(3) 独立した客観的な立場から、経営陣（執行役及びいわゆる執行役員を含む）・取締役に対する実効性の高い監督を行うこと
> をはじめとする役割・責務を適切に果たすべきである。
> 　こうした役割・責務は、監査役会設置会社（その役割・責務の一部は監査役及び監査役会が担うこととなる）、指名委員会等設置会社、監査等委員会設置会社など、いずれの機関設計を採用する場合にも、等しく適切に果たされるべきである。

### 2 位置づけ・効果
(1) 位置づけ

　取締役会が、経営陣に対して牽制を及ぼす役割を担っていることについてはすでに述べたとおりですが（**第5章①および②参照**）、「攻めのガバナンス」は、取締役会がそのような役割を果たすのみならず、経営理念等の上場会社が進むべき大きな方向性を示したり、経営陣幹部が適切なリスクをとる前提となる環境を整備したりすることにより初めて実現することができます。これにより、経営者が健全な企業家精神をもって経営手腕を発揮して中長期的な視点から上場会社の収益性を向上させ、中長期目線の株主資本を引きつけることにつながります。

　仮にこのような取締役会の役割・責務が十分に果たされることがなければ、株主の権利・平等性の確保（基本原則1）や株主との対話（基本原則5）を行う基礎を欠くばかりか、情報開示（基本原則3）の内実を伴わないことになりますし、そのような会社では他のステークホルダーとの協働（基本原則2）もままなりません。

　このように、取締役会や監査役会等の責務を定めた基本原則4は、ガバナンス・コードにおける根本的な原則として位置づけられるものといえます。

## (2) 効果

　上場会社の意思決定の対象には、会社自身がコントロールすることのできない外部環境の変化等の事情（たとえば地政学リスク）により、結果として会社に損害を生じさせる事態につながるようなものがあります。その場合における取締役の善管注意義務違反の有無は、一般的に経営判断原則に基づいて判断されるということについてはすでに説明したとおりですが（コラム⑦「経営判断原則」参照）、基本原則4には、この経営判断原則に関連して、取締役の意思決定過程の合理性を担保することに寄与すると考えられる内容が含まれるとされています。

　ガバナンス・コードは、各上場会社がそれぞれ基本原則4の趣旨・精神に沿った対応を行うことで、取締役が経営に関して法的な責任を問われることのないような状況を確保し、それによって適切なリスクテイクを前提とした「攻めのガバナンス」を実現することをめざしているものといえます。

### 3　原則・補充原則について

#### (1) 取締役会の役割・責務、受託者責任を踏まえた行動

　基本原則4は、全部で14個の原則によって具体化されています。このうち、基本原則4の中で言及されている取締役会の3つの役割・責務をそれぞれ具体化したものが、原則4−1から原則4−3までとなります。また、取締役や経営陣の受託者責任について定めたのが原則4−5です（【図9−3−4】）。まずは、これらについて説明します。

【図9-3-4】基本原則4（原則4-1〜4-3、4-5）

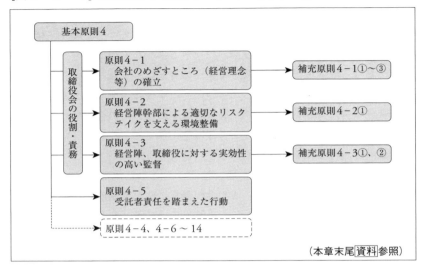

（本章末尾 資料 参照）

### ア　会社のめざすところ（経営理念等）の確立

基本原則4の(1)において、企業戦略等の大きな方向性を示すことは、取締役会の役割・責務であることが示されていますが、原則4-1は、それをより詳細に述べたものです。具体的には、取締役会は、会社のめざすべきところ（経営理念等）を確立して戦略的な方向づけを行い、具体的な経営戦略や経営計画等について建設的な議論を行うとともに、重要な業務執行の決定を行う場合には、かかる戦略的な方向づけを踏まえるべきとされています（原則4-1）。また、この原則を実行するための具体的な内容として、①経営陣に対する委任の範囲の明確化とその開示（補充原則4-1①）、②中期経営計画の実現に向けた最善の努力および目標未達の場合におけるその原因の分析と株主に対する説明（補充原則4-1②）、③最高経営責任者等の後継者の計画についての適切な監督（補充原則4-1③）が求められています。

### イ　リスクテイクを支える環境整備

基本原則4の(2)において、適切なリスクテイクを支える環境整備は、取締役会の役割・責務であることが示されていますが、原則4-2は、それをより詳細に述べたものです。具体的には、取締役会は、経営陣から

の健全な企業家精神に基づく提案を歓迎し、これについて独立した客観的な立場において多角的かつ十分な検討を行うとともに、それが実行される際には迅速・果断な意思決定を支援すべきとされています（原則4－2第1文）。

同様に、経営陣の適切なリスクテイクを後押しする観点から、経営陣の報酬については、中長期的な会社の業績や潜在的リスクを反映させ、健全な企業化精神の発揮に資するようなインセンティブづけを行うべきとされています（原則4－2第2文）。その具体例としては、中長期的な業績と連動する報酬の割合や、現金報酬と自社株報酬との割合を適切に設定すべきことが示されています（補充原則4－2①）。

　　ウ　実効性の高い監督

基本原則4の(3)において、経営陣・取締役に対する実効性の高い監督を行うことは、取締役会の役割・責務であることが示されていますが（ただし、これらについては監査役および監査役会の役割・責務でもあると解されます）、原則4－3は、それをより詳細に述べたものです。具体的には、取締役会（および監査役・監査役会）は、①適切に会社の業績等の評価を行い、これを公正かつ透明性の高い手続に従って経営陣幹部の人事に適切に反映させること（原則4－3第1文、補充原則4－3①）、②適時かつ正確な情報開示が行われるように監督を行うとともに、内部統制やリスク管理体制を適切に整備すること（原則4－3第2文）、③関連当事者と会社との間の利益相反を適切に管理すること（同第3文）が求められています。

　　エ　受託者責任を踏まえた行動

上場会社の取締役や経営陣は、株主に対する受託者責任を認識し、ステークホルダーとの適切な協働を確保しつつ、会社や株主共同の利益のために行動すべきであるとされています（原則4－5）。これは、取締役や経営陣の受託者責任を明記したものです。

　(2)　監査役（会）の役割・責務について

基本原則4を具体化した14個の原則のうち、特に監査役（会）について定めたものは、原則4－4と原則4－5になります（【図9－3－5】）。以下、これらについて説明します。

【図9－3－5】基本原則4（原則4－4、4－5）

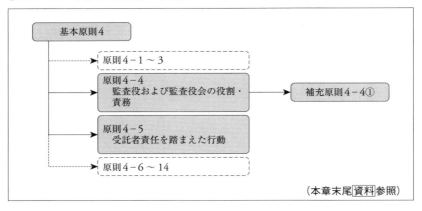

（本章末尾 資料 参照）

### ア 監査役および監査役会の役割・責務

監査役および監査役会は、業務執行者への牽制の機能を果たすことが期待されていますが（**第5章**3参照）、そうした牽制機能を果たすにあたっては、株主に対する受託者責任を踏まえ、独立した客観的な立場において適切な判断を行うべきとされています（原則4－4第1文）。また、監査役および監査役会には、業務監査や会計監査をはじめとする、いわば「守りの機能」を発揮することが主な役割・責務として期待されていますが、こうした機能を含め、その役割・責務を十分に果たすためには、自らの守備範囲を過度に狭くとらえることは適切でなく、能動的・積極的に権限を行使し、取締役会や経営陣に対して適切に意見を述べるべきとされています（同第2文）。

### イ 受託者責任を踏まえた行動

監査役も、取締役や経営陣と同様に、株主に対する受託者責任を負っています。すなわち、上場会社の監査役は、株主に対する受託者責任を認識し、ステークホルダーとの適切な協働を確保しつつ、会社や株主共同の利益のために行動すべきとされています（原則4－5）。

### (3) 独立社外取締役関連

基本原則4を具体化した原則のうち、独立社外取締役を含む、経営の監督と執行のあり方について述べたものは、原則4－6から原則4－10までとなります（【図9－3－6】）。ここでは、これらについて説明します。

3 コーポレートガバナンス・コードの内容——各論 353

【図9-3-6】基本原則4（原則4-6～4-10）

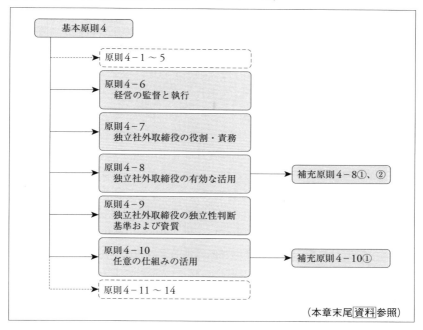

ア　経営の監督と執行の分離

　取締役会がモニタリングの機能を発揮するためには、経営について独立かつ客観的な立場から意見具申することのできる取締役が必要になります。そこで、ガバナンス・コードでは、業務の執行には携わらない、業務の執行と一定の距離を置く取締役の活用について検討すべきとされています（原則4-6）。その代表例が独立社外取締役であり、原則4-7から原則4-9までは、独立社外取締役について言及しています。原則4-6は、独立社外取締役について直接述べたものではありませんが、その趣旨は共通していると考えられます。

イ　独立社外取締役の役割について

　上場会社は、独立社外取締役の有効な活用を図るべきとされています（原則4-7）。独立社外取締役とは、一般株主と利益相反が生じるおそれのない社外取締役のことをいい（コラム②「独立役員について」参照）、一般株主の利益保護を踏まえた行動をとることが期待されています。独立社

外取締役は、経営の方針や経営改善について助言を行うことのほか、経営の監督を行うこと、会社と経営陣との間の利益相反を監督すること、ステークホルダーの意見を取締役会に反映させることが主な役割・責務であるとされています（原則4−7）。独立社外取締役がそれらの役割・責務を実効的に果たすために、次のような原則が定められています。

　ウ　独立社外取締役の有効な活用

　上場会社は、資質を十分に備えた独立社外取締役を少なくとも2名以上選任すべきとされています（原則4−8第1文）。2名以上とした理由は、1名だけとするよりも、議論の中で有益な意見形成がなされる可能性が高まる上、その意見を取締役会において反映することも容易になると考えられたからです。また、自主的な判断により少なくとも3分の1以上の独立社外取締役を選任することが必要と考える上場会社は、そのための取組み方針を開示すべきであるとされています（原則4−8第2文）。

　エ　独立社外取締役の独立性判断基準および資質

　東証においては独立性基準が定められていますが（**コラム②「独立役員について」**参照）、その趣旨は、社外取締役が取締役会の中で一般株主（特に、少数株主）の利益を代弁する仕組みとして機能することにより会社が株主の目を意識した経営を行うよう促す役割を果たすことにあります。しかし、東証の独立性基準は、その内容が抽象的で解釈に幅を生じさせる余地があるとの見方があり、その結果、上場会社が保守的な適用を行うという弊害が生じているとの指摘があります。これでは、適格な資質を兼ね備えた独立社外取締役が選任されず、結果として期待された役割を十分に果たすことができないことになってしまいます。

　そこで、上場会社は、東証の独立性基準を踏まえつつも、独立性を実質面において担保することに主眼を置いた、各会社の事情に応じた独立性判断基準を策定し、開示すべきとされています（原則4−9）。

　オ　任意の仕組みの活用

　会社の機関設計を検討するにあたり、必要に応じて任意の仕組みを活用することにより、統治機能のさらなる充実を図るべきであるとされています（原則4−10）。具体的には、たとえば、監査役会設置会社または監査等委員会設置会社において、取締役の指名や報酬にかかる取締役会の機能の独立性・客観性と説明責任を強化するために、指名や報酬に関する事項

を検討する機関として、取締役会の下に独立社外取締役を主要な構成員とする任意の諮問委員会を設置すること等が考えられます（補充原則4－10①）。

(4) その他実効性を確保するための原則

基本原則4を具体化した14個の原則のうち、取締役会（および監査役（会））がその役割・責務を実効的に果たすための前提条件や方策等について定めたものは、原則4－11から原則4－14までとなります（【図9－3－7】）。以下、これらについて説明します。

【図9－3－7】基本原則4（原則4－11～4－14）

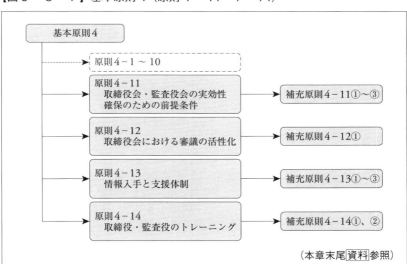

取締役会は、その役割・責務を実効的に果たすための知識・経験・能力を全体としてバランスよく備え、多様性と適正規模を両立させる形で構成されるべきとされています（原則4－11第1文）。また、監査役および監査役会の役割・責務の実効性を確保するために、監査役には、財務・会計に関する適切な知見を有している者が1名以上選任されるべきとされています（原則4－11第2文）。

また、取締役会は、社外取締役による問題提起を含め自由闊達で建設的な議論・意見交換を尊ぶ気風の醸成に努めるべきとされています（原則4

−12)。そして、取締役・監査役は、能動的に情報を入手すべきであり、必要に応じ、会社に対して追加の情報提供を求めるべきであるとするほか、会社としても取締役・監査役の支援体制を整えるべきとされています（原則4−13）。

さらに、取締役や監査役が自己に期待された役割・責務を十分に果たすためには、そのような議論の場や情報提供が確保されるだけでは足りず、取締役や監査役自身が、必要な知識の習得や適切な更新等の研鑽に努めるべきであり、そのため、上場会社としては、そのためのトレーニングの機会の提供・斡旋やその費用の支援を行うほか、取締役会において、こうした対応が適切にとられているか否かを確認すべきであるとされています（原則4−14）。

## V 基本原則5：株主との対話
### 1 内容

> 上場会社は、その持続的な成長と中長期的な企業価値の向上に資するため、株主総会の場以外においても、株主との間で建設的な対話を行うべきである。
> 経営陣幹部・取締役（社外取締役を含む）は、こうした対話を通じて株主の声に耳を傾け、その関心・懸念に正当な関心を払うとともに、自らの経営方針を株主に分かりやすい形で明確に説明しその理解を得る努力を行い、株主を含むステークホルダーの立場に関するバランスのとれた理解と、そうした理解を踏まえた適切な対応に努めるべきである。

### 2 位置づけ・効果
#### (1) 位置づけ

スチュワードシップ・コードにおいては、機関投資家の側が、投資先の上場会社やその事業環境等について深い理解を持ち、会社との間で建設的なエンゲージメントを行うことが求められています。

基本原則5は、このエンゲージメントの重要性を上場会社の側からとらえた原則であるといえます。すなわち、上場会社にとっても、株主総会以外の場においても株主と平素から対話を行うことによって、株主に自社の具体的な経営戦略や経営計画等を深く理解してもらい、それらについて株主が懸念を持った場合には適切に対応を講じていくことは、経営の正統

性の基盤を強化し、持続的な成長に向けた取組みを進めていく上で有益と考えられます。基本原則5は、そうした考え方を背景としたものです。

(2) 効果

上場会社の経営陣は、そのステークホルダーのうち、従業員、取引先、金融機関等とは日常的に接触し、それらの意見に触れる機会には恵まれている反面、ステークホルダーの要であるはずの株主と接する機会については、おおむね株主総会の場に限られてしまっているのが現状です。

経営陣が、株主との対話を通じてその意見を経営に反映させていくことは、まさに受託者としての責任を全うすることにつながるばかりか、資金を提供してリスクを背負った資本提供者の目線からの経営分析や意見を踏まえることで、上場会社が保守的になることを回避して健全な企業家精神を喚起することができるという効果を有しています。

### 3 原則・補充原則について

基本原則5は、2つの原則によって具体化されており、原則5-1については、さらに3つの補充原則が存在します(【図9-3-8】)。

【図9-3-8】基本原則5

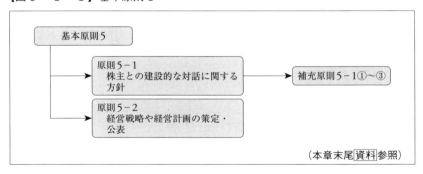

上場会社は、株主からの対話(面談)の申込みに対しては、合理的な範囲で前向きに対応すべきであるとするほか、株主との建設的対話を促進するための体制整備・取組みに関する方針を検討・承認し、開示すべきとされています(原則5-1)。そして、この原則を具体化する補充原則として、①実際の対話(面談)の対応者については、合理的な範囲で、経営陣幹部または取締役が面談に臨むことを基本とすべきこと(補充原則5-1①)、

②株主との建設的な対話を促進するための方針には、統括役の指定や社内連携の方策等の一定の事項を記載すべきこと（補充原則5－1②）、③必要に応じて自社の株主構造の把握に努めるべきであること（補充原則5－1③）が定められています。

また、上場会社は、経営戦略や経営計画の策定・公表にあたっては、基本的な方針とともに収益力・資本効率等に関する目標を提示し、その実現のために、経営資源の配分等に関し具体的に何を実行するのかについて、株主にわかりやすい言葉と論理で明確に説明を行うべきとされています（原則5－2）。

---

**ワンポイント！＜開示が要請されている原則・補充原則について＞**

「コンプライ・オア・エクスプレイン」の規律に従えば、上場会社が実施することとしたガバナンス・コードの内容については、特に説明をする必要はありません。もっとも、下記表の16項目については、開示すること自体が原則や補充原則の内容とされていますので、これらを実施する場合には、その内容を開示する必要があります。開示の方法としては、コーポレート・ガバナンスに関する報告書にその内容を記載することが想定されていますが、これについてすでに自社のウェブサイトやアニュアルレポート等に記載がある場合には、同報告書にそれらを参照されたい旨とその閲覧方法を記載すること（参照方式）も許容されています（なお、これらを実施しない場合には、他の原則と同様に、同報告書にその理由を記載する必要があります）。

| 原則・補充原則 | 開示すべき事項 |
| --- | --- |
| 原則1－4 | ・上場株式を政策保有株式として保有する場合の方針<br>・政策保有株式にかかる議決権の行使について、適切な対応を確保するために策定した基準 |
| 原則1－7 | ・上場会社と役員や主要株主等との取引が株主共同の利益を害しないため、また、そうした懸念を生じさせないために取引の重要性等に応じた監視手続の枠組み |
| 原則3－1 | ・会社の経営理念、経営戦略等<br>・会社の「コーポレートガバナンス」に関する基本方針等 |

| | |
|---|---|
| | ・取締役会が経営陣や取締役の報酬を決定するにあたっての方針と手続<br>・取締役会が経営陣幹部の選任や取締役・監査役候補の指名を行うにあたっての方針と手続<br>・上記選任・指名を行う際における個々の選任・指名についての説明 |
| 補充原則4－1① | ・経営陣に対する委任の範囲 |
| 原則4－8 | ・取締役のうち3分の1以上を独立社外取締役の選任が必要と考える場合におけるその取組み方針 |
| 原則4－9 | ・独立社外取締役となる者の独立性をその実質面において担保することを主眼とする独立性判断基準 |
| 補充原則4－11① | ・取締役会全体としての知識・経験・能力のバランス、多様性、規模に関する考え方 |
| 補充原則4－11② | ・取締役や監査役が他の上場会社の役員を兼任する場合の兼任状況 |
| 補充原則4－11③ | ・取締役会の実効性についての分析・評価の結果の概要 |
| 補充原則4－14② | ・取締役・監査役に対するトレーニングの方針 |
| 原則5－1 | ・株主との建設的な対話を促進するための体制整備・取組みに関する方針 |

## 資料
## コーポレートガバナンス・コード

### 第1章　株主の権利・平等性の確保

【基本原則1】
　上場会社は、株主の権利が実質的に確保されるよう適切な対応を行うとともに、株主がその権利を適切に行使することができる環境の整備を行うべきである。
　また、上場会社は、株主の実質的な平等性を確保すべきである。
　少数株主や外国人株主については、株主の権利の実質的な確保、権利行使に係る環境や実質的な平等性の確保に課題や懸念が生じやすい面があることから、十分に配慮を行うべきである。

考え方
　上場会社には、株主を含む多様なステークホルダーが存在しており、こうしたステークホルダーとの適切な協働を欠いては、その持続的な成長を実現することは困難である。その際、資本提供者は重要な要であり、株主はコーポレートガバナンスの規律における主要な起点でもある。上場会社には、株主が有する様々な権利が実質的に確保されるよう、その円滑な行使に配慮することにより、株主との適切な協働を確保し、持続的な成長に向けた取組みに邁進することが求められる。
　また、上場会社は、自らの株主を、その有する株式の内容及び数に応じて平等に取り扱う会社法上の義務を負っているところ、この点を実質的にも確保していることについて広く株主から信認を得ることは、資本提供者からの支持の基盤を強化することにも資するものである。

【原則1－1．株主の権利の確保】
　上場会社は、株主総会における議決権をはじめとする株主の権利が実質的に確保されるよう、適切な対応を行うべきである。

補充原則
1－1①　取締役会は、株主総会において可決には至ったものの相当数の反対票が投じられた会社提案議案があったと認めるときは、反対の理由や反対票が多くなった原因の分析を行い、株主との対話その他の対応の要否について検討を行うべきである。

1－1②　上場会社は、総会決議事項の一部を取締役会に委任するよう株主総会に提案するに当たっては、自らの取締役会においてコーポレートガバナンスに関する役割・責務を十分に果たし得るような体制が整っているか否かを考慮すべきである。他方で、上場会社において、そうした体制がしっかりと整っていると判断する場合には、上記の提案を行うことが、経営判断の機動性・専門性の確保の観点から望ましい場合があることを考慮に入れるべきである。

1－1③　上場会社は、株主の権利の重要性を踏まえ、その権利行使を事実上妨げることのないよう配慮すべきである。とりわけ、少数株主にも認められている上場会社及びその役員に対する特別な権利（違法行為の差止めや代表訴訟提起に係る権利等）については、その権利行使の確保に課題や懸念が生じやすい面があることから、十分に配慮を行うべきである。

【原則1－2．株主総会における権利行使】
　上場会社は、株主総会が株主との建設的な対話の場であることを認識し、株主の視点に立って、株主総会における権利行使に係る適切な環境整備を行うべきである。

補充原則
1－2①　上場会社は、株主総会において株主が適切な判断を行うことに資すると考えられる情報については、必要に応じ適確に提供すべきである。

1－2② 上場会社は、株主が総会議案の十分な検討期間を確保することができるよう、招集通知に記載する情報の正確性を担保しつつその早期発送に努めるべきであり、また、招集通知に記載する情報は、株主総会の招集に係る取締役会決議から招集通知を発送するまでの間に、TDnetや自社のウェブサイトにより電子的に公表すべきである。

1－2③ 上場会社は、株主との建設的な対話の充実や、そのための正確な情報提供等の観点を考慮し、株主総会開催日をはじめとする株主総会関連の日程の適切な設定を行うべきである。

1－2④ 上場会社は、自社の株主における機関投資家や海外投資家の比率等も踏まえ、議決権の電子行使を可能とするための環境作り（議決権電子行使プラットフォームの利用等）や招集通知の英訳を進めるべきである。

1－2⑤ 信託銀行等の名義で株式を保有する機関投資家等が、株主総会において、信託銀行等に代わって自ら議決権の行使等を行うことをあらかじめ希望する場合に対応するため、上場会社は、信託銀行等と協議しつつ検討を行うべきである。

【原則１－３．資本政策の基本的な方針】
　上場会社は、資本政策の動向が株主の利益に重要な影響を与え得ることを踏まえ、資本政策の基本的な方針について説明を行うべきである。

【原則１－４．いわゆる政策保有株式】
　上場会社がいわゆる政策保有株式として上場株式を保有する場合には、政策保有に関する方針を開示すべきである。また、毎年、取締役会で主要な政策保有についてそのリターンとリスクなどを踏まえた中長期的な経済合理性や将来の見通しを検証し、これを反映した保有のねらい・合理性について具体的な説明を行うべきである。
　上場会社は、政策保有株式に係る議決権の行使について、適切な対応を確保するための基準を策定・開示すべきである。

【原則１－５．いわゆる買収防衛策】
　買収防衛の効果をもたらすことを企図してとられる方策は、経営陣・取締役会の保身を目的とするものであってはならない。その導入・運用については、取締役会・監査役は、株主に対する受託者責任を全うする観点から、その必要性・合理性をしっかりと検討し、適正な手続を確保するとともに、株主に十分な説明を行うべきである。

補充原則
1－5① 上場会社は、自社の株式が公開買付けに付された場合には、取締役会としての考え方（対抗提案があればその内容を含む）を明確に説明すべきであり、また、株主が公開買付けに応じて株式を手放す権利を不当に妨げる措置を講じるべきではない。

【原則１－６．株主の利益を害する可能性のある資本政策】
　支配権の変動や大規模な希釈化をもたらす資本政策（増資、MBO等を含む）については、既存株主を不当に害することのないよう、取締役会・監査役は、株主に対する受託者責任を全うする観点から、その必要性・合理性をしっかりと検討し、適正な手続を確保するとともに、株主に十分な説明を行うべきである。

【原則１－７．関連当事者間の取引】
　上場会社がその役員や主要株主等との取引（関連当事者間の取引）を行う場合には、そうした取引が会社や株主共同の利益を害することのないよう、また、そうした懸念を惹起することのないよう、取締役会は、あらかじめ、取引の重要性やその性質に応じた適切

な手続を定めてその枠組みを開示するとともに、その手続を踏まえた監視（取引の承認を含む）を行うべきである。

## 第2章　株主以外のステークホルダーとの適切な協働

【基本原則2】
　上場会社は、会社の持続的な成長と中長期的な企業価値の創出は、従業員、顧客、取引先、債権者、地域社会をはじめとする様々なステークホルダーによるリソースの提供や貢献の結果であることを十分に認識し、これらのステークホルダーとの適切な協働に努めるべきである。
　取締役会・経営陣は、これらのステークホルダーの権利・立場や健全な事業活動倫理を尊重する企業文化・風土の醸成に向けてリーダーシップを発揮すべきである。

考え方
　上場会社には、株主以外にも重要なステークホルダーが数多く存在する。これらのステークホルダーには、従業員をはじめとする社内の関係者や、顧客・取引先・債権者等の社外の関係者、更には、地域社会のように会社の存続・活動の基盤をなす主体が含まれる。上場会社は、自らの持続的な成長と中長期的な企業価値の創出を達成するためには、これらのステークホルダーとの適切な協働が不可欠であることを十分に認識すべきである。また、近時のグローバルな社会・環境問題等に対する関心の高まりを踏まえれば、いわゆるESG（環境、社会、統治）問題への積極的・能動的な対応をこれらに含めることも考えられる。
　上場会社が、こうした認識を踏まえて適切な対応を行うことは、社会・経済全体に利益を及ぼすとともに、その結果として、会社自身にも更に利益がもたらされる、という好循環の実現に資するものである。

【原則2－1．中長期的な企業価値向上の基礎となる経営理念の策定】
　上場会社は、自らが担う社会的な責任についての考え方を踏まえ、様々なステークホルダーへの価値創造に配慮した経営を行いつつ中長期的な企業価値向上を図るべきであり、こうした活動の基礎となる経営理念を策定すべきである。

【原則2－2．会社の行動準則の策定・実践】
　上場会社は、ステークホルダーとの適切な協働やその利益の尊重、健全な事業活動倫理などについて、会社としての価値観を示しその構成員が従うべき行動準則を定め、実践すべきである。取締役会は、行動準則の策定・改訂の責務を担い、これが国内外の事業活動の第一線にまで広く浸透し、遵守されるようにすべきである。

補充原則
2－2①　取締役会は、行動準則が広く実践されているか否かについて、適宜または定期的にレビューを行うべきである。その際には、実質的に行動準則の趣旨・精神を尊重する企業文化・風土が存在するか否かに重点を置くべきであり、形式的な遵守確認に終始すべきではない。

【原則2－3．社会・環境問題をはじめとするサステナビリティーを巡る課題】
　上場会社は、社会・環境問題をはじめとするサステナビリティー（持続可能性）を巡る課題について、適切な対応を行うべきである。

補充原則
2－3①　取締役会は、サステナビリティー（持続可能性）を巡る課題への対応は重要なリスク管理の一部であると認識し、適確に対処するとともに、近時、こうした課題に対する要請・関心が大きく高まりつつあることを勘案し、これらの課題に積極的・能動的に取り組むよう検討すべきである。

【原則2−4．女性の活躍促進を含む社内の多様性の確保】

上場会社は、社内に異なる経験・技能・属性を反映した多様な視点や価値観が存在することは、会社の持続的な成長を確保する上での強みとなり得る、との認識に立ち、社内における女性の活躍促進を含む多様性の確保を推進すべきである。

【原則2−5．内部通報】

上場会社は、その従業員等が、不利益を被る危険を懸念することなく、違法または不適切な行為・情報開示に関する情報や真摯な疑念を伝えることができるよう、また、伝えられた情報や疑念が客観的に検証され適切に活用されるよう、内部通報に係る適切な体制整備を行うべきである。取締役会は、こうした体制整備を実現する責務を負うとともに、その運用状況を監督すべきである。

**補充原則**

2−5① 上場会社は、内部通報に係る体制整備の一環として、経営陣から独立した窓口の設置（例えば、社外取締役と監査役による合議体を窓口とする等）を行うべきであり、また、情報提供者の秘匿と不利益取扱の禁止に関する規律を整備すべきである。

## 第3章　適切な情報開示と透明性の確保

【基本原則3】

上場会社は、会社の財政状態・経営成績等の財務情報や、経営戦略・経営課題、リスクやガバナンスに係る情報等の非財務情報について、法令に基づく開示を適切に行うとともに、法令に基づく開示以外の情報提供にも主体的に取り組むべきである。

その際、取締役会は、開示・提供される情報が株主との間で建設的な対話を行う上での基盤となることも踏まえ、そうした情報（とりわけ非財務情報）が、正確で利用者にとって分かりやすく、情報として有用性の高いものとなるようにすべきである。

**考え方**

上場会社には、様々な情報を開示することが求められている。これらの情報が法令に基づき適時適切に開示されることは、投資家保護や資本市場の信頼性確保の観点から不可欠の要請であり、取締役会・監査役・監査役会・外部会計監査人は、この点に関し財務情報に係る内部統制体制の適切な整備をはじめとする重要な責務を負っている。

また、上場会社は、法令に基づく開示以外の情報提供にも主体的に取り組むべきである。

更に、我が国の上場会社による情報開示は、計表等については、様式・作成要領などが詳細に定められており比較可能性に優れている一方で、定性的な説明等のいわゆる非財務情報を巡っては、ひな型的な記述や具体性を欠く記述となっており付加価値に乏しい場合が少なくない、との指摘もある。取締役会は、こうした情報を含め、開示・提供される情報が可能な限り利用者にとって有益な記載となるよう積極的に関与を行う必要がある。

法令に基づく開示であれそれ以外の場合であれ、適切な情報の開示・提供は、上場会社の外側にいて情報の非対称性の下におかれている株主等のステークホルダーと認識を共有し、その理解を得るための有力な手段となり得るものであり、「『責任ある機関投資家』の諸原則《日本版スチュワードシップ・コード》」を踏まえた建設的な対話にも資するものである。

【原則3−1．情報開示の充実】

上場会社は、法令に基づく開示を適切に行うことに加え、会社の意思決定の透明性・公正性を確保し、実効的なコーポレートガバナンスを実現するとの観点から、（本コードの各原則において開示を求めている事項のほか、）以下の事項について開示し、主体的な情報発信を行うべきである。

(i) 会社の目指すところ（経営理念等）や経営戦略、経営計画

(ii) 本コードのそれぞれの原則を踏まえた、コーポレートガバナンスに関する基本的な考え方と基本方針
(iii) 取締役会が経営陣幹部・取締役の報酬を決定するに当たっての方針と手続
(iv) 取締役会が経営陣幹部の選任と取締役・監査役候補の指名を行うに当たっての方針と手続
(v) 取締役会が上記(iv)を踏まえて経営陣幹部の選任と取締役・監査役候補の指名を行う際の、個々の選任・指名についての説明

補充原則
3－1① 上記の情報の開示に当たっても、取締役会は、ひな型的な記述や具体性を欠く記述を避け、利用者にとって付加価値の高い記載となるようにすべきである。
3－1② 上場会社は、自社の株主における海外投資家等の比率も踏まえ、合理的な範囲において、英語での情報の開示・提供を進めるべきである。

【原則3－2．外部会計監査人】
外部会計監査人及び上場会社は、外部会計監査人が株主・投資家に対して責務を負っていることを認識し、適正な監査の確保に向けて適切な対応を行うべきである。

補充原則
3－2① 監査役会は、少なくとも下記の対応を行うべきである。
　(i) 外部会計監査人候補を適切に選定し外部会計監査人を適切に評価するための基準の策定
　(ii) 外部会計監査人に求められる独立性と専門性を有しているか否かについての確認
3－2② 取締役会及び監査役会は、少なくとも下記の対応を行うべきである。
　(i) 高品質な監査を可能とする十分な監査時間の確保
　(ii) 外部会計監査人から

CEO・CFO等の経営陣幹部へのアクセス（面談等）の確保
(iii) 外部会計監査人と監査役（監査役会への出席を含む）、内部監査部門や社外取締役との十分な連携の確保
(iv) 外部会計監査人が不正を発見し適切な対応を求めた場合や、不備・問題点を指摘した場合の会社側の対応体制の確立

## 第4章　取締役会等の責務

【基本原則4】
上場会社の取締役会は、株主に対する受託者責任・説明責任を踏まえ、会社の持続的成長と中長期的な企業価値の向上を促し、収益力・資本効率等の改善を図るべく、
(1) 企業戦略等の大きな方向性を示すこと
(2) 経営陣幹部による適切なリスクテイクを支える環境整備を行うこと
(3) 独立した客観的な立場から、経営陣（執行役及びいわゆる執行役員を含む）・取締役に対する実効性の高い監督を行うこと
をはじめとする役割・責務を適切に果たすべきである。
こうした役割・責務は、監査役会設置会社（その役割・責務の一部は監査役及び監査役会が担うこととなる）、指名委員会等設置会社、監査等委員会設置会社など、いずれの機関設計を採用する場合にも、等しく適切に果たされるべきである。

考え方
上場会社は、通常、会社法（平成26年改正後）が規定する機関設計のうち主要な3種類（監査役会設置会社、指名委員会等設置会社、監査等委員会設置会社）のいずれかを選択することとされている。前者（監査役会設置会社）は、取締役会と監査役・監査役会に統治機能を担わせる我が国独自の制度である。その制度では、監査役は、取締役・経営陣等

の職務執行の監査を行うこととされており、法律に基づく調査権限が付与されている。また、独立性と高度な情報収集能力の双方を確保すべく、監査役（株主総会で選任）の半数以上は社外監査役とし、かつ常勤の監査役を置くこととされている。後者の２つは、取締役会に委員会を設置して一定の役割を担わせることにより監督機能の強化を目指すものであるという点において、諸外国にも類例が見られる制度である。上記の３種類の機関設計のいずれを採用する場合でも、重要なことは、創意工夫を施すことによりそれぞれの機関の機能を実質的かつ十分に発揮させることである。

また、本コードを策定する大きな目的の一つは、上場会社による透明・公正かつ迅速・果断な意思決定を促すことにあるが、上場会社の意思決定のうちには、外部環境の変化その他の事情により、結果として会社に損害を生じさせることとなるものが無いとは言い切れない。その場合、経営陣・取締役が損害賠償責任を負うか否かの判断に際しては、一般的に、その意思決定の時点における意思決定過程の合理性が重要な考慮要素の一つとなるものと考えられるが、本コードには、ここでいう意思決定過程の合理性を担保することに寄与すると考えられる内容が含まれており、本コードは、上場会社の透明・公正かつ迅速・果断な意思決定を促す効果を持つこととなるものと期待している。

【原則４－１．取締役会の役割・責務(1)】

取締役会は、会社の目指すところ（経営理念等）を確立し、戦略的な方向付けを行うことを主要な役割・責務の一つと捉え、具体的な経営戦略や経営計画等について建設的な議論を行うべきであり、重要な業務執行の決定を行う場合には、上記の戦略的な方向付けを踏まえるべきである。

補充原則

４－１① 取締役会は、取締役会自身として何を判断・決定し、何を経営陣に委ねるのかに関連して、経営陣に対する委任の範囲を明確に定め、その概要を開示すべきである。

４－１② 取締役会・経営陣幹部は、中期経営計画も株主に対するコミットメントの一つであるとの認識に立ち、その実現に向けて最善の努力を行うべきである。仮に、中期経営計画が目標未達に終わった場合には、その原因や自社が行った対応の内容を十分に分析し、株主に説明を行うとともに、その分析を次期以降の計画に反映させるべきである。

４－１③ 取締役会は、会社の目指すところ（経営理念等）や具体的な経営戦略を踏まえ、最高経営責任者等の後継者の計画（プランニング）について適切に監督を行うべきである。

【原則４－２．取締役会の役割・責務(2)】

取締役会は、経営陣幹部による適切なリスクテイクを支える環境整備を行うことを主要な役割・責務の一つと捉え、経営陣からの健全な企業家精神に基づく提案を歓迎しつつ、説明責任の確保に向けて、そうした提案について独立した客観的な立場において多角的かつ十分な検討を行うとともに、承認した提案が実行される際には、経営陣幹部の迅速・果断な意思決定を支援すべきである。

また、経営陣の報酬については、中長期的な会社の業績や潜在的リスクを反映させ、健全な企業家精神の発揮に資するようなインセンティブ付けを行うべきである。

補充原則

４－２① 経営陣の報酬は、持続的な成長に向けた健全なインセンティブの一つとして機能するよう、中長期的な業績と連動する報酬の割合や、現金報酬と自社株報酬との割合を適切に設定すべきである。

【原則４－３．取締役会の役割・責務(3)】

取締役会は、独立した客観的な立場

から、経営陣・取締役に対する実効性の高い監督を行うことを主要な役割・責務の一つと捉え、適切に会社の業績等の評価を行い、その評価を経営陣幹部の人事に適切に反映すべきである。

また、取締役会は、適時かつ正確な情報開示が行われるよう監督を行うとともに、内部統制やリスク管理体制を適切に整備すべきである。

更に、取締役会は、経営陣・支配株主等の関連当事者と会社との間に生じ得る利益相反を適切に管理すべきである。

補充原則

4－3①　取締役会は、経営陣幹部の選任や解任について、会社の業績等の評価を踏まえ、公正かつ透明性の高い手続に従い、適切に実行すべきである。

4－3②　コンプライアンスや財務報告に係る内部統制や先を見越したリスク管理体制の整備は、適切なリスクテイクの裏付けとなり得るものであるが、取締役会は、これらの体制の適切な構築や、その運用が有効に行われているか否かの監督に重点を置くべきであり、個別の業務執行に係るコンプライアンスの審査に終始すべきではない。

【原則4－4．監査役及び監査役会の役割・責務】

監査役及び監査役会は、取締役の職務の執行の監査、外部会計監査人の選解任や監査報酬に係る権限の行使などの役割・責務を果たすに当たって、株主に対する受託者責任を踏まえ、独立した客観的な立場において適切な判断を行うべきである。

また、監査役及び監査役会に期待される重要な役割・責務には、業務監査・会計監査をはじめとするいわば「守りの機能」があるが、こうした機能を含め、その役割・責務を十分に果たすためには、自らの守備範囲を過度に狭く捉えることは適切でなく、能動的・積極的に権限を行使し、取締役会においてあるいは経営陣に対して適切に意見を述べるべきである。

補充原則

4－4①　監査役会は、会社法により、その半数以上を社外監査役とすること及び常勤の監査役を置くことの双方が求められていることを踏まえ、その役割・責務を十分に果たすとの観点から、前者に由来する強固な独立性と、後者が保有する高度な情報収集力とを有機的に組み合わせて実効性を高めるべきである。また、監査役または監査役会は、社外取締役が、その独立性に影響を受けることなく情報収集力の強化を図ることができるよう、社外取締役との連携を確保すべきである。

【原則4－5．取締役・監査役等の受託者責任】

上場会社の取締役・監査役及び経営陣は、それぞれの株主に対する受託者責任を認識し、ステークホルダーとの適切な協働を確保しつつ、会社や株主共同の利益のために行動すべきである。

【原則4－6．経営の監督と執行】

上場会社は、取締役会による独立かつ客観的な経営の監督の実効性を確保すべく、業務の執行には携わらない、業務の執行と一定の距離を置く取締役の活用について検討すべきである。

【原則4－7．独立社外取締役の役割・責務】

上場会社は、独立社外取締役には、特に以下の役割・責務を果たすことが期待されることに留意しつつ、その有効な活用を図るべきである。

(i) 経営の方針や経営改善について、自らの知見に基づき、会社の持続的な成長を促し中長期的な企業価値の向上を図る、との観点からの助言を行うこと

(ii) 経営陣幹部の選解任その他の取締役会の重要な意思決定を通じ、経

営の監督を行うこと
(iii) 会社と経営陣・支配株主等との間の利益相反を監督すること
(iv) 経営陣・支配株主から独立した立場で、少数株主をはじめとするステークホルダーの意見を取締役会に適切に反映させること

【原則4－8．独立社外取締役の有効な活用】
　独立社外取締役は会社の持続的な成長と中長期的な企業価値の向上に寄与するように役割・責務を果たすべきであり、上場会社はそのような資質を十分に備えた独立社外取締役を少なくとも2名以上選任すべきである。
　また、業種・規模・事業特性・機関設計・会社をとりまく環境等を総合的に勘案して、自主的な判断により、少なくとも3分の1以上の独立社外取締役を選任することが必要と考える上場会社は、上記にかかわらず、そのための取組み方針を開示すべきである。

補充原則
4－8① 独立社外取締役は、取締役会における議論に積極的に貢献するとの観点から、例えば、独立社外者のみを構成員とする会合を定期的に開催するなど、独立した客観的な立場に基づく情報交換・認識共有を図るべきである。
4－8② 独立社外取締役は、例えば、互選により「筆頭独立社外取締役」を決定することなどにより、経営陣との連絡・調整や監査役または監査役会との連携に係る体制整備を図るべきである。

【原則4－9．独立社外取締役の独立性判断基準及び資質】
　取締役会は、金融商品取引所が定める独立性基準を踏まえ、独立社外取締役となる者の独立性をその実質面において担保することに主眼を置いた独立性判断基準を策定・開示すべきである。また、取締役会は、取締役会における率直・活発で建設的な検討への貢献が期待できる人物を独立社外取締役の候補者として選定するよう努めるべきである。

【原則4－10．任意の仕組みの活用】
　上場会社は、会社法が定める会社の機関設計のうち会社の特性に応じて最も適切な形態を採用するに当たり、必要に応じて任意の仕組みを活用することにより、統治機能の更なる充実を図るべきである。

補充原則
4－10① 上場会社が監査役会設置会社または監査等委員会設置会社であって、独立社外取締役が取締役会の過半数に達していない場合には、経営陣幹部・取締役の指名・報酬などに係る取締役会の機能の独立性・客観性と説明責任を強化するため、例えば、取締役会の下に独立社外取締役を主要な構成員とする任意の諮問委員会を設置することなどにより、指名・報酬などの特に重要な事項に関する検討に当たり独立社外取締役の適切な関与・助言を得るべきである。

【原則4－11．取締役会・監査役会の実効性確保のための前提条件】
　取締役会は、その役割・責務を実効的に果たすための知識・経験・能力を全体としてバランス良く備え、多様性と適正規模を両立させる形で構成されるべきである。また、監査役には、財務・会計に関する適切な知見を有している者が1名以上選任されるべきである。
　取締役会は、取締役会全体としての実効性に関する分析・評価を行うことなどにより、その機能の向上を図るべきである。

補充原則
4－11① 取締役会は、取締役会の全体としての知識・経験・能力のバランス、多様性及び

規模に関する考え方を定め、取締役の選任に関する方針・手続と併せて開示すべきである。

4-11② 社外取締役・社外監査役をはじめ、取締役・監査役は、その役割・責務を適切に果たすために必要となる時間・労力を取締役・監査役の業務に振り向けるべきである。こうした観点から、例えば、取締役・監査役が他の上場会社の役員を兼任する場合には、その数は合理的な範囲にとどめるべきであり、上場会社は、その兼任状況を毎年開示すべきである。

4-11③ 取締役会は、毎年、各取締役の自己評価なども参考にしつつ、取締役会全体の実効性について分析・評価を行い、その結果の概要を開示すべきである。

【原則4-12．取締役会における審議の活性化】
取締役会は、社外取締役による問題提起を含め自由闊達で建設的な議論・意見交換を尊ぶ気風の醸成に努めるべきである。

**補充原則**

4-12① 取締役会は、会議運営に関する下記の取扱いを確保しつつ、その審議の活性化を図るべきである。
(i) 取締役会の資料が、会日に十分に先立って配布されるようにすること
(ii) 取締役会の資料以外にも、必要に応じ、会社から取締役に対して十分な情報が（適切な場合には、要点を把握しやすいように整理・分析された形で）提供されるようにすること
(iii) 年間の取締役会開催スケジュールや予想される審議事項について決定しておくこと
(iv) 審議項目数や開催頻度を適切に設定すること
(v) 審議時間を十分に確保すること

【原則4-13．情報入手と支援体制】
取締役・監査役は、その役割・責務を実効的に果たすために、能動的に情報を入手すべきであり、必要に応じ、会社に対して追加の情報提供を求めるべきである。
また、上場会社は、人員面を含む取締役・監査役の支援体制を整えるべきである。
取締役会・監査役会は、各取締役・監査役が求める情報の円滑な提供が確保されているかどうかを確認すべきである。

**補充原則**

4-13① 社外取締役を含む取締役は、透明・公正かつ迅速・果断な会社の意思決定に資するとの観点から、必要と考える場合には、会社に対して追加の情報提供を求めるべきである。また、社外監査役を含む監査役は、法令に基づく調査権限を行使することを含め、適切に情報入手を行うべきである。

4-13② 取締役・監査役は、必要と考える場合には、会社の費用において外部の専門家の助言を得ることも考慮すべきである。

4-13③ 上場会社は、内部監査部門と取締役・監査役との連携を確保すべきである。また、上場会社は、例えば、社外取締役・社外監査役の指示を受けて会社の情報を適確に提供できるよう社内との連絡・調整にあたる者の選任など、社外取締役や社外監査役に必要な情報を適確に提供するための工夫を行うべきである。

【原則4－14．取締役・監査役のトレーニング】
　新任者をはじめとする取締役・監査役は、上場会社の重要な統治機関の一翼を担う者として期待される役割・責務を適切に果たすため、その役割・責務に係る理解を深めるとともに、必要な知識の習得や適切な更新等の研鑽に努めるべきである。このため、上場会社は、個々の取締役・監査役に適合したトレーニングの機会の提供・斡旋やその費用の支援を行うべきであり、取締役会は、こうした対応が適切にとられているか否かを確認すべきである。

**補充原則**
4－14① 社外取締役・社外監査役を含む取締役・監査役は、就任の際には、会社の事業・財務・組織等に関する必要な知識を取得し、取締役・監査役に求められる役割と責務（法的責任を含む）を十分に理解する機会を得るべきであり、就任後においても、必要に応じ、これらを継続的に更新する機会を得るべきである。

4－14② 上場会社は、取締役・監査役に対するトレーニングの方針について開示を行うべきである。

## 第5章　株主との対話

【基本原則5】
　上場会社は、その持続的な成長と中長期的な企業価値の向上に資するため、株主総会の場以外においても、株主との間で建設的な対話を行うべきである。
　経営陣幹部・取締役（社外取締役を含む）は、こうした対話を通じて株主の声に耳を傾け、その関心・懸念に正当な関心を払うとともに、自らの経営方針を株主に分かりやすい形で明確に説明しその理解を得る努力を行い、株主を含むステークホルダーの立場に関するバランスのとれた理解と、そうした理解を踏まえた適切な対応に努めるべきである。

**考え方**
　「『責任ある機関投資家』の諸原則《日本版スチュワードシップ・コード》」の策定を受け、機関投資家には、投資先企業やその事業環境等に関する深い理解に基づく建設的な「目的を持った対話」（エンゲージメント）を行うことが求められている。
　上場会社にとっても、株主と平素から対話を行い、具体的な経営戦略や経営計画などに対する理解を得るとともに懸念があれば適切に対応を講じることは、経営の正統性の基盤を強化し、持続的な成長に向けた取組みに邁進する上で極めて有益である。また、一般に、上場会社の経営陣・取締役は、従業員・取引先・金融機関とは日常的に接触し、その意見に触れる機会には恵まれているが、これらはいずれも賃金債権、貸付債権等の債権者であり、株主と接する機会は限られている。経営陣幹部・取締役が、株主との対話を通じてその声に耳を傾けることは、資本提供者の目線からの経営分析や意見を吸収し、持続的な成長に向けた健全な企業家精神を喚起する機会を得る、ということも意味する。

【原則5－1．株主との建設的な対話に関する方針】
　上場会社は、株主からの対話（面談）の申込みに対しては、会社の持続的な成長と中長期的な企業価値の向上に資するよう、合理的な範囲で前向きに対応すべきである。取締役会は、株主との建設的な対話を促進するための体制整備・取組みに関する方針を検討・承認し、開示すべきである。

**補充原則**
5－1① 株主との実際の対話（面談）の対応者については、株主の希望と面談の主な関心事項も踏まえた上で、合理的な範囲で、経営陣幹部または取締役（社外取締役を含む）が面談に臨むことを基本とすべきである。

5－1② 株主との建設的な対話を促進するための方針には、少なく

とも以下の点を記載すべきである。
(i) 株主との対話全般について、下記(ii)～(v)に記載する事項を含めその統括を行い、建設的な対話が実現するように目配りを行う経営陣または取締役の指定
(ii) 対話を補助する社内のIR担当、経営企画、総務、財務、経理、法務部門等の有機的な連携のための方策
(iii) 個別面談以外の対話の手段（例えば、投資家説明会やIR活動）の充実に関する取組み
(iv) 対話において把握された株主の意見・懸念の経営陣幹部や取締役会に対する適切かつ効果的なフィードバックのための方策
(v) 対話に際してのインサイダー情報の管理に関する方策

5-1③ 上場会社は、必要に応じ、自らの株主構造の把握に努めるべきであり、株主も、こうした把握作業にできる限り協力することが望ましい。

【原則5-2．経営戦略や経営計画の策定・公表】
　経営戦略や経営計画の策定・公表に当たっては、収益計画や資本政策の基本的な方針を示すとともに、収益力・資本効率等に関する目標を提示し、その実現のために、経営資源の配分等に関し具体的に何を実行するのかについて、株主に分かりやすい言葉・論理で明確に説明を行うべきである。

# 事項索引

## ＜欧　　文＞

MBO ……………………………………156

## ＜あ　行＞

預合いの罪………………………………161
意見陳述権… 21, 23, 30, 268, 271, 273
エージェンシー理論……………………6
親会社による子会社株式の譲渡…… 95

## ＜か　行＞

会計監査…………………………………195
会計監査人
　　――の意見申述……… 216, 247, 275
　　――の会計帳簿・資料の閲覧・謄写
　　　権限………………… 214, 247, 274
　　――の解任……… 28, 203, 219, 242,
　　　269, 289
　　――の資格………………………216
　　――の責任………………………220
　　――の選任……… 28, 202, 217, 242,
　　　269, 289
　　――の調査権限……… 215, 247, 274
　　――の任期………………………218
　　――の報告請求権限……… 215, 247,
　　　274
　　――の報酬…………… 203, 219, 291
　　――の身分保障…………………217
会計監査報告………… 215, 247, 274
会計帳簿閲覧・謄写請求権…………306
外国人取締役……………………………186
解散の訴え………………………………307
会社財産を危うくする罪……………160
会社役員賠償責任保険
　　（D&O保険）……………………295
仮装払込み…………………… 150, 161

株式買取請求権………………… 95, 105
株式等売渡請求権…………… 104, 158
株式の超過発行の罪……………………165
株主総会
　　――の運営………………………297
　　――の議事………………………299
　　――の招集……… 178, 236, 263, 297
　　――の招集請求権・招集権………303
株主総会議事録…………………………299
　　――の閲覧・謄写請求権……300, 314
株主総会決議取消しの訴え…………308
株主総会決議の省略…………………298
株主総会決議の不存在・無効の確認の
　　訴え………………………………309
株主代表訴訟…199, 241, 268, 312, 314
株主提案権………………………………304
株主名簿閲覧・謄写請求権…………315
監査委員
　　――の兼任禁止…………………244
　　――の調査権限…………………240
　　――の取締役会への報告義務
　　　………………………… 237, 242
監査等委員
　　――の解任………………… 20, 272
　　――の株主総会に対する報告義務
　　　………………………… 29, 269
　　――の兼任禁止…………… 24, 270
　　――の資格………………………270
　　――の選任………………… 20, 271
　　――の調査権限…………… 27, 266
　　――の取締役会への報告義務
　　　………………………… 29, 269
　　――の任期………………… 20, 272
　　――の報酬………………… 23, 272
監査等委員会
　　――の運営……… 31, 273, 275

――の議事録……………………274
――の議事録の閲覧・謄写請求権
　　………………………… 274, 314
　　――の構成………………… 23, 273
監査等委員会設置会社
　　――の機関設計…………… 19, 120
　　――への移行手続………………39
監査範囲限定登記………………196
監査報告……… 27, 196, 209, 240, 266
監査役
　　――の解任………………………207
　　――の兼任禁止…………………205
　　――の資格………………………205
　　――の責任………………………208
　　――の選任………………………206
　　――の調査権限…………………196
　　――の任期………………………207
　　――の報酬…………… 208, 290
　　――の身分保障…………………206
監査役会…………………………209
　　――の運営……………… 210, 275
　　――の設置義務…………………209
監査役会議事録…………………211
　　――の閲覧・謄写請求権………314
監査役（会）設置会社の機関設計
　　…………………………………118
間接損害………………… 73, 151
間接取引…………………………144
完全親会社………………………75
完全親会社等……………………75
完全子会社………………………76
監督是正権………………………174
議案提出権………………………304
企業の社会的責任（CSR）……223
議決権行使の方法………………298
議題提案権………………………304
キャッシュ・アウト…… 104, 157
旧株主による責任追及等の訴え
　　………………………… 90, 314

競業取引…… 141, 146, 148, 178, 183, 236, 264, 265
業績連動型報酬制度……………137
業務監査…………………………195
業務執行の決定………… 34, 131, 170, 230, 259
　　――の委任……… 34, 171, 231, 260
虚偽文書行使等の罪……………161
経営判断原則……… 147, 154, 175, 176
計算書類等の備置または閲覧・謄写
　　………………………… 212, 221
計算書類の虚偽記載等に基づく責任
　　………………………………152
検査役……………………… 299, 306
現物出資財産の価額填補責任……149
公益通報者保護法………………251
公開会社…………………………123
コーポレート・ガバナンスに関する
　　報告書……………… 137, 187, 280
コンプライ・オア・エクスプレイン
　　…………………………………334

## ＜さ　　行＞

最終完全親会社等…………………75
詐害的会社分割…………………105
差止請求権
　　株主による――…………………310
　　監査委員による――……………240
　　監査等委員による――…… 29, 266
　　監査役による――………………197
三角合併……………………………92
執行役
　　――の解任………………………235
　　――の欠格事由…………………132
　　――の兼任禁止…………………134
　　――の責任の一部免除…………292
　　――の責任の全部免除…………291
　　――の取締役会への報告義務・
　　説明義務………………………237

事項索引　373

──の任期……………………136
──の報酬…………………　136, 243
支配株主の異動を伴う募集株式の発行
　……………………………………104
指名委員会等設置会社
　──の各委員会の運営……　246, 275
　──の各委員会の議事録…………246
　──の各委員会の議事録の閲覧・
　　謄写請求権…………　246, 314
　──の各委員会の構成……………245
　──の各委員の解職………………245
　──の各委員の兼任禁止…………244
　──の各委員の資格………………244
　──の各委員の選定………………245
　──の各委員の取締役会への
　　報告義務…………………237
　──の各委員の任期………………245
　──の機関設計……………………119
社外監査役……………………　41, 211
　──の要件……………………　56
社外取締役…………　41, 178, 237, 264
　──の要件……………………　49
　──を置くことが相当でない理由
　　………………………　44, 63
社内リニエンシー……………………252
受託者責任……………　328, 351, 352
少数株主権……………　81, 301, **303**
ショートターミズム…………………330
職務の執行の監督………　174, 234, 263
女性取締役……………………………186
所有と経営の分離…………　3, 123, 283
信頼の権利……………………………185
スチュワードシップ・コード
　……………………………　317, 329
セイクレスト事件判決………………213
責任限定契約……………　61, 201, **296**
責任追及の訴え………………………312
説明義務…　33, 45, 46, 145, 185, 201,
　299

攻めのガバナンス……………………328
善管注意義務……………　140, 156, 176
全部取得条項付種類株式……　104, 312
贈収賄罪………………………………163
組織再編………………………………311
訴訟参加………………………　86, 315

＜た　行＞

第三者委員会…………………………248
代表執行役の選定・解職……………235
代表取締役の選定・解職……　174, 263
大和銀行事件判決……………………176
多重代表訴訟……………………　70, 307
妥当性監査……………………　194, 240
単独株主権……………………　301, **307**
忠実義務………………………………140
直接損害………………………………151
直接取引………………………………143
定款の変更……………………………286
適法性監査……………………　194, 240
統合報告書……………………………346
特殊決議………………………………284
特定責任追及の訴え……………　70, 307
特別決議………………………………284
特別支配株主…………………………104
特別取締役……………　173, 234, 262
特別背任罪……………………………159
特別利害関係取締役…………………181
独立社外取締役………………　62, 68, 353
独立役員………………………………　62, 68
取締役
　──の解任………………………287
　──の解任の訴え………………305
　──の株主総会への報告義務・
　　説明義務…………………146
　──の監査役（会）・監査等委員会・
　　監査委員への報告義務…………146
　──の欠格事由…………………132
　──の兼任禁止…………………133

――の責任の一部免除……………292
――の責任の全部免除……………291
――の選任…………………………286
――の取締役会への報告義務・
　説明義務…………………………146
――の任期…………………………135
――の報酬……………………136, 289
取締役会
　――の運営………179, 237, 264, 275
　――の招集………………………180
　――の招集請求権・招集権……185,
　　201, 236, 237, 264
取締役会議事録……………………181
　――の閲覧・謄写請求権……182, 314
取締役会決議の省略（書面決議）…181
取締役会設置会社…………………125
取締役会非設置会社………………125

＜な　　行＞

内部通報制度………………………250
内部統制システム… 96, 175, 182, 189,
　213, 235, 263
日本システム技術事件判決………177

任務懈怠責任……………147, 151, 307
任務懈怠の推定………………31, 145

＜は　　行＞

反社会的勢力の排除………………221
非公開会社…………………………123
普通決議……………………………284
プリンシプルベース・アプローチ…333
分配可能額規制違反の責任… 149, 150
暴力団排除条例……………………222
補助参加への同意権限… 198, 241, 267

＜ま　　行＞

モニタリング・モデル………7, 13, 35

＜ら　　行＞

利益供与責任………………………148
利益供与の罪………………………164
利益相反取引… 31, 38, 101, 142, 146,
　178, 183, 236, 264, 265
ルールベース・アプローチ………333
レックス・ホールディングス事件判決
　………………………………………158

## 執筆者略歴

### 【編】

**桃尾・松尾・難波法律事務所**

1989年4月に、現在のネームパートナーである3人の弁護士を中心に発足。渉外、企業法務及び訴訟を中心とするそれまでの経験を踏まえ、依頼者のニーズに的確に応え、依頼者から真に信頼される事務所になることを目指してスタート。その後、弁護士に対する企業の需要が拡大する中で、かつ、社会・経済情勢の変化に応じて変遷する依頼者のニーズに応じて、当事務所も、各種商取引、会社法、M&A、倒産法、独禁法、知的財産権、労働法、訴訟・仲裁等の幅広い分野において、高い専門性と豊富な経験に基づき、依頼者に対してきめの細かいリーガルサービスを提供。また、多くの弁護士が海外留学経験をもち、ボーダレスで活動する国内外の様々な企業の多様なリーガルサービスへの需要に対して、迅速かつ的確に対応している。国際的なローファームのネットワーク、INTERLAWの日本における唯一のメンバー。大規模化の進むわが国弁護士業界において、当事務所は、依頼者との強固な信頼関係をキーワードとして、幅広い業務範囲と専門性を兼ね備えた、真に依頼者から頼られる中規模法律事務所という独自性をもった事務所としてさらなる発展を目指している。

http://www.mmn-law.gr.jp/index.html

### 【編著】

**鳥養　雅夫**（とりかい・まさお）
1987年東京大学法学部卒業、1994年弁護士登録（第一東京弁護士会）、1994年桃尾・松尾・難波法律事務所入所、1998年ノースウェスタン大学ロースクール卒業、1998年～1999年JEFFER, MANGELS, BUTLER & MARMARO法律事務所（米国、カリフォルニア州）勤務、2000年ニューヨーク州弁護士登録、2002年桃尾・松尾・難波法律事務所パートナーに就任。

**大堀　徳人**（おおほり・のりと）
2002年東京大学法学部卒業、2004年弁護士登録（第一東京弁護士会）、2004年桃尾・松尾・難波法律事務所入所、2010年イリノイ大学ロースクール卒業、2010年～2011年WEIL, GOTSHAL & MANGES法律事務所（米国、カリフォルニア州）勤務、2011年ニューヨーク州弁護士登録、2014年桃尾・松尾・難波法律事務所パートナーに就任。

**山田　洋平**（やまだ・ようへい）
2005年東京大学法学部卒業、2006年弁護士登録（第一東京弁護士会）、2006年桃尾・松尾・難波法律事務所入所、2011年コロンビア大学ロースクール卒業、2011年〜2012年DAVIS POLK & WARDWELL法律事務所（米国、ニューヨーク州）勤務、2012年ニューヨーク州弁護士登録、2012年〜2013年デービス・ポーク・アンド・ウォードウェル外国法事務弁護士事務所勤務、2013年桃尾・松尾・難波法律事務所勤務。

【著】

**林田　敏幸**（はやしだ・としゆき）
2005年京都大学法学部卒業、2007年京都大学法科大学院修了、2009年判事補任官、2009年〜2012年大阪地方裁判所勤務、2012年弁護士登録（第一東京弁護士会）、2012年桃尾・松尾・難波法律事務所勤務、2014年判事補復帰、2014年福岡家庭・地方裁判所小倉支部勤務。

**織川　逸平**（おりかわ・いっぺい）
2002年関西大学法学部卒業、2007年京都大学法科大学院修了、2009年判事補任官、2009年〜2012年神戸地方裁判所勤務、2012年〜2014年さいたま地方・家庭裁判所熊谷支部勤務、2014年弁護士登録（第一東京弁護士会）、2014年桃尾・松尾・難波法律事務所勤務。

**中村　和典**（なかむら・かずのり）
2008年東京大学法学部卒業、2009年判事補任官、2009年〜2012年さいたま地方・家庭裁判所勤務、2013年ロンドン大学（UCL）ロースクール卒業、2013年判事補退官、2013年弁護士登録（第一東京弁護士会）、2013年〜2015年桃尾・松尾・難波法律事務所勤務。

**前田　香織**（まえだ・かおり）
2008年東京大学法学部卒業、2009年弁護士登録（第一東京弁護士会）、2009年桃尾・松尾・難波法律事務所勤務。

**重松　英**（しげまつ・すぐる）
2008年東京大学法学部卒業、2010年東京大学法科大学院修了、2011年弁護士登録（第二東京弁護士会）、2012年1月〜2012年9月アンダーソン・毛利・友常法律事務所勤務、2012年10月桃尾・松尾・難波法律事務所勤務。

**乾　正幸**（いぬい・まさゆき）
2010年京都大学法学部卒業、2012年京都大学法科大学院修了、2013年弁護士登録（第一東京弁護士会）、2014年桃尾・松尾・難波法律事務所勤務。

**塩川　真紀**（しおかわ・まき）
2010年慶應義塾大学法学部法律学科卒業、2012年慶應義塾大学法科大学院修了、2013年弁護士登録（第一東京弁護士会）、2014年桃尾・松尾・難波法律事務所勤務。

**住吉真理子**（すみよし・まりこ）
2010年東京大学法学部卒業、2012年東京大学法科大学院修了、2013年弁護士登録（第一東京弁護士会）、2014年桃尾・松尾・難波法律事務所勤務。

**竹川奈央子**（たけかわ・なおこ）
2011年東京大学法学部卒業、2013年東京大学法科大学院修了、2014年弁護士登録（第一東京弁護士会）、2015年桃尾・松尾・難波法律事務所勤務。

コーポレート・ガバナンスからみる会社法〔第2版〕

2014年12月10日　初　版第1刷発行
2015年 8月30日　第2版第1刷発行

編　　者　桃尾・松尾・難波法律事務所

編著者　　鳥　養　雅　夫
　　　　　大　堀　徳　人
　　　　　山　田　洋　平

発行者　　塚　原　秀　夫

発行所　　株式会社　商　事　法　務
〒103-0025 東京都中央区日本橋茅場町 3-9-10
TEL 03-5614-5643・FAX 03-3664-8844〔営業部〕
TEL 03-5614-5649〔書籍出版部〕
http://www.shojihomu.co.jp/

落丁・乱丁本はお取り替えいたします。
© 2015 桃尾・松尾・難波法律事務所
Shojihomu Co., Ltd.
ISBN978-4-7857-2313-2
＊定価はカバーに表示してあります。

印刷／広研印刷㈱
Printed in Japan